权威·前沿·原创

皮书系列为
"十二五"国家重点图书出版规划项目

基金会透明度蓝皮书

BLUE BOOK OF
FOUNDATIONS TRANSPARENCY

中国基金会透明度发展研究报告
（2015）

ANNUAL REPORT ON THE DEVELOPMENT AND RESEARCH
OF THE CHINA'S FOUNDATIONS TRANSPARENCY (2015)

基金会中心网
清华大学廉政与治理研究中心／编

社会科学文献出版社
SOCIAL SCIENCES ACADEMIC PRESS (CHINA)

图书在版编目（CIP）数据

中国基金会透明度发展研究报告. 2015/基金会中心网，清华大学廉政与治理研究中心编. —北京：社会科学文献出版社，2015.9
（基金会透明度蓝皮书）
ISBN 978 - 7 - 5097 - 7867 - 8

Ⅰ. ①中⋯　Ⅱ. ①基⋯ ②清⋯　Ⅲ. ①慈善事业 - 基金会 - 研究报告 - 中国 - 2015　Ⅳ. ①D632. 1

中国版本图书馆 CIP 数据核字（2015）第 173323 号

基金会透明度蓝皮书
中国基金会透明度发展研究报告（2015）

编　　者 / 基金会中心网
　　　　　清华大学廉政与治理研究中心

出 版 人 / 谢寿光
项目统筹 / 王　绯
责任编辑 / 黄金平

出　　版 / 社会科学文献出版社 · 社会政法分社（010）59367156
　　　　　地址：北京市北三环中路甲 29 号院华龙大厦　邮编：100029
　　　　　网址：www. ssap. com. cn
发　　行 / 市场营销中心（010）59367081　59367090
　　　　　读者服务中心（010）59367028
印　　装 / 北京季蜂印刷有限公司

规　　格 / 开 本：787mm × 1092mm　1/16
　　　　　印 张：19.25　字 数：293 千字
版　　次 / 2015 年 9 月第 1 版　2015 年 9 月第 1 次印刷
书　　号 / ISBN 978 - 7 - 5097 - 7867 - 8
定　　价 / 85.00 元

皮书序列号 / B - 2013 - 305

感谢浙江敦和慈善基金会资助

基金会中心网介绍

基金会中心网由国内 35 家知名基金会联合发起，于 2010 年 7 月 8 日正式成立。基金会中心网的使命是建立基金会行业信息披露平台，提供行业发展所需的能力建设服务，促进行业自律机制形成和公信力提升，培育良性、透明的公益文化。

在过去的五年里，基金会中心网与国内外的诸多知名基金会建立了良好的合作关系，包括美国盖茨基金会、福特基金会、亚洲基金会、洛克菲勒基金会，德国宝马基金会、粮惠世界、墨卡托基金会、日本国际交流基金会、丰田基金会，美国基金会中心、欧洲基金会中心等等；同时也与国内外的一些知名大学建立了良好关系，包括哈佛大学、斯坦福大学、印第安纳大学、清华大学、北京大学、北京师范大学、浙江大学等等。2012 年参与了北师大珠海分校设立国内第一个慈善教学本科层次的建立，该校已为国内慈善组织培养了 3 期慈善专业的本科学生，广受业界的好评和欢迎。几年来，基金会中心网的国际影响力也不断提升，目前基金会中心网已经成为全球资助者协会理事，这个协会是国际著名的慈善团体组织，在全球享有较高的美誉度和知名度；基金会中心网还参与了《国际慈善数据宪章》的起草和制定，发出了中国慈善组织应有的声音。

几年来，基金会中心网秉承使命，已经基本成为国内最具影响力的信息披露平台，在倡导慈善数据的应用方面发挥了一定作用，推出了基金会透明标准中基透明指数 FTI，有效地推动了基金会行业整体的透明度发展；建立良好的公共关系体系，推动社会文明进步；建立国内国际慈善交流合作机制，提升国际化视野；充分发挥倡导性平台作用，推进基金会组织专业化发展。

清华大学廉政与治理研究中心介绍

清华大学廉政与治理研究中心 2010 年成立于清华大学公共管理学院，是国内最早的大学设立的廉政专业研究机构之一。十多年来，中心开展了大量的廉政与反腐败研究，先后承担了多项国家社会科学基金项目、国家自然科学基金项目、部委委托项目以及海外项目，并向国家有关部门提出了一系列政策建议。

中心始终抱着理性和建设性的态度，注重与国内实务部门和国际组织合作，与国内外机构在课题研究、廉政廉洁培训、国际会议等方面开展了广泛合作。

摘　要

本书既是中国基金会透明度发展 2015 年度研究报告，也是中基透明指数（FTI）2015 年度报告。FTI 2015 涵盖了 2013 年 1 月 1 日之前成立的 3046 家基金会，并以这些基金会的 2013 年度数据为基础，力图对中国公益基金会的透明度现状和现存问题进行总体分析和评价。

本书正文共分为六个部分。第一部分总结了近年来我国公益基金会行业自律与公开透明的总体趋势，着重介绍了第二代中基透明指数的基本情况以及设计原则；第二部分分析了 2013～2015 年三年间 FTI 得分和排名的整体变化趋势，并具体介绍 FTI 2015 的基本情况；第三部分按照公募/非公募、民间/非民间、民政部注册/地方注册、规模等六个维度，对各类基金会的 FTI 2015 表现进行了分类比较；第四部分主要对 FTI 2015 中的净资产、捐赠收入、公益支出、政府补助收入的前 100 强基金会进行了综合比较；第五部分主要以雅安地震救灾、免费午餐、央视"社区英雄"为例，分析了第二代中基透明指数——重大公益项目动态信息披露的现状与发展趋势；第六部分为本书的案例分析部分，着重分析了上海市基金会信息公开平台的探索实践，以及新入榜即获得满分的永源公益基金会和分数提升最大的安利公益基金会的公开透明实践。

本书的附录部分包含了 2014 年发布的《国务院关于促进慈善事业健康发展的指导意见》和《民政部财政部关于加强社会组织反腐倡廉工作的意见》这两部重要文件，同时还包括了 FTI 2015 的指数指标、算法、分类标准详解、分类榜单、完整榜单等内容。

Abstract

This report summarizes the results of FTI 2015 and reflects the transparency levels of China's over 3000 charity foundations.

This report has seven sections. Chapter 1 introduces the general background of foundation transparency in China and explains the second generation of FTI. Chapter 2 summarizes the general trends from FTI 2013 to FTI 2015, and introduces the basic facts of FTI 2015. Chapter 3 compares over 3000 foundations included in FTI 2015 in different dimensions. Chapter 4 compares the transparency performance of Top 100 foundations in FTI 2015 in terms of assets, revenues, expenditure, etc. Chapter 5 explains the development of second generation of FTI, which emphasizes dynamic information disclosure of major charity projects. Chapter 6 addresses the practices of Shanghai municipal government, Yongyuan Foundation and Amway Foundation in improving transparency and accountability. The appendix of this book includes relevant government regulations, methodology of FTI 2015 and a complete list of of FTI 2015.

前　言

《中国基金会透明度发展研究报告（2015）》是中基透明指数 2012 年发布以来的第三本蓝皮书。基金会中心网同清华大学廉政与治理研究中心的程文浩教授在过去三年合作的过程中，共同见证了中国基金会行业自律和透明的历史性跨越和发展。而在过去的 2014 年中，我们也欣喜地看到了很多重要的变化。

首先，政府更加重视慈善组织信息披露的落实情况和内容的完备性。2014 年 10 月 29 日，国务院总理李克强主持召开国务院常务会议，确定发展慈善事业措施，汇聚更多爱心扶贫济困，会议强调"要强化行业自律和社会监督。引导慈善组织依法依规募捐，严格规范使用捐赠款物，及时公开项目运作、款物募集及使用等情况。加强监管，依法查处违规募捐、违约使用捐赠款物、无正当理由拒不兑现捐赠承诺等行为。增强慈善组织公信力，把慈善事业做成人人信任的'透明口袋'，让社会爱心的暖阳照耀困难群众、助力民生改善"。11 月 6 日，民政部和财政部联合下发《关于加强社会组织反腐倡廉工作的意见》。《意见》从实行社会组织信息公开制度、强化社会组织审计和执法监督、加强社会组织廉洁自律教育等方面对社会组织反腐倡廉工作做出了明确规定。这些政策的理念也正是中基透明指数 FTI 所倡导的。同时，据基金会中心网的观察，民政部分别于 2010 年、2012 年和 2014 年三次更新基金会年度工作报告规范，新的规范中要求基金会披露的信息量大幅增加，系统性也不断增强。

其次，基金会行业自身披露信息的及时性和完整性不断加强。2014 年中基透明指数 FTI 已经完成升级换代，不仅公开基金会年度信息的披露情况，而且增加了重大公益项目的动态信息披露。针对重大热点社会事件和活

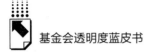

动而开展的社会捐款项目，实时披露参与募集善款的基金会的信息和资金的使用情况，让公众在捐款的同时，就能了解到受益群体的情况，大大提升了信息披露的时效性，也为基金会行业公信力的建设做出了贡献。同时，大量的基金会通过直接同基金会中心网联系的方式，也不断披露更加详细的公益项目的信息，这也使得基金会的形象更加生动和贴近公众。

再次，越来越多的媒体和互联网平台开始认识到基金会信息披露的意义，并且与自身特点相结合促进公众对慈善组织的了解。央视"社区英雄"节目是一档为公益组织搭建的免费的传播和展示平台，每年都有大量的基金会和公益组织借助这个平台展示自己和募集善款。在节目设计之初，就同基金会中心网建立了战略合作伙伴关系，由基金会中心网负责相关基金会和公益组织善款流向的披露，从而形成了央视搭台、公益组织募款、基金会中心网披露信息的三方合作的良好模型。另外，百度公司也将基金会中心网的数据中心内嵌到百度百科中，方便公众查询基金会信息，优酷公益频道将中基透明指数FTI内嵌到其为公益项目募款的频道中，每一个通过优酷公益频道募款的基金会，它们的透明度和过去三年的工作表现完整地展现在捐款人的面前。

正如基金会中心网名誉理事长徐永光先生五年前在基金会中心网成立大会上所言"透明不是目标，而是一种手段。透明度赋予公众选择的权利，社会资源将流向更优秀的公益组织，善款的社会效益将最大化发挥"。基金会中心网很荣幸能够把这个理念付诸实践，为社会做出自己的贡献。

最后，我要向浙江敦和慈善基金会对本报告的资助表达最衷心的感谢，敦和基金会以推动中国公益行业良性发展为宗旨，短短三年间已经成为基金会行业重要的典范，可贺可敬。同时，我也要向清华大学程文浩教授及其团队表达最真心的感谢和敬佩，中基透明指数FTI有今天的社会影响力，离不开程教授的付出。期待2016年，我们为公众呈现又一份惊喜。

程刚

基金会中心网总裁

目 录

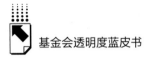
皮书数据库阅读**使用指南**

CONTENTS

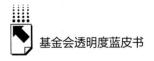

中基透明指数 FTI 开发背景及体系介绍

一 基金会行业自律与公开透明成为社会共识

近年来，我国的公益基金会事业发展迅猛，在扶贫救助及教育发展等各领域发挥了重要作用。与此同时，基金会自身需要公开透明也日益成为社会的基本共识。

国家在出台一系列政策促进公益慈善事业发展的同时，也对这项事业的公开透明做出了明确要求。2014 年 10 月 29 日，国务院常务会议将强化基金会行业自律和社会监督作为公益慈善工作的三大方向之一。12 月 18 日，国务院出台《关于促进慈善事业健康发展的指导意见》（以下简称《指导意见》）。这是新中国成立以来首份以中央政府名义出台的指导、规范和促进慈善事业发展的文件。

《指导意见》明确了慈善事业发展的总体要求，突出了扶贫济困、坚持改革创新、确保公开透明、强化规范管理等原则，并在鼓励和支持开展慈善活动、培育和规范各类慈善组织、加强对慈善组织和慈善活动监管、加强对慈善工作的组织领导等方面提出了诸多要求，具体内容如下。

一是信息公开要更加透明。《指导意见》要求强化慈善组织信息公开责任，明确公开内容、公开时限和公开途径。慈善组织应向社会公开组织章程、组织机构代码、登记证书号码、负责人信息、年度工作报告、经审计的财务会计报告和开展募捐、接受捐赠、捐赠款物使用、慈善项目实施、资产保值增值等情况以及依法应当公开的其他信息。慈善组织应及时公开款物募集情况，募捐周期大于 6 个月的应当每 3 个月向社会公开一次，募捐活动结束后 3 个月内应全面公开；应及时公开慈善项目运作、受赠款物的使用情况，项目运行周期大于 6 个月的应当每 3 个月向社会公开一次，项目结束后 3 个月内应全面公开。慈善组织应通过自身官方网站或批准其登记的民政部门认可的信息网站进行信息发布；应向社会公开联系方式，及时回应捐赠人及利益相关方的询问。慈善组织应对其公开信息和答复信息的真实性负责。

二是自我管理要更加完善。《指导意见》在完善慈善组织的自我管理方面也提出了一系列要求：慈善组织要建立健全内部治理结构，完善决策、执行、监督制度和决策机构议事规则，加强内部控制和内部审计，确保人员、财产、慈善活动按照组织章程有序运作；慈善组织要依法依规开展募捐活动，引导慈善组织重点围绕扶贫济困开展募捐活动；慈善组织严格规范使用捐赠款物，慈善组织应将募得款物按照协议或承诺，及时用于相关慈善项目，除不可抗力或捐赠人同意外，不得以任何理由延误；未经捐赠人同意，不得擅自更改款物用途；同时要科学设计慈善项目，优化实施流程，努力降低运行成本，提高慈善资源使用效益。

三是行业自律要更加严格。《指导意见》要求不断强化行业自律，推动建立慈善领域联合型、行业性组织，建立健全行业标准和行为准则，增强行业自我约束、自我管理、自我监督能力。鼓励第三方专业机构根据民政部门委托，按照民政部门制定的评估规程和评估指标，对慈善组织开展评估，相关政府部门要将评估结果作为政府购买服务、评选表彰的参考依据；同时畅通社会公众对慈善活动中不良行为的投诉举报渠道，任何单位或个人发现任何组织或个人在慈善活动中有违法违规行为的，可以向该组织或个人所属的慈善领域联合型、行业性组织投诉，或向民政部门及其他政府部门举报；对慈善组织按照"谁登记、谁管理"的原则，由批准登记的民政部门会同有关部门对其违规开展募捐活动、违反约定使用捐赠款物、拒不履行信息公开责任、资助或从事危害国家安全和公共利益活动等违法违规行为依法进行查处；对慈善组织或其负责人的负面信用记录，要予以曝光。

《指导意见》鼓励、支持和引导慈善组织和其他社会力量在扶贫济困等领域广泛开展慈善帮扶，有效对接社会救助和慈善资源信息，进而使慈善事业与社会救助有效衔接和功能互补，共同编织社会生活安全网。把慈善事业做成人人信任的"透明口袋",需要建立政府监管、行业自律、社会监督、第三方评估等相结合的监管体系。

总而言之,《指导意见》的出台是中国公益慈善事业发展的里程碑事件,对于拓展慈善资源、规范慈善行为、严格慈善管理,促进慈善事业健康、有序发展具有重要的指导意义。

二 规范基金会的监督管理成为常态

2014 年 11 月 6 日,民政部和财政部联合下发《关于加强社会组织反腐倡廉工作的意见》(以下简称《工作意见》)。《工作意见》从健全社会组织民主机制、加强社会组织财务管理、规范社会组织商业行为、实行社会组织信息公开制度、强化社会组织审计和执法监督、加强社会组织廉洁自律教育等六个方面对社会组织反腐倡廉工作做出了明确规定。

为了从体制机制上加强对社会组织的监督管理,《工作意见》分别从社会组织内外监督两个方面提出了具体要求。

在内部监督方面,《工作意见》要求社会组织按规定定期向会员(代表)大会、理事会或者监事会报告财务收支情况,自觉接受监督。对于社会组织的内部民主机制建设,《工作意见》强调,社会组织要以章程为核心,建立健全现代法人治理结构和运行机制;落实民主选举、差额选举制度,扩大直选范围;规范社会组织民主议事、民主决策的范围、程序和方法;涉及社会组织人、财、物等重大事项的决策,要经过民主程序,不得由个人专断;进行改选换届的会员(代表)大会、理事会须有符合法定人数的会员(代表)、理事出席方能召开,不得以通信方式召开;会员(代表)大会、理事会民主决议事项,不得以鼓掌方式进行表决;鼓励选举企业家担任行业协会商会理事长(会长),探索实行行业协会商会理事长(会长)轮值制。社会组织要设立监事会或者监事,建立健全内部监督约束机制;推进社会组织诚信建设,建立社会组织信用体系,提高社会组织自治自律水平。

在外部监督方面,为了便于社会各界进行监督,《工作意见》要求实行社会组织信息公开制度，并按照社会组织的类别分别规定了具体的公开内容。基金会要严格按规定向社会公开公益活动和募集资金的详细使用计划，公益资助项目的申请、评审程序，以及年度工作报告和财务审计报告等信息；社会团体要主动向会员公开年度工作报告、财务工作报告、会费收支情况以及经理事会研究认为有必要向会员公开的其他信息，向社会公开登记事项、章程、组织机构、接受捐赠、承接政府转移职能以及政府购买服务事项等信息；民办非企业单位要重点向服务对象公开服务承诺、服务收费标准等信息。《工作意见》同时要求各级登记管理机关要制定社会组织信息公开办法，建立或者利用有公信力的公共信息平台，为社会组织发布信息和社会监督创造条件。

总而言之，《工作意见》不仅对基金会、社会团体、民办非企业单位的信息公开提出了具体要求，还要求各级登记管理机关制定社会组织信息公开办法，建立或者利用有公信力的公共信息平台，为社会组织发布信息和社会监督创造条件。

三 中基透明指数 FTI 打造"透明口袋"标准

为推动公益基金会的公开透明，2012 年基金会中心网联合清华大学廉政与治理研究中心共同开发了中基透明指数 FTI，成为中国首个衡量公益基金会透明度的指标体系。中基透明指数是一套综合指标、权重、信息披露渠道、完整度等参数，以排行榜单为呈现形式的基金会透明标准评价系统。排行榜按照各基金会的最新透明分数每月更新一次，排名越靠前，代表基金会透明度越高。

中基透明指数有两大特点：一是算法透明，二是数据公开。FTI 官方网站（www.fti.org.cn）实时发布最新的《中基透明指数 FTI 指标及算法详解》，主动接受社会监督。另外，整个计算过程依据基金会中心网日常收集的大量基金会数据，随时可以翻查。这两个举措有力地确保了中基透明指数的客观性和公正性。

3 年来，中基透明指数每年都会根据情况变化更新指标和权重，比如将披露率达到或接近 100% 的指标删除、提高管理制度方面的权重等，从而更加科学地衡量和反映基金会的透明状况。例如，FTI 2013 涵盖了 2011 年 1 月 1 日前注册成立的 2210 家基金会和自愿加入榜单的 4 家 2011 年成立的基金会，涉及基金会基本信息、财务信息、项目信息、捐助信息四大方面，设置了由 40 个合规性指标和 20 个倡导性指标构成的 60 个指标，满分为 129.40 分；FTI 2014 涵盖了 2012 年 1 月 1 日前注册成立的 2600 家基金会，根据行业最新发展情况调整为 47 个指标，并调高了三项管理制度的权重，把满分由原来的 129.4 分调整为 107.20 分；FTI 2015 则涵盖了 2013 年 1 月 1 日之前成立的 3046 家基金会，将指标调整到 41 个，并将满分改为 100.00 分。

3 年来，在中基透明指数的大力倡导下，基金会信息披露的数量和质量都有了大幅提升，基金会透明度和管理能力都实现了跨越式发展，中国基金会行业全面步入信息化时代。

四 第二代中基透明指数的基本情况 以及设计原则

2015 年，我国基金会行业在行业自律和公开透明方面面临新的发展机遇。作为基金会行业的信息披露平台，基金会中心网及时推出第二代中基透明指数，除披露基金会的静态信息外，开始系统地向社会动态披露公众关心的热门公益项目的善款流向信息。雅安地震、免费午餐、梦想合唱团、央视"社区英雄"、钢丝小天使计划、梦想星搭档、小额信贷、爱心包裹等公益项目都将登陆第二代中基透明指数。此外，第二代中基透明指数还包括指标查询、透明度排行、透明度提升指导、数据对比等多种功能。

总体而言，第二代中基透明指数体现了公开性、科学性、倡导性、民间性、发展性、国际性的设计原则。

公开性：FTI 所有评价基金会透明度的指标和计算方法均向公众公开。一方面便于基金会了解如何提高自身透明度，另一方面也便于公众了解透明

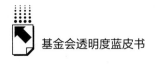

指数的具体内涵。

科学性：透明指标构成充分考虑到当前基金会的发展水平，计算方法综合考虑了指标、权重、披露渠道、信息完整性四个方面，从而能更加准确地反映基金会的透明度状况。

倡导性：透明指数中针对基金会官方网站的栏目设计制定了相应指标，提高了以基金会官网作为信息披露渠道的指标权重，以推动基金会通过建立官网进行信息披露，并且在官网上建立信息披露栏目。

民间性：FTI 由基金会中心网倡议发起，经清华大学廉政与治理研究中心、中国 NPO 自律行动委员会、中国非公募论坛等机构以及具有影响力和公信力的基金会共同参与完善，从而获得了行业认同。

发展性：每年度召集专家研究如何优化指标体系，不断细化和完善基金会透明标准，根据实际情况变化不断调整指标和权重，以求准确及时地反映基金会行业现状。

国际性：透明指数网站提供中英双语查询功能，方便国内外相关机构使用和查询。

B.2

基金会透明度年度比较分析

从 FTI 2013 榜单到 FTI 2014 榜单，再到 FTI 2015 榜单，共有 2194 家基金会连续参与了这 3 年的排名，其得分和排名变化在一定程度上可以反映出 FTI 指数对于整个基金会行业的影响。

3 年连续上榜的 2194 家基金会的具体表现如下，数据全部由基金会中心网提供。FTI 2013 数据截止日期为 2013 年 3 月 11 日；FTI 2014 数据截止日期为 2014 年 6 月 30 日；FTI 2015 数据截止日期为 2015 年 5 月 31 日。

一 FTI 2013～2015比较分析

结论一：行业整体透明度一直在上升，且仍有上升空间

从 FTI 2013 到 FTI 2015，入榜基金会数量从最初的 2214 家增加到 2014 年的 2600 家，再增加到 2015 年的 3046 家，FTI 指数的覆盖范围越来越大（见图 1）。

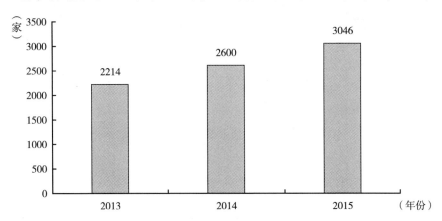

图 1　入榜基金会数量比较（2013～2015）

资料来源：基金会中心网，中基透明指数 FTI。截止日期：2015 年 5 月 31 日。

从 FTI 2013 到 FTI 2015，3 年榜单的透明度得分均值从 2013 年的 49.62 分（满分 129.40 分），先是下降到 2014 年的 46.10 分（满分 107.20 分），然后上升为 2015 年的 50.88 分（满分 100.00 分），由于满分的不同，这样的 3 年得分均值比较并不直观。

如果将透明度得分按照年度 FTI 满分比例进行折算，我们发现，从 FTI 2013 到 FTI 2015 连续 3 年入榜的 2194 家基金会中，整个基金会行业透明度的得分率（即得分在满分中所占比例）均值从 38.56% 上升到 44.51%，再上升到 2015 年的 51.32%，中值得分率从 42.16% 上升到 44.03%，再上升到 2015 年的 49.60%，基金会行业的透明度水平出现了连续 3 年的提升（见表1、图2）。

表 1   中基透明指数 FTI 历年分数比较（2013～2015）   N = 2194

	FTI 2015 分数	FTI 2014 分数	FTI 2013 分数
数量（家）	2194	2194	2194
均值（分）	51.32	47.71	49.90
均值得分率（%）	51.32	44.51	38.56
中值（分）	49.60	47.20	54.55
中值得分率（%）	49.60	44.03	42.16
标准差（分）	22.08	23.39	24.74

资料来源：基金会中心网，中基透明指数 FTI。截止日期：2015 年 5 月 31 日。

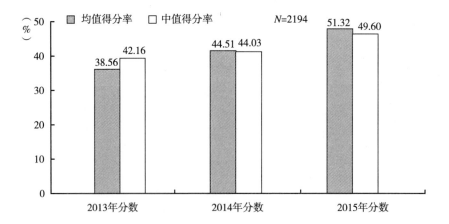

图 2   入榜基金会得分率比较（2013～2015）

资料来源：基金会中心网，中基透明指数 FTI。截止日期：2015 年 5 月 31 日。

结论二：基金会的项目信息披露日趋完整

根据基金会中心网的测算，基金会项目信息的披露完整度已由 2013 年的 61.15% 提升到 2014 年的 72.58%。在 FTI 2015 中，这个比例已经提升到 84.22%（见图 3）。

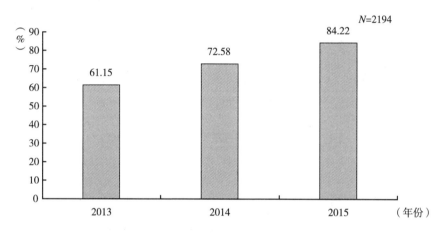

图3 入榜基金会项目信息披露比较（2013~2015）

资料来源：基金会中心网，中基透明指数 FTI。截止日期：2015 年 5 月 31 日。

结论三：官方网站已成为基金会信息披露的主要渠道

根据基金会中心网提供的数据，通过基金会官方网站披露信息的基金会占全部基金会的比例，已由 2013 年的 39.98% 上升到 2014 年的 46.88%，再上升到 2015 年的 48.37%，比例不断提高，官方网站已成为基金会信息披露的主要渠道（见图 4）。

结论四：三年连续榜单的分类比较

（1）基金会分类型、背景、登记部门的三年透明度均值得分率①比较。

各类基金会在三年中的透明度得分率都有非常明显的提升。相对来说，公募基金会的三年透明度提升幅度稍高于非公募基金会；非民间基金会的三

---

① 考虑到三年满分值的不同，此处对三年分数对比采用均值得分率指标，该年均值得分率＝该年得分均值/该年满分值，以便在三年跨度下对基金会得分水平进行较为直观的纵向对比。

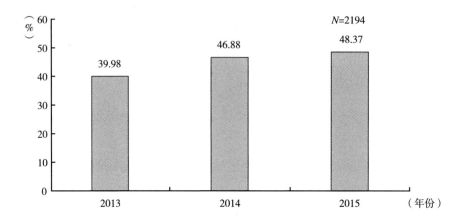

图4　入榜基金会官网披露率比较（2013～2015）

资料来源：基金会中心网，中基透明指数FTI。截止日期：2015年5月31日。

年透明度提升幅度稍高于民间基金会；民政部注册的基金会经过三年的透明
度提升，其2015年透明度均值得分率已达72.59%，而地方民政部门注册的基
金会经过三年的透明度提升，其2015年透明度均值得分率虽有很大幅度提升，
但仍不及民政部注册基金会2013年的透明度水平（见表2、图5～图7）。

表2　不同基金会FTI均值得分率比较（2013～2015）　　N=2194

单位：%

		FTI 2015 均值得分率	FTI 2014 均值得分率	FTI 2013 均值得分率
基金会类型	非公募	50.87	43.26	38.95
	公募	51.77	45.78	38.17
基金会背景	民间 *	50.95	43.84	39.28
	非民间	51.50	44.81	38.29
登记部门	民政部	72.59	67.12	55.83
	地方民政部门	49.78	42.87	37.31

* 民间背景基金会是一种学术上的分类，是指由个人、企业等非政府组织发起创立并且独立运
作的基金会。

资料来源：基金会中心网，中基透明指数FTI。截止日期：2015年5月31日。

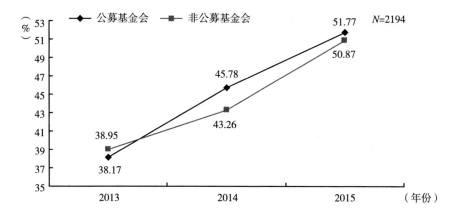

图5 不同类型基金会 FTI 均值得分率比较（2013～2015）

资料来源：基金会中心网，中基透明指数 FTI。截止日期：2015 年 5 月 31 日。

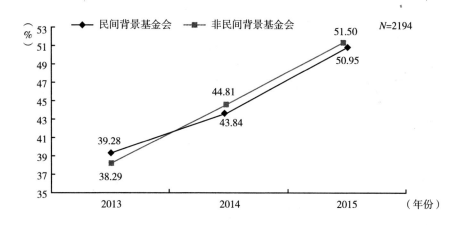

图6 不同背景基金会 FTI 均值得分率比较（2013～2015）

资料来源：基金会中心网，中基透明指数 FTI。截止日期：2015 年 5 月 31 日。

（2）不同所在地基金会的三年透明度均值得分率比较。

从三年连续榜单的各省份基金会透明度均值得分率变化趋势来看，全国有 27 个省份的 2015 年透明度均值得分率要比 2013 年提升 5 个百分点以上。在这 27 个透明度稳步提升的省份中，天津市和浙江省的表现尤为出色，三年之间透明度提升幅度在 30 个百分点以上。海南省和江西省在经历了 2014 年

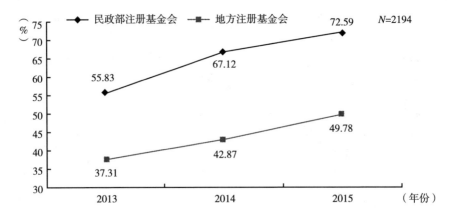

图7 不同注册地基金会 FTI 均值得分率比较（2013～2015）

资料来源：基金会中心网，中基透明指数 FTI。截止日期：2015 年 5 月 31 日。

的透明度提升后，其 2015 年的透明度又出现下降，甚至低于其 2013 年的透明度（见表3、图8）。

表3 不同所在地基金会 FTI 均值得分率比较（2013～2015） N = 2194

序号	所在地	基金会数量（家）	FTI 2015 均值得分率（%）	FTI 2014 均值得分率（%）	FTI 2013 均值得分率（%）	三年透明度提升幅度（百分点）
1	天 津	40	55.69	42.37	19.26	36.43
2	浙 江	188	71.69	65.78	40.39	31.30
3	青 海	12	42.46	31.66	14.15	28.31
4	黑龙江	42	43.70	40.63	16.60	27.10
5	河 北	24	51.07	47.32	24.43	26.63
6	宁 夏	24	40.29	33.49	14.11	26.18
7	山 西	28	49.36	41.09	24.59	24.77
8	湖 南	120	52.14	45.02	33.24	18.90
9	重 庆	28	59.24	58.80	42.63	16.61
10	云 南	37	53.56	48.75	37.32	16.24
11	北 京	279	62.19	52.39	46.67	15.52
12	辽 宁	46	48.42	39.42	36.40	12.02
13	内蒙古	69	41.73	30.18	29.95	11.78
14	福 建	113	49.18	45.12	37.71	11.47

序号	所在地	基金会数量（家）	FTI 2015 均值得分率（%）	FTI 2014 均值得分率（%）	FTI 2013 均值得分率（%）	三年透明度提升幅度（百分点）
15	西　藏	9	26.04	19.22	14.84	11.20
16	山　东	59	46.93	43.79	36.64	10.29
17	吉　林	36	48.57	39.49	39.08	9.49
18	新　疆	24	39.47	29.16	31.44	8.03
19	湖　北	47	56.21	49.78	48.62	7.59
20	广　西	22	55.29	48.27	47.74	7.55
21	四　川	78	53.48	47.38	46.06	7.42
22	贵　州	14	55.62	52.47	48.22	7.40
23	安　徽	36	41.86	39.24	34.47	7.39
24	上　海	114	59.08	54.97	51.96	7.12
25	河　南	56	42.70	36.96	36.19	6.51
26	广　东	217	49.29	44.53	43.50	5.79
27	陕　西	47	43.36	37.45	37.94	5.42
28	江　苏	311	43.82	32.57	38.83	4.99
29	海　南	28	16.02	22.47	16.81	-0.79
30	江　西	25	36.15	43.50	37.29	-1.14
31	甘　肃	21	9.16	10.64	10.70	-1.53

资料来源：基金会中心网，中基透明指数FTI。截止日期：2015年5月31日。

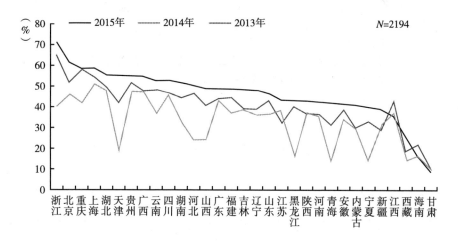

图8　不同所在地基金会 FTI 均值得分率比较（2013~2015）

资料来源：基金会中心网，中基透明指数FTI。截止日期：2015年5月31日。

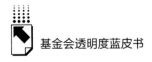

结论五：19家基金会连续三年满分

在2013～2015年的榜单中，共有19家基金会取得了连续三年透明度满分的优异成绩，其具体信息见表4。

表4　连续三年FTI满分基金会榜单

序号	基金会名称	成立时间	所在地	2013年末净资产(亿元)	2013年度公益事业支出(亿元)
1	中国残疾人福利基金会	1984	北京	8.04	3.18
2	江苏省儿童少年福利基金会	1984	江苏	0.25	0.13
3	爱德基金会	1985	江苏	2.87	0.80
4	中国人口福利基金会	1987	北京	1.15	2.52
5	黑龙江省青少年发展基金会	1988	黑龙江	0.28	0.23
6	中国妇女发展基金会	1988	北京	4.27	3.94
7	中国扶贫基金会	1989	北京	6.97	3.22
8	上海宋庆龄基金会	1993	上海	5.20	0.35
9	中国红十字基金会	1994	北京	5.07	2.83
10	上海市慈善基金会	1994	上海	20.68	5.42
11	浙江省爱心事业基金会	1995	浙江	0.21	0.20
12	天津大学北洋教育发展基金会	1995	天津	0.86	0.28
13	中华思源工程扶贫基金会	2007	北京	1.38	1.45
14	南都公益基金会	2007	北京	1.06	0.25
15	上海真爱梦想公益基金会	2008	上海	0.70	0.34
16	北京新阳光慈善基金会	2009	北京	0.06	0.13
17	浙江正泰公益基金会	2009	浙江	0.77	0.08
18	江苏昌明教育基金会	2010	上海	0.04	0.04
19	深圳壹基金公益基金会	2010	广东	4.54	1.31

资料来源：基金会中心网，中基透明指数FTI。截止日期：2015年5月31日。

二　FTI 2015总体情况

截至2015年5月31日，FTI 2015共包含基金会3046家，FTI均值为50.88分。① 其中得分最低为0分，0分基金会共4家；得分最高为100分，

---

① 本报告数据来源为基金会中心网，其中FTI得分情况数据截止日期为2015年5月31日，FTI榜单基金会财务数据信息截止日期为2013年12月31日。

满分基金会共 110 家；近 70% 的基金会 FTI 得分分布在 27.58 ~ 72.20 区间内，偏度系数为 -0.23，意味着得分在均值线 50.88 分以下的基金会数量多于均值线以上的基金会；峰度系数为 0.32，接近 0，意味着基金会得分多集中在均值 50.88 分左右的区间内（见表 5）。

表 5　FTI 2015 基金会得分概览

	基金会数量（家）	最小值（分）	最大值（分）	均值（分）
FTI 2015	3046	0.00	100.00	50.88
	标准差	偏度 *	峰度 **	
	22.24	-0.23	0.32	

＊ 偏度系数为统计学概念，即统计数据峰值与平均值不相等的频率分布，根据峰值小于或大于平均值可分为正偏函数和负偏函数，其偏离的程度可用偏度系数刻画。正的偏度系数也称右偏分布，说明半数以上的变量值高于平均值；负的偏度系数也称左偏分布，说明半数以上的变量值低于平均值。

＊＊ 峰度系数用来度量数据在中心聚集程度，在正态分布情况下，峰度系数值是 0；正的峰度系数说明观察量更集中，有比正态分布更长的尾部；负的峰度系数说明观测量不那么集中，有比正态分布更短的尾部，类似于矩形的均匀分布。

资料来源：基金会中心网，中基透明指数 FTI。截止日期：2015 年 5 月 31 日。

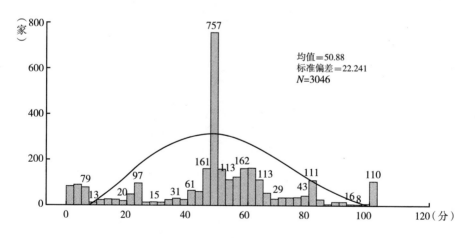

图 9　FTI 2015 基金会得分分布

资料来源：基金会中心网，中基透明指数 FTI。截止日期：2015 年 5 月 31 日。

结论六：FTI 2015 满分基金会超过100家

FTI 2015 中的满分基金会共 110 家，其中成立最早的是中国残疾人福利

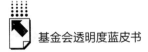

基金会，自 1984 年成立，已有 30 余年历史；成立最晚的是北京市永源公益基金会，2013 年 6 月成立。

满分基金会包含公募基金会 57 家，非公募基金会 53 家。

满分基金会包含民间背景基金会 49 家，非民间背景基金会 61 家。

满分基金会中，民政部注册的基金会 36 家，占民政部注册基金会总量的 19.89%；地方民政部门注册的基金会 74 家，占地方民政部门注册基金会总量的 2.58%。

满分基金会分布于全国 28 个省份。其中，北京市、广东省、浙江省三地的满分基金会数量之和占全国所有满分基金会的近 60%。

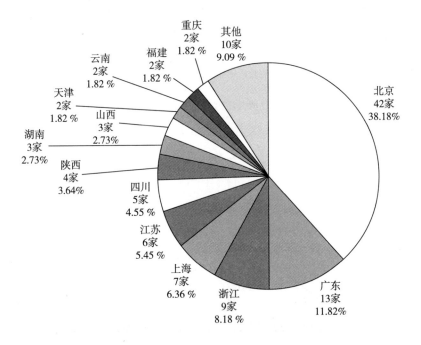

图 10　FTI 2015 满分基金会分布情况

资料来源：基金会中心网，中基透明指数 FTI。截止日期：2015 年 5 月 31 日。

如表 6 所示，在满分基金会中，既有资产规模在 20 亿元人民币以上的大型基金会，也有资产规模两三百万元的小型基金会，而其捐赠收入、公益事业支出、政府补助收入金额也从 0 到数亿元不等（见表 6）。

表6　FTI 2015满分基金会概览

	最小值（亿元）	最大值（亿元）	均值（亿元）	标准差（亿元）
净资产金额	0.02	23.60	1.66	3.54
总资产金额	0.02	23.61	1.79	3.90
捐赠收入金额	0	7.44	0.72	1.37
公益事业支出金额	0	18.94	0.74	2.02
政府补助收入金额	0	8.78	0.11	0.85

资料来源：基金会中心网，中基透明指数FTI。截止日期：2015年5月31日。

结论七：各类基金会的透明度差异并不明显

对FTI 2015中的企业基金会和学校基金会，① 从表7数据来看，这两类基金会的FTI 2015平均得分内部差异明显，都超过了平均分50.88分（见表7）。

表7　企业基金会、学校基金会FTI 2015得分对比

基金会类别	数量（家）	均值（分）	标准差（分）	中值（分）
学校型	435	54.08	18.12	50.40
企业型	414	53.31	23.06	50.40

资料来源：基金会中心网，中基透明指数FTI。截止日期：2015年5月31日。

（1）学校型基金会得分对比：学校型基金会共435家，其中大学基金会得分均值最高，为56.46分，而职业院校基金会得分均值最低，仅有46.89分（见表8）。

表8　各类学校基金会FTI 2015得分对比

基金会二级类别	数量（家）	均值（分）	标准差（分）	中值（分）
学校型|大学	299	56.46	18.05	56.80
学校型|中小学	83	50.11	17.50	49.60
学校型|职业院校	53	46.89	17.19	48.80
总　计	435	54.08	18.12	50.40

资料来源：基金会中心网，中基透明指数FTI。截止日期：2015年5月31日。

---

① 基金会分类依据见附件。

（2）企业型基金会得分对比：企业型基金会共414家，其中外资型企业基金会FTI得分均值最高，为60.58分，其次是国企型企业基金会和民企基金会，这三类得分均值都在50分以上，超过全国平均水平；而合资型企业基金会的得分均值最低，只有46.94分（见表9）。

表9　各类企业基金会FTI 2015得分对比

基金会二级类别	数量（家）	均值（分）	标准差（分）	中值（分）
企业型|外资	16	60.58	22.82	53.60
企业型|国企	66	54.60	24.03	54.39
企业型|民企	315	53.02	21.92	50.40
企业型|港澳台	7	47.11	14.42	51.20
企业型|合资	10	46.94	16.35	50.11
总　计	414	53.31	23.06	50.40

资料来源：基金会中心网，中基透明指数FTI。截止日期：2015年5月31日。

结论八：26家基金会的FTI 2015得分不足1分，其中4家基金会得0分，基本处于失联状态

不足1分的基金会名单见表10。

表10　FTI 2015不足1分基金会榜单

序号	基金会名称	基金会类型	FTI得分	成立时间	排名
1	陕西新华少年儿童公益基金会	非公募	0.80	2012	1
2	陕西榆林贵平妇女儿童基金会	非公募	0.80	2012	2
3	英德市连江口镇教育基金会	非公募	0.80	2012	3
4	石嘴山银行"爱心"基金会	非公募	0.80	2012	4
5	陕西存义公益基金会	非公募	0.80	2012	5
6	西藏自治区残疾人福利基金会	公募	0.80	2012	6
7	陕西省西安城墙保护基金会	公募	0.80	2011	7
8	江西抚州鸿德慈善基金会	非公募	0.80	2011	8
9	贵州安泰公益扶助基金会	公募	0.80	2011	9
10	陕西省汉中市老龄事业发展基金会	公募	0.80	2011	10
11	甘肃省兰州市城关区教育发展基金会	非公募	0.80	2011	11
12	泰州市单声教育奖学基金会	非公募	0.80	2011	12

序号	基金会名称	基金会类型	FTI 得分	成立时间	排名
13	陕西省现代科技创业基金会	公募	0.80	2011	13
14	宜兴市江苏省宜兴中学教育奖励基金会	非公募	0.80	2005	14
15	京台文化交流基金会	非公募	0.80	1995	15
16	北京市怀柔教育基金会	公募	0.80	1995	16
17	北京满学研究基金会	非公募	0.80	1994	17
18	甘肃盛彤笙畜牧兽医科学基金会	公募	0.80	1993	18
19	安徽省徐悲鸿教育基金会	非公募	0.80	1990	19
20	甘肃省天水市伏羲赡老助学基金会	非公募	0.80	1983	20
21	兰州市见义勇为奖励基金会	公募	0.80	1983	21
22	湖南省21世纪人才培养基金会	公募	0.80	1983	22
23	青海阿尼玛卿雪域慈善基金会	非公募	0.00	2009	23
24	青海省噶千慈爱基金会	非公募	0.00	2007	24
25	澄迈县禁毒基金会	公募	0.00	2005	25
26	兰州市中小学幼儿教师奖励基金会	公募	0.00	1983	26

资料来源：基金会中心网，中基透明指数 FTI。截止日期：2015 年 5 月 31 日。

FTI 2015分类比较

一 公募与非公募基金会透明情况比较

结论一：公募基金会与非公募基金会透明度差异不大

FTI 2015 涵盖公募基金会 1312 家，得分均值 50.79 分，中值 49.60 分；非公募基金会 1734 家，FTI 得分均值 50.96 分，中值 49.60 分（见表1）。

表1 公募与非公募基金会 FTI 2015 得分对比

基金会类型	数量（家）	FTI 均值（分）	标准差（分）	中值（分）
公 募	1312	50.79	22.76	49.60
非公募	1734	50.96	21.84	49.60
总 计	3046	50.88	22.24	49.60

资料来源：基金会中心网，中基透明指数 FTI。截止日期：2015 年 5 月 31 日。

对公募与非公募基金会的 FTI 得分做均值比较，结果见表2。

表2 公募与非公募基金会 FTI 2015 方差分析

ANOVA 表	平方和	df	均方	F	显著性 *
组 间	745.96	1	745.96	1.50	0.22
组 内	1516508.93	3047	497.71		
总 计	1517254.88	3048			

* 显著性是表示分析两类基金会 FTI 差异的程度。显著性水平是当 FTI 分数在某一区间内，估算该类基金会总体分数时可能犯错误的概率。本书中，显著性水平大于 0.05 则认为对比的基金会 FTI 2015 得分没有明显差别；显著性水平小于 0.05 则认为对比的基金会 FTI 2015 得分有明显差别。

资料来源：基金会中心网，中基透明指数 FTI。截止日期：2015 年 5 月 31 日。

由表2 单因素方差分析结果可知，公募基金会与非公募基金会的 FTI 得分显著性为 0.22，大于 0.05。由此可知，两者 FTI 2015 得分并没有明显差异。

二 民间与非民间基金会透明情况比较

FTI 2015 涵盖民间背景基金会 1052 家，得分均值为 51.52 分，中值 49.60 分；非民间背景基金会 1994 家，FTI 得分均值 50.55 分，中值 49.60 分（见表 3）。

表 3 民间与非民间基金会 FTI 2015 得分对比

基金会背景	数量（家）	均值（分）	标准差（分）	中值（分）
民　间	1052	51.52	23.04	49.60
非民间	1994	50.55	21.80	49.60
总　计	3046	50.88	22.24	49.60

资料来源：基金会中心网，中基透明指数 FTI。截止日期：2015 年 5 月 31 日。

对民间背景与非民间背景基金会的 FTI 得分做均值比较，结果见表 4。

表 4 民间与非民间基金会 FTI 2015 方差分析

ANOVA 表	平方和	df	均方	F	显著性
组　间	235.57	1	235.57	0.47	0.49
组　内	1517019.31	3047	497.87		
总　计	1517254.88	3048			

资料来源：基金会中心网，中基透明指数 FTI。截止日期：2015 年 5 月 31 日。

由表 4 方差分析结果可知，民间基金会与非民间基金会的 FTI 得分显著性为 0.49，大于 0.05。由此可知，两者透明度差异并不大。

三 民政部与地方注册基金会透明情况比较

结论二：民政部注册的基金会透明度明显高于地方民政部门注册的基金会

FTI 2015 涵盖民政部注册的基金会 181 家，FTI 得分均值 72.78 分，中值 68.80 分；地方民政部门注册的基金会 2865 家，FTI 得分均值 49.50 分，中值 49.60 分（见表 5）。

表 5　民政部与地方民政部门注册基金会 FTI 2015 得分对比

登记部门	数量（家）	均值（分）	标准差（分）	中值（分）
民政部	181	72.78	19.85	68.80
地方民政部门	2865	49.50	21.65	49.60
总　计	3046	50.88	22.24	49.60

资料来源：基金会中心网，中基透明指数 FTI。截止日期：2015 年 5 月 31 日。

对民政部与地方民政部门注册的基金会 FTI 得分做均值比较，结果见表 6。

表 6　民政部与地方民政部门注册基金会 FTI 2015 方差分析

ANOVA 表	平方和	df	均方	F	显著性
组　间	88909.78	1	88909.78	189.67	0.00
组　内	1428345.10	3047	468.77		
总　计	1517254.88	3048			

资料来源：基金会中心网，中基透明指数 FTI。截止日期：2015 年 5 月 31 日。

由表 6 方差分析结果可知，民政部与地方民政部门注册的基金会的 FTI 得分显著性小于 0.05。由此可知，两者 FTI 2015 得分情况差异非常显著，说明民政部注册的基金会透明度显著高于地方民政部门注册的基金会透明度。

四　不同地域基金会透明情况比较

结论三：基金会透明度地区差异明显：浙江、北京、上海三地透明度名列前茅，广东、江苏等地透明度排名靠后

如表 7 所示，基金会透明度地区差异十分显著。排名前三甲的浙江、北京、上海共有基金会 773 家（占 FTI 2015 上榜基金会总数的 25.38%），其

FTI 2015 得分均值在 60.00 分以上；而排名垫底的甘肃，省内 31 家基金会的 FTI 得分均值甚至不到 10.00 分，中值只有 4.00 分（见表 7）。

表 7　全国各省份基金会 FTI 2015 得分对比

序号	省　份	基金会数量（家）	均值（分）	标准差（分）	中值（分）
1	浙　江	267	70.61	20.12	78.80
2	北　京	363	61.6	21.04	57.59
3	上　海	143	60.38	16.31	59.60
4	重　庆	38	58.7	20.19	49.84
5	湖　北	65	53.95	17.03	50.40
6	天　津	52	53.74	13.87	49.60
7	广　西	31	53.58	14.10	55.72
8	河　北	38	53.44	19.18	50.00
9	四　川	94	53.19	18.22	50.00
10	云　南	46	52.32	20.03	49.60
11	贵　州	29	51.97	16.81	50.40
12	湖　南	151	51.44	14.62	49.60
13	广　东	346	51.16	22.06	49.60
14	山　西	46	50.1	20.88	49.20
FTI 全国平均分 50.88 分					
15	福　建	141	48.52	17.28	49.60
16	山　东	77	47.32	16.55	49.60
17	河　南	82	46.17	19.54	49.60
18	辽　宁	71	45.41	17.06	48.80
19	吉　林	61	45.16	17.38	49.60
20	黑龙江	57	43.94	17.33	47.20
21	江　苏	417	43.39	17.90	48.80
22	安　徽	58	43.35	20.31	48.99
23	宁　夏	44	41.97	18.92	48.80
24	内蒙古	89	41.6	19.81	48.80
25	新　疆	33	41.49	24.03	47.20
26	青　海	21	39.91	26.57	48.80
27	江　西	34	38.45	25.57	49.20
28	陕　西	70	35.58	29.49	45.00
29	西　藏	11	25.82	21.72	18.00
30	海　南	40	14.65	20.23	6.40
31	甘　肃	31	8.79	11.92	4.00

资料来源：基金会中心网，中基透明指数 FTI。截止日期：2015 年 5 月 31 日。

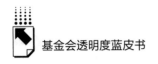

五 "中字头"基金会透明度情况比较

FTI 2015 包含 90 家"中字头"基金会，其 FTI 得分最低值为 24.00 分，最高值满分，均值为 73.80 分；得分整体偏度 0.24，说明多数基金会得分在均值 73.80 以上；得分整体峰度为负值，说明"中字头"基金会 FTI 得分分布较为平均（见表 8）。

表 8 "中字头"基金会 FTI 2015 得分概览

	数量（家）	最小值（分）	最大值（分）	均值（分）
分数	90	24.00	100.00	73.80
	标准差（分）	偏度	峰度	
	18.72	0.24	-0.99	

资料来源：基金会中心网，中基透明指数 FTI。截止日期：2015 年 5 月 31 日。

90 家"中字头"基金会中，公募基金会占 88 家，非公募基金会有 2 家，这 88 家公募基金会的 FTI 得分均值为 73.53 分，低于剩余 2 家非公募基金会的 85.54 分，然而从中值上来看，非公募基金会的得分中值又高于公募基金会，这说明公募基金会中高分基金会较多，因此拉高了公募基金会的得分均值（见表 9）。

表 9 公募与非公募基金会 FTI 2015 得分对比

基金会类型	数量（家）	均值（分）	标准差（分）	中值（分）
公 募	88	73.53	18.83	67.14
非公募	2	85.54	4.34	85.54
总 计	90	73.80	18.72	68.22

资料来源：基金会中心网，中基透明指数 FTI。截止日期：2015 年 5 月 31 日。

90 家"中字头"基金会中，有 86 家注册地为北京，其余 4 家基金会分布在 4 个省份。北京的"中字头"基金会不仅数量多，得分表现也比较突出，均值为 73.98 分（见表 10）。

表10 "中字头"基金会所在地 FTI 2015 得分对比

所在地	数量（家）	均值（分）	标准差（分）	中值（分）
河　北	1	91.60	—	91.60
北　京	86	73.98	18.94	69.42
河　南	1	62.80	—	62.80
甘　肃	1	62.80	—	62.80
山　东	1	62.40	—	62.40
总　计	90	73.80	18.72	68.22

资料来源：基金会中心网，中基透明指数 FTI。截止日期：2015 年 5 月 31 日。

六 FTI 2015榜单基金会按规模分类比较

按照基金会的净资产数额，可以将所有基金会分为三类：大型基金会（净资产 1 亿元以上）、中型基金会（净资产 1000 万元以上、1 亿元以下）、小型基金会（净资产 1000 万元以下）。除此之外，还有 365 家基金会的资产状况不明，因此不在分析范围内。

如表 11 所示，我国现有大型基金会共 181 家，数量所占比重为 6.75%；大型基金会的净资产总额是 570.01 亿元，占所有基金会净资产总额的 62.57%；其 FTI 2015 均值为 68.65 分。

中型基金会共 957 家，数量所占比重为 35.70%；中型基金会的净资产总额是 275.61 亿元，占所有基金会净资产总额的 30.25%；FTI 2015 均值为 58.14 分。

小型基金会共 1543 家，数量所占比重是 57.55%；小型基金会的净资产总额是 65.35 亿元，占所有基金会净资产总额的 7.17%；FTI 2015 均值为 52.71 分（见表 11、图 1、图 2）。

由此可以看出，尽管大型基金会的数量不多，但其资产规模非常巨大，而且其 FTI 2015 得分均值要高于中小型基金会。这说明我国基金会的净资产越多，其公开透明度也越高。

表11 大中小三类基金会 FTI 2015 得分对比

基金会规模	数量（家）	均值（分）	标准差（分）	中值（分）
大型基金会	181	68.65	20.54	64.00
中型基金会	957	58.14	17.17	54.43
小型基金会	1543	52.71	14.81	49.60
总　计	2681	55.72	16.68	50.40

资料来源：基金会中心网，中基透明指数 FTI。截止日期：2015 年 5 月 31 日。

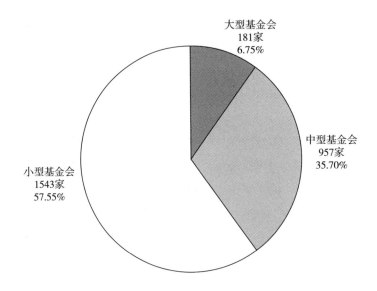

图1　大中小三类基金会数量占比

　　表12 对大中小三类基金会的 FTI 2015 均值情况进行了两两对比。由此可以看出，不同规模基金会的 FTI 2015 得分两两差异显著（见表12）。

　　以下分别对大、中、小型三类基金会的 FTI 2015 表现进行分析。

　　（1）大型基金会 FTI 2015 表现分析。

　　得分情况：净资产在 1 亿元以上的大型基金会共 181 家，得分最小值 23.20 分，最大值满分，均值 68.65 分，高于榜单基金会平均分；大型基金会得分偏度 0.26，说明多数大型基金会的得分在均值 68.65 之上；峰度为负，说明大型基金会的得分分布较为平均（见表13）。

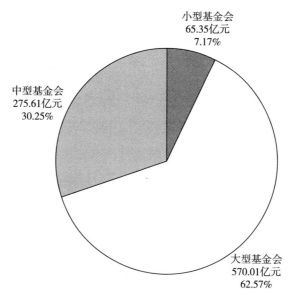

图2 大中小三类基金会净资产占比

表12 大中小三类基金会 FTI 2015 得分两两对比

两两对比		均值差(分)	标准误	显著性
大型基金会	中型基金会	10.50172	1.31	0.00
	小型基金会	15.93757	1.27	0.00
中型基金会	大型基金会	−10.50172	1.31	0.00
	小型基金会	5.43586	0.66	0.00
小型基金会	大型基金会	−15.93757	1.27	0.00
	中型基金会	−5.43586	0.66	0.00

* 均值差的显著性水平为 0.05。

注：表中均值差为两两对比的前面一个减后面一个所得的值；而 * 表示两者对比后，FTI 均值差在统计学上很显著（在统计学上，显著性低于 0.05，表示此处二者对比数值差异显著）。

资料来源：基金会中心网，中基透明指数 FTI。截止日期：2015 年 5 月 31 日。

表13 大型基金会 FTI 2015 得分概览

大型基金会	数量(家)	最小值(分)	最大值(分)	均值(分)
分数	181	23.20	100.00	68.65
	标准差(分)	偏度	峰度	
	20.54	0.26	−1.02	

资料来源：基金会中心网，中基透明指数 FTI。截止日期：2015 年 5 月 31 日。

在 181 家大型基金会中，非公募基金会 87 家，得分均值 69.45 分，中值 63.20 分；公募基金会 94 家，得分均值 67.90 分，略低于非公募基金会，中值 64.40 分，略高于非公募基金会（见表 14）。

表 14　大型基金会分类型的 FTI 2015 得分对比

基金会类型	数量(家)	均值(分)	标准差(分)	中值(分)
公　募	94	67.90	21.77	64.40
非公募	87	69.45	19.21	63.20
总　计	181	68.65	20.54	64.00

资料来源：基金会中心网，中基透明指数 FTI。截止日期：2015 年 5 月 31 日。

在 181 家大型基金会中，民间背景基金会 31 家，得分均值 74.48 分，中值 77.20 分；而非民间背景基金会 150 家，得分均值 67.44 分，中值 63.20 分，表现要次于民间背景基金会（见表 15）。

表 15　大型基金会分背景的 FTI 2015 得分对比

基金会背景	数量(家)	均值(分)	标准差(分)	中值(分)
民　间	31	74.48	21.82	77.20
非民间	150	67.44	20.13	63.20
总　计	181	68.65	20.54	64.00

资料来源：基金会中心网，中基透明指数 FTI。截止日期：2015 年 5 月 31 日。

在 181 家大型基金会中，在民政部注册的基金会共 65 家，得分均值 81.39 分，中值 84.00 分，表现优异；地方民政部门注册的 116 家基金会得分均值 61.50 分，中值 58.51 分，表现远不及在民政部注册的基金会（见表 16）。

表 16　大型基金会分注册部门的 FTI 2015 得分对比

登记部门	数量(家)	均值(分)	标准差(分)	中值(分)
民政部	65	81.39	18.35	84.00
地方民政部门	116	61.50	18.15	58.51
总　计	181	68.65	20.54	64.00

资料来源：基金会中心网，中基透明指数 FTI。截止日期：2015 年 5 月 31 日。

从大型基金会的注册地来看，浙江、北京仍处于领跑地位，表现优异，分别有8家、57家大型基金会，且均值都超过了80分，中值同样在80分以上；江苏省有34家大型基金会，但得分均值仅为60.68分，中值为56.80分，表现均弱于大型基金会的整体水平；安徽、贵州、天津、河南四地的大型基金会透明度甚至不及FTI 2015上榜基金会的平均得分50.88分（见表17）。

表17　大型基金会分地区的FTI 2015得分对比

序号	所在地	数量（家）	均值（分）	标准差（分）	中值（分）
1	浙 江	8	85.45	9.19	82.40
2	北 京	57	80.16	18.44	81.20
3	陕 西	3	75.20	25.21	76.00
4	内蒙古	2	74.40	36.20	74.40
5	上 海	22	65.58	16.40	62.40
6	广 东	24	65.21	19.30	58.73
7	山 东	1	63.20	—	63.20
8	四 川	3	63.20	6.94	61.60
9	云 南	1	62.80	.	62.80
10	黑龙江	2	62.00	20.93	62.00
11	江 苏	34	60.68	21.73	56.80
12	湖 南	3	59.72	32.23	60.40
13	广 西	1	59.20	—	59.20
14	湖 北	4	59.00	22.46	52.27
15	江 西	2	52.00	3.39	52.00
16	福 建	9	51.86	11.29	49.60
17	安 徽	1	49.60	—	49.60
18	贵 州	1	49.60	—	49.60
19	天 津	2	48.80	0.00	48.80
20	河 南	1	45.21	—	45.21
	总　计	181	68.65	20.54	64.00

资料来源：基金会中心网，中基透明指数FTI。截止日期：2015年5月31日。

（2）中型基金会FTI 2015表现分析。

在FTI 2015上榜基金会中，净资产在1000万元以上、1亿元以下的中型基金会共957家，得分最小值为18.40分，最大值满分，均值为58.14

分，高于榜单基金会平均分；中型基金会得分偏度 0.66，说明多数中型基金会的得分在均值 58.14 分之上；峰度为正，说明中型基金会的得分分布较为集中（见表 18）。

表 18　中型基金会 FTI 2015 得分概览

中型基金会	数量（家）	最小值（分）	最大值（分）	均值（分）
	957	18.40	100.00	58.14
分数	标准差（分）	偏度	峰度	
	17.17	0.66	0.50	

资料来源：基金会中心网，中基透明指数 FTI。截止日期：2015 年 5 月 31 日。

在 957 家中型基金会中，非公募基金会 415 家，得分均值为 58.47 分，中值 55.00 分；公募基金会 542 家，得分均值为 57.89 分，略低于非公募基金会，中值 54.20 分，同样低于非公募基金会（见表 19）。

表 19　中型基金会分类型的 FTI 2015 得分对比

基金会类型	数量（家）	均值（分）	标准差（分）	中值（分）
公　募	542	57.89	17.66	54.20
非公募	415	58.47	16.52	55.00
总　计	957	58.14	17.17	54.43

资料来源：基金会中心网，中基透明指数 FTI。截止日期：2015 年 5 月 31 日。

在 957 家中型基金会中，民间背景基金会 198 家，得分均值为 61.73 分，中值 56.40 分；而非民间背景基金会 759 家，得分均值为 57.21 分，中值 54.00 分，表现要次于民间背景基金会（见表 20）。

表 20　中型基金会分背景的 FTI 2015 得分对比

基金会背景	数量（家）	均值（分）	标准差（分）	中值（分）
民　间	198	61.73	17.85	56.40
非民间	759	57.21	16.87	54.00
总　计	957	58.14	17.17	54.43

资料来源：基金会中心网，中基透明指数 FTI。截止日期：2015 年 5 月 31 日。

在 957 家中型基金会中，在民政部注册的基金会共 97 家，得分均值为 68.67 分，中值 62.80 分，表现较为优异；而在地方民政部门注册的 860 家基金会，得分均值为 56.96 分，中值 52.80 分，表现不及在民政部注册的基金会，但仍超过 FTI 2015 上榜基金会的平均水平（见表 21）。

表 21　中型基金会分登记部门的 FTI 2015 得分对比

登记部门	数量（家）	均值（分）	标准差（分）	中值（分）
民 政 部	97	68.67	17.23	62.80
地方民政部门	860	56.96	16.76	52.80
总 　 计	957	58.14	17.17	54.43

资料来源：基金会中心网，中基透明指数 FTI。截止日期：2015 年 5 月 31 日。

如果按照中型基金会的注册地划分，青海、浙江、海南、重庆四地的中型基金会透明度得分均值与中值都在 70 分以上，表现较好；而拥有中型基金会数量最多（151 家）的江苏，其透明度均值仅有 46.96 分，稳稳垫底（见表 22）。

表 22　中型基金会分地区的 FTI 2015 得分对比

序号	所在地	数量（家）	均值（分）	标准差（分）	中值（分）
1	青 海	2	86.40	19.23	86.40
2	浙 江	89	76.60	13.38	80.00
3	海 南	2	74.80	35.64	74.80
4	重 庆	12	72.73	20.20	75.20
5	云 南	10	65.20	21.01	52.60
6	北 京	146	64.23	17.27	59.89
7	河 北	11	62.94	20.32	54.80
8	甘 肃	1	62.80	–	62.80
9	陕 西	12	61.98	17.11	55.28
10	上 海	58	61.91	13.77	58.63
11	江 西	7	61.03	25.47	51.20
12	广 西	8	60.64	15.51	58.23
13	四 川	35	59.67	18.25	55.07
14	湖 北	22	58.23	17.15	56.80

续表

序号	所在地	数量（家）	均值（分）	标准差（分）	中值（分）
15	宁　夏	8	58.09	9.97	59.30
16	湖　南	63	55.86	13.42	50.40
17	吉　林	15	55.51	5.87	55.20
18	天　津	19	55.04	15.25	49.60
19	山　西	15	54.96	18.19	51.20
20	广　东	96	54.81	15.13	49.60
21	福　建	42	54.10	13.82	49.60
22	河　南	19	53.86	8.21	54.40
23	新　疆	7	52.91	28.27	47.20
24	安　徽	15	52.38	8.57	49.60
25	内蒙古	17	52.21	9.34	50.40
26	山　东	27	52.10	14.72	50.40
27	辽　宁	25	51.87	15.76	48.80
28	黑龙江	13	51.25	16.94	49.60
29	贵　州	8	48.09	16.17	50.28
30	西　藏	2	48.00	9.05	48.00
31	江　苏	151	46.96	13.22	48.80
	总　计	957	58.14	17.17	54.43

资料来源：基金会中心网，中基透明指数FTI。截止日期：2015年5月31日。

（3）小型基金会FTI 2015表现分析。

FTI 2015涵盖的净资产在1000万元以下的小型基金会共1543家，占据了榜单基金会的半壁江山，其中得分最小值仅为12.80分，最大值满分，均值52.71分，高于FTI 2015上榜基金会的平均分（50.88分）；小型基金会得分偏度0.58，说明多数小型基金会的得分在均值52.71分之上；峰度为正，说明小型基金会的得分分布较为集中（见表23）。

表23　小型基金会FTI 2015得分概览

小型基金会	数量（家）	最小值（分）	最大值（分）	均值（分）
分数	1543	12.80	100.00	52.71
	标准差（分）	偏度	峰度	
	14.81	0.58	1.41	

资料来源：基金会中心网，中基透明指数FTI。截止日期：2015年5月31日。

在 1543 家小型基金会中，非公募基金会 1005 家，得分均值为 53.65 分，中值 49.60 分；公募基金会 538 家，得分均值为 50.95 分，低于非公募基金会，中值 48.80 分，同样低于非公募基金会（见表 24）。

表 24　小型基金会分类型的 FTI 2015 得分对比

基金会类型	数量（家）	均值（分）	标准差（分）	中值（分）
公　募	538	50.95	15.82	48.80
非公募	1005	53.65	14.16	49.60
总　计	1543	52.71	14.81	49.60

资料来源：基金会中心网，中基透明指数 FTI。截止日期：2015 年 5 月 31 日。

在 1543 家小型基金会中，民间背景基金会 662 家，得分均值为 54.94 分，中值 50.40 分；非民间背景基金会 881 家，得分均值为 51.03 分，中值 49.60 分，表现低于民间背景基金会（见表 25）。

表 25　小型基金会分背景的 FTI 2015 得分对比

基金会背景	数量（家）	均值（分）	标准差（分）	中值（分）
民　间	662	54.94	14.87	50.40
非民间	881	51.03	14.55	49.60
总　计	1543	52.71	14.81	49.60

资料来源：基金会中心网，中基透明指数 FTI。截止日期：2015 年 5 月 31 日。

在 1543 家小型基金会中，在民政部注册的基金会共 17 家，得分均值为 53.10 分，中值 56.40 分，表现较为优异；而在地方民政部门注册的 1526 家基金会，得分均值 52.70 分，中值 49.60 分，表现不及在民政部注册的基金会，但仍略高于 FTI 2015 上榜基金会的平均分 50.88 分（见表 26）。

表 26　小型基金会分登记部门的 FTI 2015 得分对比

登记部门	数量（家）	均值（分）	标准差（分）	中值（分）
民　政　部	17	53.10	11.05	56.40
地方民政部门	1526	52.70	14.85	49.60
总　计	1543	52.71	14.81	49.60

资料来源：基金会中心网，中基透明指数 FTI。截止日期：2015 年 5 月 31 日。

　　按照小型基金会的注册地划分，浙江共注册149家小型基金会，其得分均值73.52分、中值80.00分也远高于其他省份；江苏注册的小型基金会最为集中（200家），其得分均值仅为43.43分，低于榜单基金会平均得分7.45分，中值48.80分，也低于榜单基金会平均水平，稳稳垫底（见表27）。

表27　小型基金会分地区的FTI 2015得分对比

序号	所在地	数量(家)	均值(分)	标准差(分)	中值(分)
1	浙　江	149	73.52	13.41	80.00
2	上　海	61	58.47	16.12	59.60
3	陕　西	22	57.33	16.75	53.62
4	重　庆	23	56.52	13.12	49.60
5	贵　州	19	56.42	13.43	50.40
6	北　京	150	54.49	13.62	51.42
7	云　南	31	53.73	11.92	50.40
8	天　津	31	53.26	13.83	49.60
9	河　南	50	53.00	11.59	51.21
10	四　川	51	52.94	10.99	49.60
11	山　西	27	52.67	13.53	48.80
12	河　北	25	52.58	10.95	49.60
13	广　西	22	52.04	11.24	50.40
14	湖　北	38	51.77	14.14	50.40
15	广　东	156	51.25	13.95	48.92
16	福　建	78	51.03	10.93	49.60
17	山　东	41	50.90	5.91	48.80
18	安　徽	32	50.89	12.74	49.60
19	江　西	14	50.19	9.72	49.60
20	湖　南	81	50.10	9.24	48.80
21	吉　林	38	49.06	10.66	49.60
22	新　疆	20	47.84	16.74	48.80
23	辽　宁	40	47.49	9.49	48.80
24	内蒙古	55	47.24	10.29	48.80
25	青　海	14	46.61	13.84	48.80
26	宁　夏	30	45.35	11.40	48.80
27	西　藏	3	45.33	21.41	48.80
28	黑龙江	38	44.78	11.88	47.20
29	海　南	4	44.47	21.68	49.94
30	江　苏	200	43.43	12.92	48.80
	总　计	1543	52.71	14.81	49.60

资料来源：基金会中心网，中基透明指数FTI。截止日期：2015年5月31日。

FTI 2015榜单分类分析

一 净资产 Top 100透明度表现分析

结论一：净资产 Top 100基金会的透明度个体仍有差距

净资产 Top 100 的基金会之间，FTI 2015 得分仍存在差距。其中满分基金会 25 家，净资产合计 150.04 亿元，占净资产 Top 100 的 31.74%。此外，仍有一半以上的基金会不足平均分 73.07 分（见图 1）。基金会净资产 Top 100 基金会透明度仍有很大的提升空间。

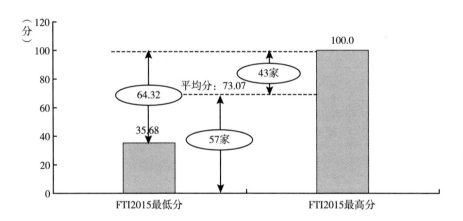

图 1 净资产 Top 100 基金会 FTI 2015 得分对比

（1）净资产 Top 100 基金会分项得分及排名情况。

净资产 Top 100 基金会的均值为 73.07 分，且其中半数以上得分高于 73.07 分，得分分布较为分散；基本信息均值为 10.55 分，且其中半数以上得分低于 10.55 分，得分分布较为分散；财务信息得分均值为 18.84 分，接近正态分布，在均值以上及以下的基金会数量基本相当，数据分布较为分散；项目信息均值为 28. 34 分，且其中半数以上得分低于 28. 34 分，得分分布较为集中；捐赠及内部建设得分均值 15. 34 分，且其中得分高于 15. 34 分的基金会稍多于 50 家，得分分布较为分散（见表 1）。

表 1　净资产 Top 100 基金会 FTI 2015 各项得分分布

	数量(家)	极小值(分)	极大值(分)	均值(分)	标准差(分)	偏度	峰度
分　数	100	35. 68	100. 00	73. 07	20. 67	0. 21	-1. 38
基本信息	100	5. 60	13. 20	10. 55	2. 50	-0. 64	-0. 90
财务信息	100	12. 80	24. 00	18. 84	5. 09	0. 01	-1. 87
项目信息	100	0. 00	39. 20	28. 34	9. 87	-0. 80	0. 76
捐赠及内部建设	100	4. 00	23. 60	15. 34	6. 62	0. 06	-1. 33

资料来源：基金会中心网，中基透明指数 FTI。截止日期：2015 年 5 月 31 日。

净资产 Top 100 基金会的整体排名分布情况如下[①]，其中处于 FTI 2015 总榜单前 10 名的基金会共 30 家，前 100 名的基金会共 49 家，前 200 名的基金会共 73 家。这说明净资产 Top 100 基金会的整体透明情况较为乐观（见图 2）。

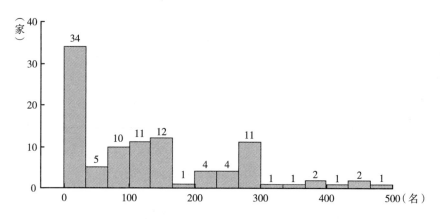

图 2　净资产 Top 100 基金会 FTI 2015 排名分布

资料来源：基金会中心网，中基透明指数 FTI。截止日期：2015 年 5 月 31 日。

① 本次 FTI 2015 完整榜单详见附件，排名最大值为 591。

然而，在净资产 Top 100 基金会中，依然存在排名在 300 名之后的基金会，详细名单见表 2。

表 2　净资产 Top 100 基金会 FTI 2015 全国排名（300 名之后）

序号	基金会名称	FTI 得分	FTI 排名	成立时间	所在地	净资产（亿元）
1	天津市华夏未来文化艺术基金会	48.80	303	1993	天津市	2.93
2	紫金矿业慈善基金会	48.80	303	2012	福建省	2.00
3	广东省公安民警医疗救助基金会	48.80	303	2005	广东省	1.82
4	哈尔滨市道里区慈善基金会	47.20	320	2000	黑龙江	2.27
5	河南省宋庆龄基金会	45.21	352	1992	河南省	22.28
6	中国宋庆龄基金会	44.00	384	1982	北京市	2.99
7	东南大学教育基金会	43.20	398	2005	江苏省	4.58
8	福建华侨大学教育基金会	41.29	429	2006	福建省	1.74
9	上海工商界爱国建设特种基金会	39.76	450	1993	上海市	1.98
10	常州市见义勇为基金会	37.60	466	1995	江苏省	2.54
11	南京林业大学教育发展基金会	35.68	490	2008	江苏省	2.02

资料来源：基金会中心网，中基透明指数 FTI。截止日期：2015 年 5 月 31 日。

（2）净资产 Top 100 基金会资产情况。

净资产 Top 100 基金会中，净资产最小值为 1.57 亿元，最大值 32.20 亿元，均值 4.73 亿元，半数以上基金会的净资产高于该均值，净资产分布非常集中。根据计算，净资产前 20 强基金会的净资产占到净资产 Top 100 基金会净资产总额的 54.85%。

净资产 Top 100 基金会中，总资产最小值 1.58 亿元，最大值 32.35 亿元，均值 4.99 亿元，半数以上基金会的总资产高于该均值，总资产的分布也非常集中。根据计算，总资产前 20 强基金会的总资产占到净资产 Top 100 基金会总资产总额的 56.48%（见表 3）。

表 3　净资产 Top 100 基金会资产概览

	数量（家）	最小值（亿元）	最大值（亿元）	均值（亿元）	标准差（亿元）	偏度	峰度
净资产	100	1.57	32.20	4.73	5.58	3.25	11.25
总资产	100	1.58	32.35	4.99	5.99	2.98	8.91

资料来源：基金会中心网，中基透明指数 FTI。截止日期：2015 年 5 月 31 日。

净资产 Top 100 基金会中，捐赠收入的最小值为 0，最大值为 16.08 亿元，均值为 1.55 亿元，捐赠收入在均值 1.55 亿元以上的基金会超过半数，且捐赠收入十分集中。根据计算，捐赠收入前 20 强基金会的捐赠收入占净资产 Top 100 基金会捐赠收入总额的 73.57%。

净资产 Top 100 基金会中，公益事业支出的最小值为 0，最大值为 18.94 亿元，均值为 1.42 亿元，公益事业支出在均值 1.42 亿元以上的基金会超过半数，且公益事业支出极为集中。根据计算，公益事业支出前 20 强基金会的公益事业支出占净资产 Top 100 基金会支出总额的 74.75%。

净资产 Top 100 基金会中，有政府补助收入的基金会只有 28 家。其中政府补助的最小值为 0，最大值为 8.78 亿元，均值为 0.24 亿元，政府补助在均值 0.24 亿元以上的基金会多于半数，且政府补助极为集中。根据计算，政府补助前 20 强的政府补助收入占净资产 Top 100 基金会政府补助收入总额的 99.83%（见表 4）。

表 4 净资产 Top 100 基金会主要收支概览

	数量（家）	最小值（亿元）	最大值（亿元）	均值（亿元）
捐赠收入金额	100	0	16.08	1.55
	标准差（亿元）	偏度	峰度	
	2.82	3.49	13.76	
公益事业支出金额	数量（家）	最小值（亿元）	最大值（亿元）	均值（亿元）
	100	0	18.94	1.42
	标准差（亿元）	偏度	峰度	
	2.87	4.26	21.15	
政府补助收入金额	数量（家）	最小值（亿元）	最大值（亿元）	均值（亿元）
	100	0	8.78	0.24
	标准差（亿元）	偏度	峰度	
	1.20	6.54	43.28	

资料来源：基金会中心网，中基透明指数 FTI。截止日期：2015 年 5 月 31 日。

（3）净资产 Top 100 基金会概况。

净资产 Top 100 基金会的 FTI 2015 均值为 73.07 分，其最大值为 100 分，最小值为 35.68 分，个体差异显著。

从背景来看，净资产 Top 100 基金会有 16 家为民间背景，84 家为非民间背景；从类型来看，52 家为非公募基金会，48 家为公募基金会（见表 5）。

表 5　净资产 Top 100 基金会类型与背景数量分布

单位：家

净资产 Top 100		基金会类型		总计
		非公募	公募	
基金会背景	民　间	14	2	16
	非民间	38	46	84
总　计		52	48	

资料来源：基金会中心网，中基透明指数 FTI。截止日期：2015 年 5 月 31 日。

对净资产 Top 100 基金会的背景分析如下。

在净资产 Top 100 基金会中，民间背景基金会得分均值为 76.64 分，非民间背景基金会得分均值为 71.10 分，经统计检验，这两类基金会的显著性水平为 0.33，大于 0.05。所以净资产 Top 100 的民间与非民间背景的基金会 FTI 2015 得分没有明显的差距[①]（见表 6、表 7）。

表 6　净资产 Top 100 基金会分背景的 FTI 2015 得分对比

基金会背景	数量（家）	均值（分）	标准差（分）	中值（分）
民　间	16	76.64	23.21	77.20
非民间	84	71.10	20.03	66.20
总　计	100	71.98	20.55	66.54

资料来源：基金会中心网，中基透明指数 FTI。截止日期：2015 年 5 月 31 日。

从净资产 Top 100 基金会的 FTI 2015 得分情况来看，公募类基金会得分均值为 74.56 分，非公募类基金会得分均值为 71.69 分，经方差分析，这两类基金会的显著性水平为 0.38，大于 0.05。所以净资产 Top 100 的公募与非公募基金会 FTI 2015 得分没有明显的差距（见表 8、表 9）。

---

① 该结论出自 ANOVA 表的检验结果，如果检验显著性小于 0.05，才能认为两者之间差距显著，否则，从统计意义上来讲，二者不存在显著差距，下同。

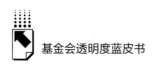

表7 净资产Top 100基金会分背景的FTI 2015方差分析

ANOVA表	平方和	df	均方	F	显著性
组 间	411.98	1	411.98	0.98	0.33
组 内	41383.40	98	422.28		
总 计	41795.38	99			

资料来源：基金会中心网，中基透明指数FTI。截止日期：2015年5月31日。

表8 净资产Top 100基金会分类型的FTI 2015得分对比

基金会类型	数量(家)	均值(分)	标准差(分)	中值(分)
公 募	48	74.56	21.39	69.00
非公募	52	71.69	19.88	68.73
总 计	100	73.07	20.67	68.93

资料来源：基金会中心网，中基透明指数FTI。截止日期：2015年5月31日。

表9 净资产Top 100基金会分类型的FTI 2015方差分析

ANOVA表	平方和	df	均方	F	显著性
组 间	324.40	1	324.40	0.77	0.38
组 内	41470.98	98	423.17		
总 计	41795.38	99			

资料来源：基金会中心网，中基透明指数FTI。截止日期：2015年5月31日。

净资产Top 100基金会共分布于15个省份，且大部分分布于北京、上海、江苏、广东这四个省份。其中，北京市的净资产Top 100基金会有36家，得分均值和中值均在80分以上，表现优异；广东省有10家净资产Top 100基金会，得分均值为75.22分，表现较好；江苏省与上海市共35家净资产Top 100基金会，其得分均值低于净资产Top 100基金会的平均水平（见表10）。

表10 净资产Top 100基金会分地区的FTI 2015得分对比

序号	所在地	数量(家)	均值(分)	标准差(分)	中值(分)
1	浙 江	1	100.00	—	100.00
2	内蒙古	1	100.00	—	100.00
3	湖 南	1	98.80	—	98.80

序号	所在地	数量（家）	均值（分）	标准差（分）	中值（分）
4	北　京	36	83.45	17.23	87.14
5	广　东	10	75.22	20.70	68.20
6	陕　西	3	75.20	20.58	76.00
7	江　苏	20	67.52	20.72	65.60
8	上　海	15	65.23	17.12	59.60
9	四　川	1	61.60	—	61.60
10	福　建	7	55.73	10.23	49.60
11	江　西	1	54.40	—	54.40
12	安　徽	1	49.60	—	49.60
13	天　津	1	48.80	—	48.80
14	黑龙江	1	47.20	—	47.20
15	河　南	1	45.21	—	45.21
总　计		100	73.07	20.67	68.93

资料来源：基金会中心网，中基透明指数 FTI。截止日期：2015 年 5 月 31 日。

二　捐赠收入 Top 100 透明度表现分析

结论二：公众捐赠偏爱透明度高的基金会

在入榜 FTI 2015 的基金会中，入榜基金会的捐赠收入为 313.89 亿元。其中，捐赠收入 Top 100 基金会的捐赠收入之和为 189.38 亿元，占入榜 FTI 2015 基金会的 60.33%。捐赠收入 Top 100 基金会的 FTI 得分为 72.97 分，远高于全国平均水平的 50.88 分。透明度已成为影响公众捐赠的原因之一。

（1）捐赠收入 Top 100 基金会得分及排名情况。

捐赠收入 Top 100 基金会的均值为 72.97 分，且其中半数以上得分高于 72.97 分，得分分布较为分散；基本信息均值为 10.62 分，且其中半数以上得分低于 10.62 分，得分分布较为分散；财务信息得分均值为 17.64 分，接近正态分布，半数以上基金会的财务信息得分在 17.64 分以上，数据分布较为分散；项目信息均值为 28.32 分，且其中半数以上得分低于 28.32 分，得分分布较为集中；捐赠及内部建设得分均值 15.03 分，且其中得分高于15.03 分的基金会稍多于 50 家，得分分布较为分散（见表11）。

表 11　捐赠收入 Top 100 基金会 FTI 2015 各项得分分布

	数量（家）	最小值（分）	最大值（分）	均值（分）	标准差（分）	偏度	峰度
分数	100	34.20	100.00	72.97	20.84	0.26	-1.32
基本信息	100	4.80	13.20	10.62	2.54	-0.85	-0.51
财务信息	100	12.80	24.00	17.64	5.13	0.30	-1.79
项目信息	100	0.00	39.20	28.32	9.46	-0.77	0.74
捐赠及内部建设	100	4.00	23.60	15.03	6.36	0.08	-1.21

资料来源：基金会中心网，中基透明指数 FTI。截止日期：2015 年 5 月 31 日。

捐赠收入 Top 100 基金会的整体 FTI 2015 排名分布情况如下，其中处于榜单前 10 名的基金会共 31 家，前 100 名的基金会共 49 家，前 200 名的基金会共 75 家。这说明捐赠收入 Top 100 基金会的整体透明情况较为乐观（见图 3）。

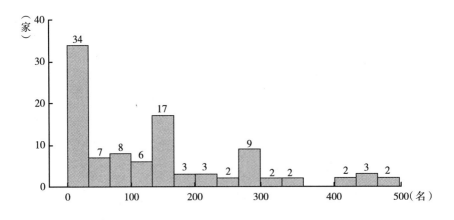

图 3　捐赠收入 Top 100 基金会 FTI 2015 排名分布

资料来源：基金会中心网，中基透明指数 FTI。截止日期：2015 年 5 月 31 日。

然而，在捐赠收入 Top 100 基金会中，同样有基金会排在全国 300 名之后，其详细名单见表 12。

表12　捐赠收入Top 100基金会FTI 2015全国排名（300名之后）

序号	基金会名称	得分	排名	成立时间	所在地	捐赠收入（亿元）
1	华阳慈善基金会	48.80	303	2009	福建省	1.97
2	常熟市慈善基金会	48.80	303	2007	江苏省	1.04
3	华中师范大学教育发展基金会	47.86	314	2010	湖北省	0.74
4	姜堰市教育发展基金会	47.20	320	2012	江苏省	0.60
5	河南省宋庆龄基金会	45.21	352	1992	河南省	2.01
6	雅安市教育基金会	44.51	370	2007	四川省	0.55
7	福建华侨大学教育基金会	41.29	429	2006	福建省	0.54
8	江苏华仁扶贫发展基金会	39.81	449	2007	江苏省	1.16
9	张学良教育基金会	38.34	459	2006	辽宁省	0.59
10	常州市见义勇为基金会	37.60	466	1995	江苏省	0.62
11	昆山市慈善基金会	34.20	505	2008	江苏省	0.62

资料来源：基金会中心网，中基透明指数FTI。截止日期：2015年5月31日。

（2）捐赠收入Top 100基金会资产情况。

捐赠收入Top 100基金会的净资产最小值228.80万元，最大值32.20亿元，均值3.43亿元，半数以上基金会的净资产高于该均值，且净资产分布非常集中。根据计算，净资产前20强基金会的净资产额占到捐赠收入Top 100基金会净资产总额的64.01%。

在捐赠收入Top 100基金会中，总资产最小值283.62万元，最大值32.35亿元，均值3.60亿元，半数以上基金会的总资产高于该均值，总资产的分布也非常集中。根据计算，总资产前20强基金会的总资产额占到捐赠收入Top 100基金会总资产额的65.17%（见表13）。

表13　捐赠收入Top 100基金会资产概览

	数量（家）	最小值（万元）	最大值（亿元）	均值（亿元）	标准差（亿元）	偏度	峰度
净资产金额	100	228.80	32.20	3.43	5.37	3.65	15.05
总资产金额	100	283.62	32.35	3.60	5.62	3.37	12.58

资料来源：基金会中心网，中基透明指数FTI。截止日期：2015年5月31日。

捐赠收入Top 100基金会的捐赠收入最小值为0.54亿元，最大值为16.08亿元，均值为1.89亿元，捐赠收入在均值1.89亿元以上的基金会多于半数，且捐赠收入分布十分集中。根据计算，捐赠收入前 20 强基金会的捐赠收入占捐赠收入 Top 100 基金会捐赠收入总额的 60.46%（见表 14）。

表 14　捐赠收入 Top 100 基金会主要收支概览

	数量(家)	最小值	最大值	均值
捐赠收入金额	100	0.54 亿元	16.08 亿元	1.89 亿元
	标准差	偏度	峰度	
	2.68 亿元	3.74	15.45	
公益事业 支出金额	数量(家)	最小值	最大值	均值
	100	61 万元	18.94 亿元	1.48 亿元
	标准差	偏度	峰度	
	2.76 亿元	4.60	24.49	
政府补助 收入金额	数量(家)	最小值	最大值	均值
	100	0 元	8.78 亿元	0.12 亿元
	标准差	偏度	峰度	
	0.88 亿元	9.78	96.97	

资料来源：基金会中心网，中基透明指数 FTI。截止日期：2015 年 5 月 31 日。

捐赠收入 Top 100 基金会的公益事业支出的最小值为 61 万元，最大值为 18.94 亿元，均值为 1.48 亿元，公益事业支出在均值 1.48 亿元以上的基金会多于半数，且公益事业支出极为集中。根据计算，在捐赠收入 Top 100 基金会中，公益事业支出前 20 强基金会的公益事业支出占捐赠收入 Top 100 基金会公益支出总额的 68.22%。

在捐赠收入 Top 100 基金会中，有政府补助收入的基金会仅有 32 家，其中政府补助收入的最小值为 0，最大值为 8.78 亿元，均值为 0.12 亿元，政府补助收入在均值 0.12 亿元以上的基金会多于半数，且政府补助收入分布极为集中。根据计算，在捐赠收入 Top 100 基金会中，政府补助收入前 20 强基金会的此类收入占捐赠收入 Top 100 基金会政府补助收入总额的 99.55%。

（3）捐赠收入 Top 100 基金会概况。

从背景来看，捐赠收入 Top 100 基金会有 19 家为民间背景，81 家为非民间背景；从类型来看，42 家为非公募基金会，58 家为公募基金会（见表 15）。

表15 捐赠收入 Top 100 基金会类型与背景数量分布

单位：家

捐赠收入 Top 100		基金会类型		总计
		非公募	公募	
基金会背景	民　间	15	4	19
	非民间	27	54	81
总　计		42	58	100

资料来源：基金会中心网，中基透明指数 FTI。截止日期：2015 年 5 月 31 日。

对捐赠收入 Top 100 基金会背景分析如下。

在捐赠收入 Top 100 基金会中，民间背景基金会得分均值为 76.07 分，非民间背景基金会得分均值为 70.56 分，经统计检验，这两类基金会的显著性水平为 0.30，大于 0.05。所以捐赠收入 Top 100 的民间与非民间背景基金会 FTI 2015 得分没有明显差距（见表16、表17）。

表16 捐赠收入 Top 100 基金会分背景的 FTI 2015 得分对比

基金会背景	数量（家）	均值（分）	标准差（分）	中值（分）
民　间	19	76.07	22.57	74.40
非民间	81	70.56	20.05	62.94
总　计	100	71.61	20.55	63.20

资料来源：基金会中心网，中基透明指数 FTI。截止日期：2015 年 5 月 31 日。

表17 捐赠收入 Top 100 基金会分背景的 FTI 2015 方差分析

ANOVA 表	平方和	df	均方	F	显著性
组　间	468.04	1	468.04	1.11	0.30
组　内	41337.84	98	421.82		
总　计	41805.88	99			

资料来源：基金会中心网，中基透明指数 FTI。截止日期：2015 年 5 月 31 日。

在捐赠收入 Top 100 基金会中，公募类基金会得分均值为 68.69 分，非公募类基金会得分均值为 76.07 分。从方差分析可知，显著性水平为 0.07，大于 0.05。所以捐赠收入 Top 100 基金会 FTI 2015 得分没有明显的差距（见表18、表19）。

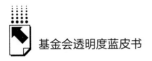

表18 捐赠收入 Top 100 基金会分类型的 FTI 2015 得分对比

基金会类型	数量（家）	均值（分）	标准差（分）	中值（分）
公 募	58	68.69	19.03	62.44
非公募	42	76.07	21.53	74.40
总 计	100	72.97	20.84	67.20

资料来源：基金会中心网，中基透明指数 FTI。截止日期：2015 年 5 月 31 日。

表19 捐赠收入 Top 100 基金会分类型的 FTI 2015 方差分析

ANOVA 表	平方和	df	均方	F	显著性
组 间	1406.74	1	1406.74	3.41	0.07
组 内	40399.14	98	412.24		
总 计	41805.88	99			

资料来源：基金会中心网，中基透明指数 FTI。截止日期：2015 年 5 月 31 日。

按照注册地划分，捐赠收入 Top 100 基金会分布于 18 个省份，且大部分分布于北京、江苏、上海、广东这四个省份。其中，浙江与北京的捐赠收入 Top 100 基金会表现优异，均值和中值都在 80 分以上；而江苏的 14 家捐赠收入 Top 100 基金会的透明度均值低于捐赠收入 Top 100 均值 11 分（见表20）。

表20 捐赠收入 Top 100 基金会分地区的 FTI 2015 得分对比

序号	所在地	数量（家）	均值（分）	标准差（分）	中值（分）
1	湖 南	1	98.80	—	98.80
2	浙 江	2	91.40	8.60	91.40
3	北 京	39	83.38	17.13	89.60
4	广 东	8	78.55	21.14	79.60
5	云 南	2	77.80	22.20	77.80
6	黑龙江	1	76.80	—	76.80
7	宁 夏	1	74.40	—	74.40
8	上 海	12	68.66	18.79	60.96
9	湖 北	3	67.53	18.68	62.08
10	江 苏	14	61.97	22.46	54.80
11	山 东	2	59.20	4.00	59.20

续表

序号	所在地	数量（家）	均值（分）	标准差（分）	中值（分）
12	辽　宁	2	56.97	18.63	56.97
13	四　川	4	56.46	7.27	59.20
14	安　徽	1	56.00	—	56.00
15	贵　州	2	55.40	5.80	55.40
16	河　南	2	53.01	7.80	53.01
17	福　建	3	51.10	9.09	48.80
18	江　西	1	49.60	—	49.60
	总　计	100	72.97	20.84	67.20

资料来源：基金会中心网，中基透明指数 FTI。截止日期：2015 年 5 月 31 日。

三　公益支出 Top 100 透明度表现分析

结论三：公益支出 Top 100 基金会透明度表现优异

（1）公益支出 Top 100 基金会得分及排名情况。

公益支出 Top 100 基金会的 FTI 得分均值为 75.06 分，得分分布较为分散；基本信息均值为 11.11 分，且其中半数以上得分低于 11.11 分，得分分布较为集中；财务信息得分均值为 18.10 分，半数以上基金会的财务信息得分在 18.10 分以上，数据分布较为分散；项目信息均值为 29.11 分，且其中半数以上得分低于 29.11 分，得分分布较为集中；捐赠及内部建设得分均值 15.87 分，且其中得分高于 15.87 分的基金会稍少于 50 家，得分分布较为分散（见表 21）。

表 21　公益支出 Top 100 基金会 FTI 2015 各项得分分布

	数量（家）	最小值（分）	最大值（分）	均值（分）	标准差（分）	偏度	峰度
分　数	100	38.34	100.00	75.06	19.61	0.23	-1.46
基本信息	100	5.60	13.20	11.11	2.14	-1.18	0.71
财务信息	100	12.80	24.00	18.10	5.21	0.12	-1.88
项目信息	100	2.01	39.20	29.11	8.97	-0.68	0.54
捐赠及内部建设	100	4.00	23.60	15.87	6.06	-0.02	-1.22

资料来源：基金会中心网，中基透明指数 FTI。截止日期：2015 年 5 月 31 日。

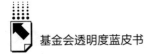
公益支出 Top 100 基金会的整体排名分布情况如下，其中处于 FTI 2015 榜单前 10 名的基金会共 32 家，前 100 名的基金会共 52 家，前 200 名的基金会共 83 家，这说明公益支出 Top 100 基金会的整体排名情况较为乐观（见图 4）。

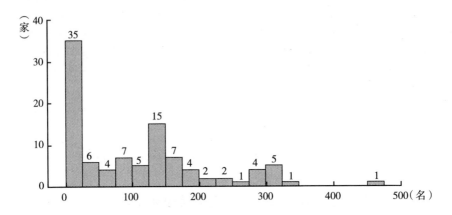

图 4　公益支出 Top 100 基金会 FTI 2015 排名分布

资料来源：基金会中心网，中基透明指数 FTI。截止日期：2015 年 5 月 31 日。

在公益支出 Top 100 基金会中，依然有基金会排名在全国 300 名之后，其详细名单见表 22。

表 22　公益支出 Top 100 基金会全国 FTI 2015 排名（300 名之后）

序号	基金会名称	FTI 得分	排名	成立时间	所在地	公益事业支出（亿元）
1	华阳慈善基金会	48.80	303	2009	福　建	2.99
2	榆林市胡星元慈善基金会	48.80	303	2006	陕　西	0.51
3	南京工业大学教育发展基金会	47.20	320	2007	江　苏	0.71
4	姜堰市教育发展基金会	47.20	320	2012	江　苏	0.57
5	中国人权发展基金会	46.97	324	1994	北　京	0.58
6	四川省宜宾市教育基金会	46.79	327	2007	四　川	0.92
7	河南省宋庆龄基金会	45.21	352	1992	河　南	8.29
8	张学良教育基金会	38.34	459	2006	辽　宁	0.57

资料来源：基金会中心网，中基透明指数 FTI。截止日期：2015 年 5 月 31 日。

（2）公益支出 Top 100 基金会的资产情况。

在公益支出 Top 100 基金会中，净资产最小值 229 万元，最大值 32.20 亿元，均值 3.52 亿元，半数以上基金会的净资产高于该均值，且净资产分布非常集中。根据计算，净资产前 20 强基金会的净资产占到公益支出 Top 100 基金会净资产总额的 68.90%。

在公益支出 Top 100 基金会中，总资产最小值 284 万元，最大值 32.35 亿元，均值 3.77 亿元，半数以上基金会的总资产高于该均值，总资产的分布也非常集中。根据计算，总资产前 20 强基金会的总资产额占到公益支出 Top 100 基金会总资产额的 70.34%（见表 23）。

表 23　公益支出 Top 100 基金会资产概览

	数量（家）	最小值	最大值	均值	标准差	偏度	峰度
净资产金额	100	229 万元	32.20 亿元	3.52 亿元	5.90 亿元	3.22	10.93
总资产金额	100	284 万元	32.35 亿元	3.77 亿元	6.34 亿元	2.97	8.71

资料来源：基金会中心网，中基透明指数 FTI。截止日期：2015 年 5 月 31 日。

公益支出 Top 100 基金会捐赠收入的最小值为 0，最大值为 16.08 亿元，均值为 1.65 亿元，捐赠收入在均值 1.65 亿元以上的基金会多于半数，且捐赠收入分布十分集中。根据计算，捐赠收入前 20 强基金会的捐赠收入占公益支出 Top 100 基金会捐赠收入总额的 65.87%（见表 24）。

在公益支出 Top 100 基金会中，公益支出的最小值为 0.43 亿元，最大值为 18.94 亿元，均值为 1.72 亿元，公益支出在均值 1.72 亿元以上的基金会多于半数，且公益支出分布十分集中。根据计算，在公益支出 Top 100 基金会中，前 20 强的公益支出占 100 家基金会公益支出总额的 63.06%。

在公益支出 Top 100 基金会中，37 家基金会有政府补助收入，最大值为 8.78 亿元，均值为 0.24 亿元，政府补助收入在均值 0.24 亿元以上的基金会多于半数，且政府补助收入分布极为集中。根据计算，政府补助收入最多的 20 家基金会，此类收入总额占到全部 100 家基金会政府补助收入的 99.57%。

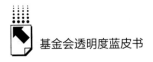

表 24　公益支出 Top 100 基金会收支概览

	数量（家）	最小值	最大值	均值
捐赠收入金额	100	0 元	16.08 亿元	1.65 亿元
	标准差	偏度	峰度	
	2.73 亿元	3.76	15.56	
公益事业支出金额	数量（家）	最小值	最大值	均值
	100	0.43 亿元	18.94 亿元	1.72 亿元
	标准差	偏度	峰度	
	2.77 亿元	4.42	22.57	
政府补助收入金额	数量（家）	最小值	最大值	均值
	100	0 元	8.78 亿元	0.24 亿元
	标准差	偏度	峰度	
	1.19 亿元	6.61		

资料来源：基金会中心网，中基透明指数 FTI。截止日期：2015 年 5 月 31 日。

（3）公益支出 Top 100 基金会概况。

从背景来看，在公益支出 Top 100 基金会中，19 家为民间背景，81 家为非民间背景；从类型来看，41 家为非公募基金会，59 家为公募基金会（见表 25）。

表 25　公益支出 Top 100 基金会类型与背景数量分布

单位：家

公益支出 Top 100		基金会类型		总计
		非公募	公募	
基金会背景	民　间	14	5	19
	非民间	27	54	81
总计		41	59	

资料来源：基金会中心网，中基透明指数 FTI。截止日期：2015 年 5 月 31 日。

对公益支出 Top 100 基金会的透明情况分析如下。

在公益支出 Top 100 基金会中，民间背景基金会得分均值为 78.61 分，非民间背景基金会得分均值为 73.16 分，经统计检验，该二者的显著性水平为 0.28，不存在明显的差距（见表 26、表 27）。

表26　公益支出 Top 100 基金会分背景的 FTI 2015 得分对比

基金会背景	数量（家）	均值（分）	标准差（分）	中值（分）
民　间	19	78.61	22.42	82.80
非民间	81	73.16	18.83	68.00
总　计	100	74.20	19.56	68.42

资料来源：基金会中心网，中基透明指数 FTI。截止日期：2015 年 5 月 31 日。

表27　公益支出 Top 100 基金会分背景的 FTI 2015 方差分析

ANOVA 表	平方和	df	均方	F	显著性
组　间	456.90	1	456.90	1.20	0.28
组　内	37420.61	98	381.84		
总　计	37877.51	99			

资料来源：基金会中心网，中基透明指数 FTI。截止日期：2015 年 5 月 31 日。

在公益支出 Top 100 基金会中，公募类基金会得分均值为 77.85 分，非公募类基金会得分均值为 71.04 分，经统计检验，该二者的显著性水平为 0.14，不存在明显的差距（见表28、表29）。

表28　公益支出 Top 100 基金会分类型的 FTI 2015 得分对比

基金会类型	数量（家）	均值（分）	标准差（分）	中值（分）
公　募	59	77.85	19.50	74.40
非公募	41	71.04	19.06	67.60
总　计	100	75.06	19.61	70.00

资料来源：基金会中心网，中基透明指数 FTI。截止日期：2015 年 5 月 31 日。

表29　公益支出 Top 100 基金会分类型的 FTI 2015 方差分析

ANOVA 表	平方和	df	均方	F	显著性
组　间	831.00	1	831.00	2.20	0.14
组　内	37046.51	98	378.03		
总　计	37877.51	99			

资料来源：基金会中心网，中基透明指数 FTI。截止日期：2015 年 5 月 31 日。

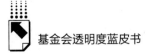

按照注册地划分，公益支出 Top 100 基金会共分布于 20 个省份，且大部分分布于北京、江苏、广东这三个省份。湖南、内蒙古、浙江、重庆、广东、北京的公益支出 Top 100 基金会透明度表现优异，均值和中值都在 80 分以上，其中广东的 9 家公益支出 Top 100 基金会，中值甚至达到了 97.60 分；江苏的 12 家公益支出 Top 100 基金会的透明度低于公益支出 Top 100 的均值约 7.5 分（见表 30）。

表30 公益支出 Top 100 基金会分地区的 FTI 2015 得分对比

序号	所在地	数量（家）	均值（分）	标准差（分）	中值（分）
1	内蒙古	1	100.00	—	100.00
2	湖 南	1	100.00	—	100.00
3	浙 江	2	91.40	8.60	91.40
4	重 庆	1	88.00	—	88.00
5	广 东	9	82.38	19.20	97.60
6	北 京	43	80.94	18.17	84.00
7	云 南	2	77.80	22.20	77.80
8	湖 北	2	77.36	15.28	77.36
9	陕 西	3	74.93	20.92	76.00
10	宁 夏	1	74.40	—	74.40
11	江 苏	12	67.60	20.68	59.80
12	上 海	7	67.48	14.51	64.00
13	福 建	3	62.13	9.48	67.60
14	贵 州	1	61.20	—	61.20
15	山 东	2	59.20	4.00	59.20
16	辽 宁	2	56.97	18.63	56.97
17	河 南	3	56.40	7.98	60.80
18	安 徽	1	56.00	—	56.00
19	四 川	3	55.06	6.17	56.80
20	江 西	1	49.60	—	49.60
	总 计	100	75.06	19.61	70.00

资料来源：基金会中心网，中基透明指数 FTI。截止日期：2015 年 5 月 31 日。

四 政府补助收入 Top 100基金会 透明度表现分析

结论四：政府补助收入 Top 100基金会的透明度较2014年有明显提升

政府补助收入 Top 100 基金会的 FTI 得分均值为 59.22 分，尽管该榜单的透明度得分平均值在四类 Top 榜单里是最低的，但与 2014 年相比仍有两方面的提升：一是入榜基金会整体透明度较 2014 年有所提升；二是项目信息得分表现优异。如图 5 所示，从 FTI 2014 到 FTI 2015，政府补助收入 Top 100基金会得分率从 55.07% 上升至 59.22%。此外，作为 FTI 2015 重点倡导的项目信息部分，政府补助收入 Top 100 基金会得分率也比 2014 年提升了约 11.5 个百分点，达到 62.50%，高于全国平均水平（见图 5）。

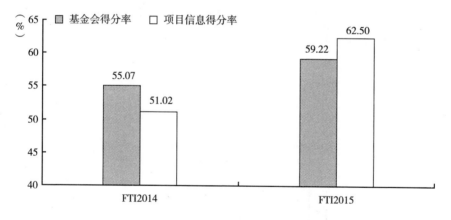

图 5 政府补助收入 Top 100 基金会得分率

（1）政府补助收入 Top 100 基金会得分及排名情况。

政府补助收入 Top 100 基金会得分分布较为集中；基本信息均值为 8.92 分，且其中半数以上得分高于 8.92 分，得分分布较为分散；财务信息得分均值为 15.14 分，半数以上基金会的财务信息得分在 15.14 分以上，数据分布较为集中；项目信息均值为 24.50 分，且其中半数以上得分低于 24.50

分，得分分布较为集中；捐赠及内部建设得分均值 10.60 分，且其中得分高于 10.60 分的基金会稍多于 50 家，得分分布较为分散（见表 31）。

表 31　政府补助收入 Top 100 基金会 FTI 2015 各项得分分布

	数量(家)	最小值(分)	最大值(分)	均值(分)	标准差(分)	偏度	峰度
分　数	100	22.40	100.00	59.22	18.54	0.68	0.30
基本信息	100	4.00	13.20	8.92	2.72	0.10	-1.48
财务信息	100	12.80	24.00	15.14	4.03	1.46	0.54
项目信息	100	—	39.20	24.50	9.24	-0.80	1.45
捐赠及内部建设	100	4.00	23.60	10.60	5.80	0.90	-0.10

资料来源：基金会中心网，中基透明指数 FTI。截止日期：2015 年 5 月 31 日。

政府补助收入 Top 100 基金会的整体排名分布情况如下，其中处于 FTI 2015 总榜单前 10 名的基金会共 10 家，前 100 名的基金会共 21 家，前 200 名的基金会共 48 家，大部分排名在 200~300 名之间。这说明政府补助收入 Top 100 基金会的整体透明状况并不乐观（见图 6）。

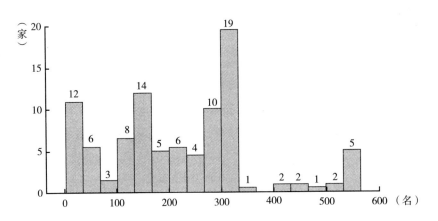

图 6　政府补助收入 Top 100 基金会 FTI 2015 排名分布

资料来源：基金会中心网，中基透明指数 FTI。截止日期：2015 年 5 月 31 日。

在政府补助收入 Top 100 基金会中，有 32 家基金会排名在全国 300 名之后，其详细名单见表 32。

表32 政府补助收入 Top 100 基金会全国 FTI 2015 排名（300 名之后）

序号	基金会名称	FTI 得分	排名	成立时间	注册地	政府补助（亿元）
1	深圳市拥军优属基金会	48.80	303	2008	广 东	0.17
2	宁夏银川大学教育发展基金会	48.80	303	2005	宁 夏	0.13
3	河北省青年就业创业基金会	48.80	303	2009	河 北	0.05
4	长沙县教育基金会	48.80	303	2004	湖 南	0.04
5	南通市爱心帮困基金会	48.80	303	2008	江 苏	0.04
6	辽宁省公安民警英烈救助基金会	48.80	303	2012	辽 宁	0.04
7	中山市教育基金会	48.80	303	2009	广 东	0.04
8	抚顺市公安民警救助基金会	48.80	303	2007	辽 宁	0.03
9	湛江市见义勇为基金会	48.80	303	2008	广 东	0.03
10	宁夏回族自治区扶贫基金会	48.80	303	1996	宁 夏	0.03
11	广西社会和谐稳定发展基金会	48.80	303	2010	广 西	0.02
12	重庆社会救助基金会	48.00	310	2011	重 庆	0.10
13	徐州市铜山区见义勇为基金会	48.00	310	2011	江 苏	0.05
14	如东县见义勇为基金会	48.00	310	2011	江 苏	0.04
15	广东省博物馆事业发展基金会	47.20	320	2012	广 东	0.22
16	南通市通州区见义勇为基金会	47.20	320	2011	江 苏	0.05
17	广宁县教育基金会	47.20	320	1997	广 东	0.04
18	南京市浦口区扶贫基金会	47.20	320	2007	江 苏	0.02
19	四川省宜宾市教育基金会	46.79	327	2007	四 川	0.37
20	安徽省青年创业就业基金会	45.03	356	2010	安 徽	0.02
21	湖北省扶贫基金会	42.46	407	1994	湖 北	0.07
22	辽宁省见义勇为基金会	41.28	430	1997	辽 宁	0.03
23	福州见义勇为基金会	40.40	440	1995	福 建	0.03
24	新疆巴音郭楞蒙古自治州送温暖工程基金会	40.00	446	1996	新 疆	0.04
25	北京文化艺术基金会	35.53	493	2005	北 京	0.02
26	南京市见义勇为基金会	34.40	501	1993	江 苏	0.11
27	太仓市慈善基金会	34.39	502	2008	江 苏	0.08
28	常州市新北区见义勇为基金会	24.80	545	2008	江 苏	0.06
29	广州市南沙区教育基金会	24.80	545	2012	广 东	0.04
30	张家港市见义勇为基金会	24.00	547	2006	江 苏	0.08
31	苏州市相城区慈善基金会	24.00	547	2008	江 苏	0.05
32	山西省阳泉市矿区特困帮扶基金会	22.40	551	2012	山 西	0.04

资料来源：基金会中心网，中基透明指数 FTI。截止日期：2015 年 5 月 31 日。

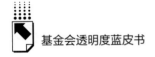

（2）政府补助收入 Top 100 基金会的资产情况。

政府补助收入 Top 100 基金会的净资产最小值为 0，最大值 23.60 亿元，均值 1.35 亿元，半数以上基金会的净资产高于该均值，且净资产分布非常集中。根据计算，在政府补助收入 Top 100 基金会中，净资产前 20 强基金会的净资产占到政府补助收入 Top 100 基金会净资产总额的 84.09%。

政府补助收入 Top 100 基金会的总资产最小值为 0，最大值 23.61 亿元，均值 1.37 亿元，半数以上基金会的总资产高于该均值，总资产的分布也非常集中。根据计算，在政府补助收入 Top 100 基金会中，总资产前 20 强基金会的总资产占到全部 100 家基金会总资产额的 83.11%（见表 33）。

表 33　政府补助收入 Top 100 基金会资产概览

	数量（家）	最小值	最大值	均值	标准差	偏度	峰度
净资产金额	100	0 元	23.60 亿元	1.35 亿元	3.49 亿元	4.77	25.60
总资产金额	100	0 元	23.61 亿元	1.37 亿元	3.51 亿元	4.76	25.45

资料来源：基金会中心网，中基透明指数 FTI。截止日期：2015 年 5 月 31 日。

在政府补助收入 Top 100 基金会中，捐赠收入的最小值为 0，最大值为 7.44 亿元，均值为 0.35 亿元，捐赠收入在均值 0.35 亿元以上的基金会多于半数，且捐赠收入分布十分集中。根据计算，在政府补助收入 Top 100 基金会中，捐赠收入前 20 强的捐赠收入占全部 100 家基金会捐赠收入总额的 89.58%（见表 34）。

政府补助收入 Top 100 基金会的公益事业支出最小值为 1.5 万元，最大值为 18.94 亿元，均值为 0.64 亿元，公益事业支出在均值 0.64 亿元以上的基金会多于半数，且公益事业支出极为集中。根据计算，在政府补助收入 Top 100 基金会中，公益事业支出前 20 强的公益事业支出占到全部 100 家基金会公益支出总额的 89.73%。

政府补助收入 Top 100 基金会中，政府补助收入的最小值为 200 万元，最大值为 8.78 亿元，均值为 0.30 亿元，政府补助收入在均值 0.30 亿元以上的基金会多于半数，且政府补助收入分布极为集中。根据计算，在政府补助

表34　政府补助收入 Top 100 基金会收支概览

	数量（家）	最小值	最大值	均值
捐赠收入金额	100	0 元	7.44 亿元	0.35 亿元
	标准差	偏度	峰度	
	1.02 亿元	5.00	28.40	
公益事业 支出金额	数量（家）	最小值	最大值	均值
	100	1.5 万元	18.94 亿元	0.64 亿元
	标准差	偏度	峰度	
	2.19 亿元	6.63	51.25	
政府补助 收入金额	数量（家）	最小值	最大值	均值
	100	200 万元	8.78 亿元	0.30 亿元
	标准差	偏度	峰度	
	1.19 亿元	6.55	43.55	

资料来源：基金会中心网，中基透明指数 FTI。截止日期：2015 年 5 月 31 日。

收入 Top 100 基金会中，政府补助收入前 20 强的此类收入占到全部 100 家基金会政府补助收入总额的 86.98%。在政府补助收入 Top 100 榜单基金会中，有 18 家的捐赠收入为零。

（3）政府补助收入 Top 100 基金会概况。

从背景来看，政府补助收入 Top 100 基金会中有 3 家为民间背景，97 家为非民间背景；从类型来看，13 家为非公募基金会，87 家为公募基金会（见表35）。

表35　政府补助收入 Top 100 基金会类型与背景数量分布

单位：家

		基金会类型		总计
		非公募	公募	
基金会背景	民　间	3	0	3
	非民间	10	87	97
总计		13	87	

资料来源：基金会中心网，中基透明指数 FTI。截止日期：2015 年 5 月 31 日。

对政府补助收入 Top 100 基金会透明情况分析如下。

在政府补助收入 Top 100 基金会中，民间背景基金会 FTI 得分均值为

59.97 分，非民间背景基金会得分均值为 59.25 分。经统计检验，二者显著性水平为 0.94，没有明显差别（见表 36、表 37）。

表 36　政府补助收入 Top 100 基金会分背景的 FTI 2015 得分对比

基金会背景	数量（家）	均值（分）	标准差（分）	中值（分）
民　间	3	59.97	12.49	56.80
非民间	97	59.25	18.89	54.58
总　计	100	59.28	18.63	54.58

资料来源：基金会中心网，中基透明指数 FTI。截止日期：2015 年 5 月 31 日。

表 37　政府补助收入 Top 100 基金会分背景的 FTI 2015 方差分析

ANOVA 表	平方和	df	均方	F	显著性
组　间	1.97	1	1.97	0.01	0.94
组　内	34352.94	98	350.54		
总　计	34354.91	99			

资料来源：基金会中心网，中基透明指数 FTI。截止日期：2015 年 5 月 31 日。

在政府补助收入 Top 100 基金会中，公募类基金会得分均值为 59.45 分，非公募类基金会得分均值为 57.69 分，经统计检验，二者显著性水平为 0.77，无明显差异（见表 38、表 39）。

表 38　政府补助收入 Top 100 基金会分类型的 FTI 2015 得分对比

基金会类型	数量（家）	均值（分）	标准差（分）	中值（分）
公　募	87	59.45	19.08	56.00
非公募	13	57.69	14.30	51.20
总　计	100	59.22	18.54	54.58

资料来源：基金会中心网，中基透明指数 FTI。截止日期：2015 年 5 月 31 日。

表 39　政府补助收入 Top 100 基金会分类型的 FTI 2015 方差分析

ANOVA 表	平方和	df	均方	F	显著性
组　间	30.49	1	30.49	0.09	0.77
组　内	34324.42	98	350.25		
总　计	34354.91	99			

资料来源：基金会中心网，中基透明指数 FTI。截止日期：2015 年 5 月 31 日。

按照注册地分析，政府补助收入 Top 100 基金会广泛分布于 25 个省份，其中大部分注册在北京、上海、江苏、广东这四个省份。青海、陕西、浙江的政府补助收入 Top 100 基金会数量仅为个位数，但透明度表现优异，均值和中值都在 80 分以上；北京市 17 家政府补助收入 Top 100 基金会的透明度得分均值为 69.70 分；江苏的 13 家政府补助收入 Top 100 基金会的透明度均值仅为 41.51 分，低于政府补助收入 TOP 100 基金会均值近 18 分（见表 40）。山西省只有一家基金会入榜，得分仅 22.40 分。

表 40　政府补助收入 TOP 100 基金会分地区的 FTI 2015 得分对比

序号	所在地	数量(家)	均值(分)	标准差(分)	中值(分)
1	陕　西	1	100.00	—	100.00
2	青　海	1	100.00	—	100.00
3	浙　江	5	81.35	7.54	81.20
4	河　北	2	70.20	21.40	70.20
5	北　京	17	69.70	20.58	62.80
6	重　庆	3	66.13	12.93	73.20
7	上　海	11	63.43	14.01	62.80
8	湖　南	5	63.28	15.60	58.40
9	云　南	1	62.80	—	62.80
10	山　东	1	61.60	—	61.60
11	贵　州	2	60.20	1.00	60.20
12	福　建	6	59.33	11.91	59.40
13	河　南	1	57.91	—	57.91
14	四　川	4	56.14	6.22	57.41
15	广　东	10	54.21	18.47	48.80
16	黑龙江	2	53.64	2.37	53.64
17	内蒙古	3	53.07	3.83	51.20
18	宁　夏	3	52.80	5.66	48.80
19	吉　林	1	50.40	—	50.40
20	广　西	1	48.80	—	48.80
21	辽　宁	3	46.29	3.54	48.80
22	安　徽	1	45.03	—	45.03
23	湖　北	1	42.46	—	42.46
24	江　苏	13	41.51	11.11	47.20
25	新　疆	1	40.00	—	40.00
	总　计	100	59.22	18.54	54.58

资料来源：基金会中心网，中基透明指数 FTI。截止日期：2015 年 5 月 31 日。

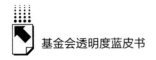

五 各省份基金会 FTI 得分第一名比较分析

地区发展不平衡一直是制约我国经济和社会发展的一个重大现实问题。从公益基金会的数量分布来看，全国的基金会大多集中在北京、上海、广东、江苏、浙江等发达省份，尤以北京资源最为集中。总体来说，在行业内具有示范引领作用的"中字头"基金会以及在民政部登记注册的基金会 FTI 得分较高。

那么，各省份基金会的 FTI 2015 得分是否也存在明显的地域差异？为了解答这个问题，我们对各省份的 FTI 第一名进行横向比较，同时对各省份满分基金会的数量进行了统计（见表 41）。

表 41 各省份 FTI 2015 得分第一名基金会榜单（部分）

序号	基金会名称	FTI 得分	全国排名	成立时间	所在地	所在地满分基金会数量（家）
1	安徽省仁众教育基金会	100.00	1	2009	安 徽	1
2	中国红十字基金会	100.00	1	1994	北 京	42
3	福建省兴业慈善基金会	100.00	1	2009	福 建	2
4	深圳壹基金公益基金会	100.00	1	2010	广 东	13
5	贵州文化薪火乡村发展基金会	100.00	1	2007	贵 州	1
6	海南成美慈善基金会	100.00	1	2010	海 南	1
7	黑龙江省青少年发展基金会	100.00	1	1988	黑龙江	1
8	中国地质大学(武汉)教育发展基金会	100.00	1	2010	湖 北	1
9	湖南省青少年发展基金会	100.00	1	1992	湖 南	3
10	爱德基金会	100.00	1	1985	江 苏	6
11	江西省青少年发展基金会	100.00	1	1991	江 西	1
12	大连市青少年发展基金会	100.00	1	2005	辽 宁	1
13	老牛基金会	100.00	1	2004	内蒙古	1
14	三江源生态保护基金会	100.00	1	2012	青 海	1
15	山西省残疾人福利基金会	100.00	1	2007	山 西	3
16	陕西妇女儿童发展基金会	100.00	1	2009	陕 西	4
17	上海宋庆龄基金会	100.00	1	1993	上 海	7

续表

序号	基金会名称	FTI得分	全国排名	成立时间	所在地	所在地满分基金会数量(家)
18	四川省残疾人福利基金会	100.00	1	1985	四 川	5
19	天津大学北洋教育发展基金会	100.00	1	1995	天 津	2
20	新疆妇女儿童发展基金会	100.00	1	2008	新 疆	1
21	云南省青少年发展基金会	100.00	1	1994	云 南	2
22	浙江省爱心事业基金会	100.00	1	1995	浙 江	9
23	重庆儿童救助基金会	100.00	1	2005	重 庆	2
24	河北省青少年发展基金会	98.80	2	1986	河 北	0
25	山东大学教育基金会	96.40	6	2007	山 东	0
26	河南省中原老龄产业发展基金会	90.80	17	2011	河 南	0
27	广西青少年发展基金会	95.20	7	2006	广 西	0
28	宁夏燕宝慈善基金会	74.40	71	2010	宁 夏	0
29	北华大学教育基金会	71.60	85	2009	吉 林	0
30	阴法唐西藏教育基金会	64.80	122	2007	西 藏	0
31	中国敦煌石窟保护研究基金会	62.80	135	1995	甘 肃	0

注：当某省份满分基金会不止一家时，本表任意挑选一家基金会列入各省份第一横向比较名单，榜单前部有满分基金会的省份排名，不分先后，详细榜单见附表。

资料来源：基金会中心网，中基透明指数FTI。截止日期：2015年5月31日。

如表41所示，安徽省、北京市、福建省、广东省、贵州省、海南省、黑龙江省、湖北省、湖南省、江苏省、江西省、辽宁省、内蒙古、青海省、山西省、陕西省、上海市、四川省、天津市、新疆、云南省、浙江省、重庆市等23个省份的FTI第一名得到了满分，比2014年多了7个省份；甘肃和西藏的FTI第一名得分低于70分。由此反映出，基金会透明度的地区差异显著，越来越多的省份拥有了透明度得分为满分的基金会。

在2015年的满分基金会中，深圳壹基金公益基金会、天津大学北洋教育发展基金会、上海宋庆龄基金会、黑龙江省青少年发展基金会、爱德基金会和浙江省爱心事业基金会、四川省残疾人福利基金会等数家基金会均连续三年取得了FTI满分的优异表现。

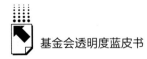
此外，在地方的基金会信息公开中，深圳市社会组织管理局也积极推动深圳市基金会公开透明，专门开通社会组织信息公开页面，公开基金会登记信息和年检信息（见图7、图8）。

图7 深圳市基金会信息公开页面

深圳市基金会信息公开是深圳市社会组织管理局发挥政府职能，创新社会管理的一次有益尝试。一直以来，深圳的改革创新都走在全国前列。2009年深圳市与民政部签订《推进民政事业综合配套改革合作协议》，深圳开始试水基金会直接登记制度，在全国率先成立市级基金会。FTI 2015 入榜基金会中，有61家深圳市本级基金会入榜，这些基金会 FTI 平均得分达到64.18 分，高于全国平均水平 13 分。根据基金会中心网监测，截至 2014年年底，全国市县级基金会已达 401 家。随着市县级基金会在全国各地大量涌现，对政府部门监管也提出了新的挑战。深圳市社会组织管理局在基

图8 深圳市基金会信息公开详情

金会信息公开上的先行先试，为其他地区探索推动基金会透明度建设提供
了参考。

六 新入榜基金会比较分析

结论五：新入榜基金会有待提高透明度

2012年及之后成立的459家基金会为新入榜基金会，其FTI 2015得分
均值为48.63分，低于全部FTI 2015入榜基金会得分均值50.88分，反映出
新入榜基金会的信息披露意识和水平亟待提升。如表42所示，新入榜基金
会的净资产、总资产、捐赠收入、公益事业支出、政府补助收入金额均远低
于全部入榜基金会各项指标的均值。

表 42　全部基金会与新入榜基金会各项 FTI 2015 指标对比

	全部基金会		新入榜基金会	
	数量(家)	均值(分/万元)	数量(家)	均值(分/万元)
FTI 2015 分数	3046	50.88	459	48.63
基本信息得分	3046	7.71	459	7.07
财务信息得分	3046	12.99	459	12.73
项目信息得分	3046	21.36	459	20.71
捐赠及内部建设得分	3046	8.82	459	8.12
净资产金额	2681	3398	390	1381
总资产金额	2681	3595	390	1425
捐赠收入金额	2681	1173	390	555
公益事业支出金额	2681	912	390	309
政府补助收入金额	2681	121	390	19

注：虽然净资产、总资产、捐赠收入和政府补助收入的数据并不是每家基金会都有，但从数量上来看，有数据的基金会均占总量的80%以上，因此，对已有数据进行分析，可以在一定程度上代表该类基金会的情况。

资料来源：基金会中心网，中基透明指数 FTI。截止日期：2015 年 5 月 31 日。

FTI 2015 新入榜基金会 459 家，得分均值为 48.63 分，其中最低值 0.80 分，最高值满分（北京市永源公益基金会、福建省正荣公益基金会、三江源生态保护基金会、广东省与人公益基金会、浙江敦和慈善基金会和深圳市志愿服务基金会共六家基金会拿到了满分）；得分整体偏度为负值，说明多数基金会得分在均值 48.63 分以上；得分整体峰度为负值，说明新入榜基金会 FTI 2015 得分分布较为平均，但极接近正态分布（见表 43）。

表 43　新入榜基金会 FTI 2015 得分概览

	数量(家)	最小值(分)	最大值(分)	均值(分)
分数	459	0.80	100.00	48.63
	标准差(分)	偏度	峰度	
	20.69	-0.41	-0.01	

资料来源：基金会中心网，中基透明指数 FTI。截止日期：2015 年 5 月 31 日。

在 459 家新入榜基金会中，公募基金会占 113 家，非公募基金会有 346 家。113 家公募基金会的 FTI 得分均值 43.17 分，低于 346 家非公募基金会的得分均值50.41分，然而从中值上来看，公募基金会与非公募基金会的得分基本没有区别（见表44）。

表44　新入榜公募与非公募基金会 FTI 2015 得分对比

基金会类型	数量（家）	均值（分）	标准差（分）	中值（分）
公　募	113	43.17	20.33	48.80
非公募	346	50.41	20.50	49.60
总　计	459	48.63	20.69	48.80

资料来源：基金会中心网，中基透明指数FTI。截止日期：2015年5月31日。

在459家新入榜基金会中，民间背景的240家基金会表现相对优异，均值51.12分，中值49.60分，219家非民间背景基金会的得分均值为45.90分，低于 FTI 2015 的平均水平（见表45）。

表45　新入榜民间与非民间基金会 FTI 2015 得分对比

基金会背景	数量（家）	均值（分）	标准差（分）	中值（分）
民　间	240	51.12	21.30	49.60
非民间	219	45.90	19.65	48.80
总　计	459	48.63	20.69	48.80

资料来源：基金会中心网，中基透明指数FTI。截止日期：2015年5月31日。

在459家新入榜基金会中，民政部注册的19家基金会得分均值为61.45分，远高于 FTI 2015 的平均水平，而地方民政部门注册的440家基金会得分均值仅为48.08分，低于 FTI 2015 的平均透明度水平（见表46）。

表46　新入榜民政部与地方民政部门注册基金会 FTI 2015 得分对比

登记部门	数量（家）	均值（分）	标准差（分）	中值（分）
民政部	19	61.45	21.54	56.80
地方民政部门	440	48.08	20.48	48.80
总　计	459	48.63	20.69	48.80

资料来源：基金会中心网，中基透明指数FTI。截止日期：2015年5月31日。

按地域划分，新入榜基金会广泛分布于全国各地，其中北京和浙江的新入榜基金会不仅数量多，得分表现也较为优异，均值分别为 56.25 分和 66.59 分；江苏省虽然新入榜基金会数量位于全国前五（38 家），但透明度得分均值仅为 44.83 分，低于新入榜基金会的平均水平 48.63 分，而新入榜基金会数量最多的广东省标准差达到了 26.39 分，这说明广东省新入榜基金会透明度参差不齐，有显著差异（见表 47）。

表 47 各地新入榜基金会 FTI 2015 得分对比

序号	所在地	数量（家）	均值（分）	标准差（分）	中值（分）
1	浙 江	43	66.59	18.10	74.80
2	上 海	19	61.69	16.01	60.40
3	北 京	48	56.25	13.58	54.22
4	青 海	4	55.00	28.13	48.80
5	重 庆	5	53.17	4.33	53.60
6	河 南	13	52.28	12.05	52.80
7	河 北	7	52.18	6.41	48.80
8	广 西	8	51.00	13.24	48.80
9	广 东	71	50.72	26.39	49.60
10	山 西	14	49.32	9.82	48.80
11	山 东	11	49.07	13.81	49.60
12	贵 州	7	48.71	13.30	47.20
13	天 津	9	48.35	10.03	48.80
14	湖 北	13	47.84	13.30	48.80
15	安 徽	16	47.83	13.38	49.38
16	湖 南	15	47.11	9.25	48.80
17	四 川	10	46.29	18.03	50.43
18	新 疆	5	45.44	13.39	48.00
19	江 西	3	45.20	16.04	48.80
20	江 苏	38	44.83	17.41	48.80
21	福 建	16	44.72	20.69	48.80
22	宁 夏	13	42.38	13.91	48.80
23	黑龙江	9	42.30	15.78	48.80
24	辽 宁	17	39.84	16.34	48.80
25	云 南	4	38.20	16.53	47.20
26	内蒙古	9	36.98	13.05	47.20
27	吉 林	12	35.40	17.58	47.20
28	西 藏	2	24.80	24.00	24.80
29	甘 肃	5	8.16	5.57	10.00
30	海 南	7	7.43	7.05	4.80
31	陕 西	6	6.53	7.13	2.40
	总 计	459	48.63	20.69	48.80

资料来源：基金会中心网，中基透明指数 FTI。截止日期：2015 年 5 月 31 日。

第二代中基透明指数

——重大公益项目动态信息披露

在对中基透明指数 FTI 历年项目信息披露情况的监测中，项目信息披露一直是基金会整体信息披露的重中之重。2015 年，基金会中心网适时推出第二代中基透明指数，重要突破就是在披露基金会机构静态信息的同时，启动重大公益项目透明指数，将公益项目的信息披露从"结果披露"逐渐上溯到"过程披露"，通过对公益项目的过程监控，不断提升公益事业的透明度、公信力和影响力。此外，FTI 2015 加大项目信息披露指标的权重，从 35.00 分提升至 39.20 分，成为 FTI 2015 四类信息中占比最高的一类（见图 1）。

另一方面，从 FTI 2013 到 FTI 2015，基金会透明度有显著提升，然而项目信息透明度却远远低于整体水平。这主要表现在以下几个方面。

1. 项目公开渠道狭窄，超过一半的基金会未在官方网站披露项目信息

官方网站是公众了解基金会的主要渠道，一直以来也是 FTI 倡导基金会信息公开的主要渠道。然而，从对基金会官方网站公开的项目信息监测情况看，这一指标披露率并不理想。在 FTI 2013 中，官网项目信息公开率仅有 26.47%，低于官网覆盖率 13 个百分点。即便在 FTI 2015 中这一情况有所改善，项目信息披露率仍不足 50%。官网覆盖率低、官网项目信息披露率低已成为影响基金会信息公开的重要原因（见图 2）。

2. 项目信息披露完整度低，仍有部分基金会未公开善款流向

从对已披露项目信息的基金会分析发现，绝大多数基金会已能够披露项目支出金额，完整度达到了 98.79%。然而项目内容信息的完整度则低于项目金额完整度 15 个百分点。这样就造成了即便基金会披露了项目信息，却

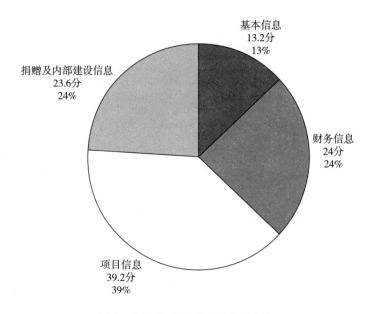

图1　FTI 2015 四类指标分数占比

资料来源：基金会中心网，中基透明指数 FTI。截止日期：2015 年 5 月 31 日。

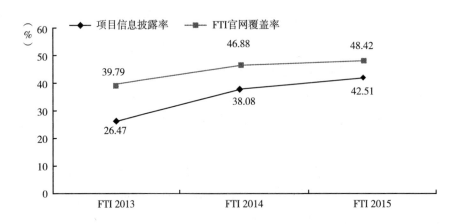

图2　中基透明指数项目信息披露率对比（2013～2015）

资料来源：基金会中心网，中基透明指数 FTI。截止日期：2015 年 5 月 31 日

仍未能做到回应公众"捐款去哪儿了"的疑问，项目信息披露的质量仍需继续提升（见图3）。

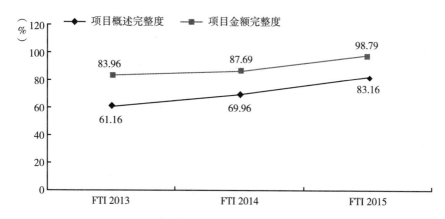

图3　中基透明指数项目管理制度覆盖率对比（2013～2015）

资料来源：基金会中心网，中基透明指数FTI。截止日期：2015年5月31日。

3. 项目管理制度公开成信息披露重灾区，超过90％的基金会未公开此项内容

在基金会的管理制度中，项目信息管理制度是一项重要内容。然而这项信息的公开成为基金会信息披露的重灾区。从FTI 2013到FTI 2015，尽管公开项目管理制度基金会数量翻了1倍，然而其公开率仍不足10％。换言之，仍有超过2700家基金会没有公开项目管理制度，其项目执行与管理是否符合相关法律法规的要求就更无从得知（见图4）。

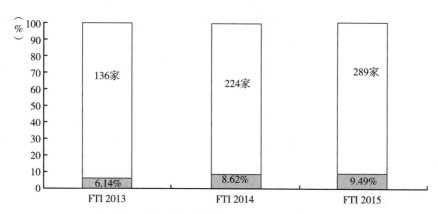

图4　项目管理制度公开率（2013～2015）

资料来源：基金会中心网，中基透明指数FTI。截止日期：2015年5月31日。

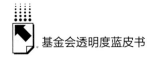

鉴于上述情况，基金会中心网在第二代中基透明指数 FTI 中，推出了中基项目透明指数，重点对正在执行中的、有重大社会影响力的项目进行动态的信息披露，实时公开善款流向以回应公众关注焦点，全面提升基金会信息披露质量。

一　重大公益项目动态信息披露的具体案例

基金会中心网作为中国基金会行业的信息服务平台，目前已实现对雅安地震、"冰桶挑战"、梦想星搭档、央视"社区英雄"、梦想合唱团、钢丝小天才、"免费午餐"和"春暖 2012"等重大公益项目动态信息披露。下面将详细阐述雅安地震、免费午餐和央视"社区英雄"三个案例的动态信息披露情况。

（一）雅安地震有关项目动态信息披露

2013 年 4 月 20 日 8 时，四川省雅安市芦山县发生 7.0 级地震，震源深度 13 公里。截至 24 日 10 时，共发生余震 4045 次，3 级以上余震 103 次，最大余震 5.7 级。雅安地震受灾人口 152 万，受灾面积 12500 平方公里。

在雅安地震后，由 42 家基金会成立的中国基金会 4·20 救灾行动自律联盟（以下简称自律联盟）受亿万捐赠者重托，积极参与了抗震救灾工作。自律联盟自成立之初即对其联盟成员的信息披露进行规范，按要求公布捐赠信息、捐款使用情况，及时向捐赠人反馈。作为自律联盟秘书处的基金会中心网基于互联网公开信息及基金会主动披露的信息整理统计，于 2014 年 4 月 20 日在北京发布《基金会雅安地震一周年善款流向总结报告》。时隔一年后，基金会中心网于 2015 年 4 月 20 日继续发布《基金会雅安地震两周年善款流向总结报告》。这两份总结报告显示，震后两年来全国共有 339 家基金会参与雅安地震救灾工作，并披露善款流向（见图 5）。

报告显示，在参与雅安地震救灾工作的 339 家基金会中，已有 280 家基金会支出其所募集的全部款物，占参与地震紧急救援和灾后重建工作基金会

序号	机构名称 最新更新时间	FTI排名	项目收支情况（万元）	项目最新动态
1	深圳壹基金公益基金会 2014.12.31	1	已支出14,848万元，已完成39% 38,452	截止2014年12月31日，深圳壹基金公…
2	中国扶贫基金会 2015.03.31	1	已支出18,345万元，已完成62% 29,592	截止2015年3月31日，中国扶贫基金…
3	中国妇女发展基金会 2014.12.09	1	已支出14,073万元，已完成99% 14,228	截止2014年12月9日，中国妇女发展…
4	中国青少年发展基金会 2014.12.31	1	已支出7,354万元，已完成64% 11,507	截止2014年12月31日，中国青少年发…
5	上海市慈善基金会 2015.03.31	1	已支出9,572万元，已完成90% 10,632	截止2015年3月31日，上海市慈善基…
6	中国初级卫生保健基金会 2015.03.31	1	已支出5,650万元，已完成57% 10,000	截止2015年3月31日，中国初级卫生…
7	四川省妇女发展基金会 2013.12.31	189	已支出6,177万元，已完成100% 6,177	雅安芦山4.20地震发生后，四川省妇…
8	雅安市教育基金会 2014.11.27	370	已支出3,804万元，已完成66% 5,788	截止2014年12月31日，雅安市教育基…
9	中国光彩事业基金会 2014.12.31	114	已支出4,549万元，已完成95% 4,787	截止2014年12月31日，中国光彩事业…
10	中华思源工程扶贫基金会 2015.04.15	1	已支出3,077万元，已完成80% 3,868	截止2015年4月15日，中华思源工程…

图5　雅安地震基金会善款收支对比

注：以上名单包含雅安地震募款额排名前10的基金会。

资料来源：基金会中心网通过互联网公开渠道采集。截止日期：2015年4月20日。

总数的83%。两年来，339家基金会累计募集款物18.92亿元，累计支出款物13.81亿元，占总募集额的73%。其中在灾后重建阶段，基金会善款支出速度逐渐提升，震后第二年款物支出比第一年新增6.69亿元。[1]

而震后两年累计支出的13.81亿元款物中，有11.81亿元已披露详细用途，占总支出金额的86%。在已披露详细用途的11.81亿元款物中，其中6.38亿元用于学校、医院、敬老院、交通设施、社区活动中心和过渡安置板房等基础设施的建设，3.5亿元用于大米、食用油、煮食工具、防雨布、棉被、折叠床等救灾物资的发放，9255万元用于开展小额信贷、生态农业等促进当地经济发展的活动，2525万元用于发放奖助学金，1920万元用于减防灾教育等，还有2亿元尚未披露详细用途[2]（见图6）。

---

[1]　资料来源：基金会中心网《基金会雅安地震两周年善款流向总结报告》。

[2]　资料来源：基金会中心网《基金会雅安地震两周年善款流向总结报告》。

基础设施
6.38亿元

救灾物资
3.5亿元

经济发展
9255万元

奖助学金
2525万元

扫一扫
看**亮点**

减防灾教育
1920万元

紧急搜救
1791万元

社区发展
968万元

心理关爱
849万元

图6 雅安地震基金会善款流向概览

资料来源：基金会中心网，中基透明指数 FTI。截止日期：2015 年 4 月 20 日。

（二）"免费午餐"有关项目动态信息披露

2011 年 2 月，国务院发展研究中心中国发展研究基金会发布《2010 农村学校供餐与学生营养评估报告》。这份关于中国贫困地区学生营养状况的调查报告显示，中西部贫困地区儿童营养摄入严重不足，受调查的学生中有 12% 发育迟缓，72% 上课期间有饥饿感；学校男女寄宿生体重分别比全国农村学生平均水平低 10 公斤和 7 公斤，平均身高低 11 厘米和 9 厘米。报告指出，中国儿童贫困将导致未来人力资本的巨大损失，形成贫困代际传递。

2011 年 3 月，央视"新闻"频道对西部地区儿童营养餐的问题进行了连续报道。4 月，邓飞等数百位记者、国内数十家主流媒体联合中国社会福利基金会迅速发起"免费午餐"基金公募计划，倡议每天捐赠 3 元为贫困学童提供免费午餐。自免费午餐活动发起后，不断受到民众的关注并捐款捐物。4 月 2 日，贵州省黔西县花溪乡沙坝小学成为第一所被资助的小学，新华社等数十家媒体现场见证了第一顿午餐。随后，以沙坝小学为试点，免费午餐项目确定了其项目执行流程和成本控制方案，在第一次呼吁募捐后 24 小时内就成功募集了 4.6 万元。4 月 17 日，邓飞通过微博直播了河南两所小学开展的免费午餐行动，数以万计的网友转发微博，最终获得捐款 90 万元。

该活动自启动以来，截至 2015 年 2 月 28 日已募款超过 1.28 亿元，12.99 万名来自全国 23 个省份的 440 所中小学校的贫困学生，享用了热气腾腾的免费午餐。[①]"免费午餐"项目通过官方网站、官方微博、第三方披露平台以及引入公益审计等方式进行信息披露，每一笔捐款的流向都全部详尽公开，详细披露项目的每一步进展，其整个执行过程全部公开透明。同时，志愿者为接受"免费午餐"捐赠的学校开通了微博，随时公开收支信息，同时邀请当地政府、媒体、NGO、家长、网友、旅友等一起参与监管工作（见图 7 ~ 图 9）。

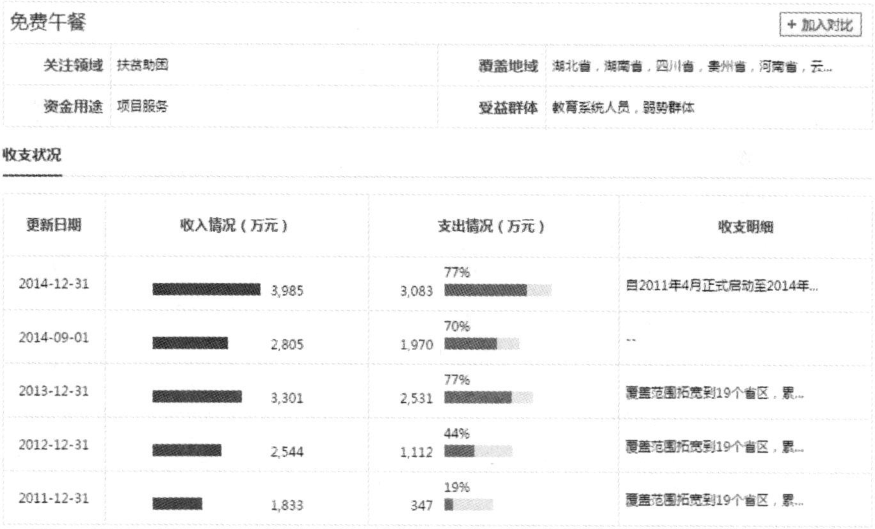

免费午餐			+ 加入对比
关注领域	扶贫助困	覆盖地域	湖北省，湖南省，四川省，贵州省，河南省，云…
资金用途	项目服务	受益群体	教育系统人员，弱势群体

收支状况

更新日期	收入情况（万元）	支出情况（万元）		收支明细
2014-12-31	3,985	3,083	77%	自2011年4月正式启动至2014年…
2014-09-01	2,805	1,970	70%	--
2013-12-31	3,301	2,531	77%	覆盖范围拓宽到19个省区，累…
2012-12-31	2,544	1,112	44%	覆盖范围拓宽到19个省区，累…
2011-12-31	1,833	347	19%	覆盖范围拓宽到19个省区，累…

图 7　"免费午餐"历年项目支出概览（2011 ~ 2014）

资料来源：基金会中心网，中基透明指数 FTI。截止日期：2015 年 5 月 31 日。

---

① 资料来源：免费午餐官方网站，http://www.mianfeiwucan.org/infor/monthreport/。

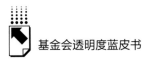
· 项目收支情况

项目收入情况			项目支出情况		

（截至 2014年12月 共收入 ￥116,518,100.92 ）　　　　　　　（截至 2014年12月 共支出 ￥69,596,237.87 ）

项目来源	项目收入		时间	费用类别	金额
2014年12月物资捐赠	￥1,294,571.00		2014年12月	筹资费用-劳务费	￥800.00
2014年12月天猫商城免费午...	￥800,000.00		2014年12月	筹资费用-折旧费	￥83.18
2014年12月支付宝和51g...	￥1,443,310.09		2014年12月	筹资费用-社保	￥2,101.86
2014年12月银行汇款	￥2,468,862.85		2014年12月	筹资费用-住房公积金	￥752.00
2014年11月天猫商城免费午...	￥480,000.00		2014年12月	筹资费用-办公费	￥200.00
2014年11月支付宝和51g...	￥962,779.93		2014年12月	筹资费用-交通费	￥822.00
2014年11月银行汇款	￥1,301,784.20		2014年12月	筹资费用-差旅费	￥7,100.40
2014年10月天猫商城免费午...	￥578,228.69		2014年12月	筹资费用-宣传费	￥377.00
2014年10月支付宝和51g...	￥784,674.38		2014年12月	筹资费用-邮政费	￥1,534.10
2014年10月银行汇款	￥1,571,141.35		2014年12月	筹资费用-活动物料	￥1,321.00
共158笔 每页10 第1/16页 首 下 尾			共733笔 每页10 第1/74页 首 下 尾		

图8　2014年度"免费午餐"支出详情

资料来源：基金会中心网，中基透明指数 FTI。截止日期：2014 年 12 月 31 日。

· 受资助学校名单

学校名称：　　　　　　地址：　　　　　　[开始检索]

学校编号	学校名称	所在省	所在市	所在县	地址	新浪微博	资助时间	资助详情
2014080	江西九江武宁县石门楼镇...	江西省	九江市	武宁县	江西省九江市/州武...	分享		+ 查看
2014079	江西九江给水县渣滩镇长...	江西省	九江市	给水县	江西省九江市给水县...	分享	2014/12/10	+ 查看
2014078	河南信阳固始县侯寨乡蒙...	河南省	信阳市	固始县	河南省信阳市固始县...	分享	2014/12/10	+ 查看
2014077	广西梧州蒙山县黄村镇通明	广西省	梧州市	蒙山县	广西梧州市蒙山县黄...	分享	2014/11/10	+ 查看
2014076	湖南益阳安化县第十二中学	湖南省	益阳市	安化县	湖南省益阳市安化县...	分享	2014/11/10	+ 查看
2014075	湖北鹤峰县走马镇红土教学点	湖北省	恩施土家族...	鹤峰县	湖北省恩施州鹤峰县...	分享	2014/11/10	+ 查看
2014074	广东河源连平县高山镇羊...	广东省	河源市	连平县	广东省河源市连平县...	分享	2014/11/10	+ 查看
2014073	河南信阳固始县方集镇镇...	河南省	南阳市	方城县	河南省信阳市固始县...	分享	2014/12/16	+ 查看
2014072	河南南阳市方城县河分马...	河南省	南阳市	方城县	河南省南阳市方城县...	分享	2014/12/23	+ 查看
2014071	江西九江武宁县罗溪乡柳...	江西省	九江市	武宁县	江西省九江市武宁县...	分享	2014/11/6	+ 查看
2014070	河南洛阳伊川县恩山镇蒋...	河南省	南阳市	方城县	河南省洛阳市伊川县...	分享	2014/12/19	+ 查看
2014069	河北张家口涿鹿县斜石口...	河北省	张家口市	涿鹿县	河北省张家口市涿鹿...	分享	2014/11/10	+ 查看
2014068	河北张家口涿鹿县大河湾...	河北省	张家口市	涿鹿县	河北省张家口市涿鹿...	分享	2014/11/10	+ 查看
2014067	河北张家口涿鹿县大河...	河北省	张家口市	涿鹿县	河北省张家口市涿鹿...	分享	2014/11/10	+ 查看
2014066	河北秦皇岛青龙县七道河...	河北省	青皇岛市	青龙县	河北省秦皇岛市青龙...	分享	2014/11/1	+ 查看
2014065	山西晋城沁水县铸庄镇铸...	山西省	晋城市	沁水县	山西省晋城市沁水县...	分享	2014/12/24	+ 查看
2014064	广东韶关新丰县遥田镇绕...	广东省	韶关市	新丰县	广东省韶关市新丰县...	分享	2014/10/20	+ 查看
2014063	四川凉山昭觉县色底乡乃...	四川省	凉山彝族自...	昭觉县	四川省凉山昭觉县色底乡...	分享	2014/10/22	+ 查看
2014062	河南南阳方城县杨菊河之经	河南省	南阳市	方城县	河南省南阳市方城县...	分享	2014/10/15	+ 查看
2014081	河南省南阳市方城县杨桥柳...	河南省	南阳市	方城县	河南省南阳市方城县...	分享	2014/10/13-2015/10/12	+ 查看
						共 424 所 每页显示 20 所		第1/22页 首页 下一页 尾页

图9　2014年度"免费午餐"受助学校详情

资料来源：基金会中心网，中基透明指数 FTI。截止日期：2015 年 5 月 31 日。

注：该图为截图，图中"广西省"应为广西壮族自治区。

（三）央视"社区英雄"有关项目动态信息披露

央视《社区英雄》是国内第一档以志愿互助为主题的大型社区公益节目，是中央电视台为营造积极、有创造力的社会氛围，服务社会管理创新，传递"人人为我，我为人人"的公益理念而推出的特别节目。该节目每期选择两位社区英雄，由他们讲述动人故事，表达对本社区的美好祝愿，同时通过组织当地群众展示广场舞蹈造型进行比拼。最终由 200 名现场观众投票决定 25 万元"英雄奖励金"的归属。获胜的一方赢得的 25 万元奖励金由河仁慈善基金会现场发放，用于实施社区公益项目，同时也为该公益项目所在的地区赢得更多的社会关注和宣传推广。未获胜的一方也能得到 5 万元"公益金"的支持，用于发展他们的公益项目。

《社区英雄》第一季和第二季均为 8 期，分别于 2013 年、2014 年春节期间在央视"社会法制"频道播出。第一季分别资助了洋雷锋志愿服务队、莲花北残疾康复站、农家女居家养老服务社、飞翔的梦想课堂、留守家园、洪润浩志愿者服务队、邻里值班室、鸡蛋计划、广州青年志愿者协会启智服务总队、桃源社区的快乐公益、春蕾圆梦行动、"稻草人"广东青年志愿者社区少年儿童守护计划、华中农业大学支教团、代理儿女、武侯区玉林青少年空间、互助县土族盘秀刺绣发展中心等 16 个项目。第二季分别资助了"彩虹村"项目、广东佛山彩虹青年志愿服务队、互满爱人与人、广西安琪之家、昆明市蒙多贝自闭症儿童康复、免费午餐、小骏马儿童合唱团、小花朵芭蕾舞团、老年人奥林匹克奥运会、科技助老、垃圾分类、爱心衣橱、利民学堂三年教学模板项目、为干旱牧区修建水窖、平安星防震减灾教育中心、"1＋1"中国法律援助志愿者等 16 个项目。

《社区英雄》每一季的 16 个项目中分别有 8 个项目获得 25 万元"英雄奖励金"，8 个项目获得 5 万元"公益金"，即河仁慈善基金会共为央视"社区英雄"节目筹集了 480 万元社会资金。而当社会资金流向公益项目后，必然需要相应的监管机制跟进。该栏目通过引入第三方信息平台——基金会中心网，将其每个资助项目的资金使用情况进行跟踪监督，并及时将项目公益金使用情况在其官网上向社会公众发布（见图10、图11）。

序号	项目名称 ◇	机构名称 ◇ 最新更新时间	FTI排名 ◇	项目收支情况（万元）◇	项目最新动态
1	洋雷锋志愿服务队	洋雷锋志愿服务队 2013.01.31	--	0%　　　0 25	这支志愿队长期从事慰问孤寡老人，为武汉周边的...
2	洪润浩志愿者服务队	洪润浩志愿者服务队 2014.02.27	--	96%　　24 25	一年来，受助农民工子女达到336人，学生不仅在学...
3	邻里值班室	杭州市上城区的上羊 2013.02.01	--	0%　　　0 25	
4	鸡蛋计划	野百合公益联合会 2014.02.27	--	100%　　25 25	2013年3月至2014年1月，野百合公益联合会在大...
5	莲花北残疾康复站	莲花北残疾康复站 2014.02.27	--	100%　　25 25	康复站现在已经扩大到300多平方米，机器已经增多...
6	农家女居家养老服务社	农家女居家养老服务社 2014.02.07	--	100%　　25 25	项目资金为25万元，已结项，项目资金用于独居空巢...
7	飞翔的梦想课堂	山东大学 2014.02.27	--	84%　　21 25	山东大学"飞翔的梦想课堂"远程网络支教计划圈...
8	留守家园	二道洼中心小学 2014.01.10	--	100%　　25 25	留守家园儿童公益扶助项目执行周期为2013年1月到2...

图 10　"社区英雄"项目收支明细

资料来源：基金会中心网，中基透明指数 FTI。截止日期：2014 年 12 月 31 日。

图 11　"社区英雄"项目活动明细

资料来源：基金会中心网，中基透明指数 FTI。截止日期：2015 年 5 月 31 日。

二 重大公益项目动态信息披露的重要意义

公益慈善组织作为善款的经手人和管理者，既有义务把捐赠信息传达给受益者，也有义务把受益者的受益情况反馈给捐赠者和社会公众。而在现实中，受益者常常只是被动地接受救助，捐款者往往不知道自己所捐助善款的去向。公益慈善组织的信息披露不全面、不完整、不充分，就会产生信息不对称等负面问题，甚至会导致公益事业的信任危机。公益组织信息披露的缺失不仅影响了公民的知情权，更重要的是影响了社会公众参与公益事业的积极性。

随着整个社会的信息化水平不断提高以及公民权利意识的不断增强，公众对公益组织信息披露的内容和质量提出了更高的要求，公益组织的善款使用情况和管理运作已经成为社会公众关注的焦点。在这种情况下，重大公益项目的动态信息披露有助于引导公益组织健康发展，提高公益事业的公信度，营造良好的公益氛围。

下文将结合上述的三个案例，具体阐述重大公益项目动态信息披露在这三个方面的深远意义。

（一）项目动态信息披露有助于引导公益组织健康发展

我国在应对重大突发灾难时，通常以政府为主导，社会组织积极参与。比如，在汶川地震救灾中，就充分发挥了从中央到地方的政府组织能力，举全国之力共同应对灾难。而在雅安地震中，以民间公益组织为代表的社会力量开始意识到自身在重大突发性公共事件中的角色和作用，成为参与救援和重建工作的重要力量。

面对当时的公益事业公信力危机，自律联盟同人们意识到社会信任是基金会乃至整个公益慈善行业生存和健康发展的根本，因此需要通过行业共识和联合自律来重建社会信任。自律联盟在成立之初，就起草了《中国基金会4·20救灾行动自律联盟公约》，对联盟成员信息披露的内容、渠道、及

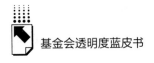

时性、专业性、审计问责以及成员合作与退出机制等做出明确规定。

雅安地震之后的两年间，作为自律联盟秘书处的基金会中心网先后发布《基金会雅安地震一周年善款流向总结报告》和《基金会雅安地震两周年善款流向总结报告》，实现了对雅安地震后募集款物的项目动态监控。这种信息动态披露的公开方式满足了社会公众对公益信息公开的要求，促进了公益慈善组织的规范管理和健康发展。

（二）项目动态信息披露有助于提高公益事业公信度

公益慈善组织对信息披露的规范化管理，不仅可以助力其筹措善款，提高其公益服务能力，还可以减少公众对慈善工作的质疑，提升其对公益组织的信心。

比如，"免费午餐"在规范信息披露的运行过程中，不断调整公开透明的内容和方式，作为对公众的回应，也是组织发展的需求所在。首先，从资金入口、资金出口和资金使用过程的各个方面进行公开透明，包括捐赠收入情况、捐赠性质、投资收益、项目资金使用情况、资金使用成分构成、行政支出、执行成本、组织治理情况、项目选择情况。其次，公开透明内容更加注重个性化展现，通过网络动态直观的公示方式，将食品安全监控和项目执行效果展现在社会公众面前，实现项目实时披露的良好效果。

作为民间发起的改善贫困地区儿童营养的公益计划，"免费午餐"项目通过社会公众的关注来提高国家对于贫困地区儿童营养状况的关注，并最终推动国家实施了农村义务教育学生营养改善计划。这种全方位多渠道的信息实时披露模式使得"免费午餐"成为中国公益事业民间与政府互动的良好范例，同时有助于提高国内公益事业的公信力。

（三）项目动态信息披露有助于营造良好的公益氛围

公益慈善组织的活动能否体现捐助者行善的意愿，达到慈善活动的主要目的，成为社会公众参与公益行为的重要因素。为了营造良好的公益氛围，必须增加组织运作的透明度，让捐助者了解捐款去向、目的以及其运行管理模式和资金使用情况。

《社区英雄》作为国内以公益互助为主题的大型公益节目，凭借中央电视台等国内主流传媒的自身传播力和影响力，通过每位来自基层的社区英雄们的自身公益组织能力、执行能力及其项目的影响力和基金会中心网这个公益组织信息公开平台动态披露关于"英雄奖励金"和"公益金"的使用情况，凝聚全社会各界力量，让公益精神在社会公众之间彼此传递，也让社会公众在实现公益梦想的征程中不断成长。

对于目前普遍存在的公益意识薄弱的现象，只有加大信息公开力度，强化信息过程监控，才能不断培养公众的公益慈善观念，营造全社会公众广泛参与的良好公益氛围，以此来推动中国慈善事业发展。

三 公益组织项目动态信息披露的未来展望

在公益慈善事业信息公开的未来发展中，只有强化公益观念、确保公开透明、强化规范管理，才能加快形成政府支持慈善事业、公益组织运作慈善事业、社会公众广泛参与慈善事业的良好局面。

2015 年 4 月 3 日，国务院办公厅印发《2015 年政府信息公开工作要点》（以下简称《工作要点》）。《工作要点》指出，今年重点推进行政权力清单、财政资金、公共服务、国有企业、环境保护等 9 大领域的信息公开工作。《工作要点》首次将社会组织纳入信息公开范围，并要求制定社会团体和民办非企业单位信息公开管理办法，建立行政审批前置服务项目信息公开制度，推动慈善组织信息公开。政府有关部门对慈善组织信息公开的政策导向有助于整个公益事业的公开透明，并为其未来的发展方向提供重要的政策依据。

（一）信息公开的过程披露是公益组织项目动态信息披露的发展方向

在中基透明指数出台 3 年间，国内公益慈善组织的信息披露情况明显好

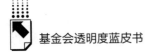

转，已经实现了基金会行业透明度的均值得分率从 2013 年的 38.35% 上升到 2014 年的 43.00%，再到 2015 年的 50.88%[①]，呈现出整个行业公开透明的良好态势。在 2015 年的《工作要点》中提到推进各领域的信息公开，鼓励和推动相关机构对公共数据进行深入的分析和应用。而信息公开的过程披露不仅实现了对公益慈善组织的内部控制、资金用途、业务成本等重要信息的实时监控，还强调信息披露的及时性和连续性。因此，动态披露制度可以促进公益组织信息披露的规范化运行，体现慈善公益事业公开、公平、公正的原则，实现信息公开的动态监管。

（二）信息公开第三方评估是公益组织项目动态信息披露的重要保证

当前的信息公开制度尚未实现对公益组织的信息公开具体情况的监督。引入"第三方评估"，可以以中立的身份、专业的视角，对信息公开工作给予客观公正的考察与评估。这样既规避了政府部门"既当运动员又做裁判员"的身份尴尬，又提升了评估结论的含金量与说服力。通过委托有关机构对公益组织的信息公开工作进行第三方评估，可以对公益组织信息公开工作的整体情况做出权威的全面评价，还可以建立健全信息公开责任追究机制，以达到对信息公开的公众要求。因此，公益组织引入独立专业的第三方对其组织的日常运作进行监督，可以为公益慈善组织的信息披露质量提供重要保障。

（三）信息披露的网络互动是公益组织项目动态信息披露的未来趋势

在信息化时代，互联网已成为人们获取信息的主要渠道。通过发挥各类信息公开平台和渠道作用，扩大发布信息的受众面、提高影响力，适应传播对象化分众化趋势，更好地运用新技术、新手段，注重用户体验和信息需

---

① 资料来源：基金会中心网，http://fti.foundationcenter.org.cn/。

求，扩大信息传播范围，提高信息到达率。公益组织项目动态信息披露的重点在于减少信息的手工操作，以提高数据计算和处理的准确性和工作效率。通过规范资金使用审批流程，并在官方网络平台及时公示相应数据，将捐赠信息进行分类汇总，实现捐赠受益双方的信息对称，以满足捐助全程的透明化。因此，加强公益组织的网络建设，以信息技术实现捐赠过程公开化将成为未来公益组织公开透明的发展趋势。

总之，基金会中心网通过开发第二代中基透明指数，运用科学的管理模式和全新的工作方法，最大限度地调动社会力量参与公益，加大了重大公益项目的公开力度，加强了重要公益信息的动态披露，促进了国内公益慈善事业的健康发展。

B.6

基金会透明案例

一 地区案例：上海市基金会信息披露平台

（一）引言

自 2012 年中基透明指数发布以来，基金会行业的各项信息公开情况进一步得到关注。一方面，民政部及各地监管部门开始进一步加大对基金会行业信息公开的管理力度；另一方面，社会公众与新闻媒体开始形成一股强势的监督力量，倒逼基金会行业进行信息公开。在中基透明指数发布的初期，很多人对指数的作用和影响还没有特别清醒的认识，但是经过近三年的发展，部分基金会已经因排名过低出现筹款困难的情况，甚至退出行业。越来越多的捐赠者在进行选择投向时，其透明状况已经成了很重要的参考因素。

2014 年，全国共有基金会 4200 余家，全年捐赠收入达 380 亿元，公益支出达到 320 亿元。我们欣喜地看到，在各方的努力与配合下，基金会行业的信息透明情况有了很大的改善，信息披露在数量和质量上都得到了大幅提升。随着信息透明标准的提高，这种改善将会一直持续下去。

上海市作为中国经济发展的前沿地区，近些年来，基金会在沪发展势头良好。一方面在于民间资本的充盈所带来的慈善事业的活跃，另一方面得益于上海市相关监管部门的重视和指导以及社会公众、新闻媒体的监督。截至 2014 年年底，上海共有基金会 205 家，占全国的 4.87%；这些基金会 2013 年净资产总额为 114.95 亿元，占全国基金会净资产总额的 12.10%；上海的基金会中基透明指数 FTI 2015 为 60.38 分，略低于浙江省和北京市，排在全国所有省份第三名。前两者的中基透明指数 FTI 2015 分别为 70.61 分和 61.60 分，而全国中基透明指数 FTI 2015 则为 50.88 分。近些年来，在上海市社会团体管理局的指导下，上海市先后建立并运行了上海市社会组织官方网站和上海市募捐信息服务平台两大网站，将所辖基金会相关信息进行整合并及时向社会公众发布，接受社会公众的监督和质疑。此举成果显著，对于推动我国地方基金会的公开透明具有很强的示范作用和借鉴意义。

（二）上海市基金会信息公开平台的现状

1. 上海市基金会信息公开平台的建立过程

上海市基金会信息公开平台主要由上海市社会组织官方网站（http：//www.shstj.gov.cn/Index.aspx）及上海市募捐信息服务平台（http：//www.shmjxx.org/Index.aspx）两个网站所组成。上海市社会组织官方网站初期涵盖了网上办事、政府信息公开、政府网站建设等几大板块。随着时代的发展，又加入了基金会相关信息以及信息披露的内容。随后根据 2011 年 12 月 16 日民政部发布的《公益慈善捐助信息公开指引》，建立了上海市募捐信息服务平台。

2. 上海市慈善组织募捐主体的信息披露情况

在两个网站上披露的募捐主体主要分三类，一是红十字会，二是公募的基金会，三是公益性的团体。从上海对社会团体的信息公开工作上来看，公开信息单位已经不仅仅局限于基金会。依据 2012 年 6 月 7 日上海市第十三届人民代表大会常务委员会第三十四次会议通过的《上海市募捐条例》，两个网站上所披露的募捐主体都被列入其中，进一步满足社会公众需求，使捐款人清楚地知晓社会团体的运行以及募捐活动的流程，做到透明公开，让社会对行业予以监督。

3. 信息发布的责任明晰

目前，信息公开平台以服务和引导功能为主，平台主办方不对发布内容进行详细审查，且不做出主观评价，只是客观呈现发布者的信息内容。发布者如基金会等社会组织掌握着各自平台发布的账号和密码，可以登录平台直

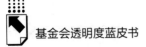

接进行发布，发布者自身对发布内容承担责任。如果社会公众及各界媒体对
披露的信息质疑，发布者则需进行说明，发布内容即是对社会公众的一种
承诺。

4. 小结

上海市的基金会不仅将信息在两个网站上进行公示，有些基金会已经采
用其他透明载体向社会公众披露信息，接受社会的监督。2014年，已经有
60余家基金会直接将相关信息撰写成白皮书进行发布，部分基金会将年检
报告变成季检报告，及时自查自纠，还有一些基金会在募捐活动的各个环节
举行新闻发布会，等等。信息披露形式趋向多元，也更易于满足社会公众的
知情权。

（三）上海市基金会信息公开平台的内容

1. 上海市社会组织官方网站

上海市社会组织官方网站（http：//www.shstj.gov.cn/Index.aspx）由
上海市社会团体管理局主办，是集新闻中心、信息公开、网上办事、互动服
务等功能于一体的信息服务平台。其中对于基金会信息的披露，主要以结构
为导向，以信息公开为主。依据上海市民政局、上海市社会团体管理局发布
的《上海市基金会信息公布实施管理办法》的相关内容进行披露。

主页右侧点击“个性化服务”中的“基金会”进入子页面，即上海社
会组织基金会版。本版面主要分为“本版首页”、“新闻中心”、“信息公
开”、“网上办事”及“互动平台”等一级子模块。同时平台在显著位置显
示了主管单位相关信息，如部门、地址和电话，方便浏览者就页面内容与主
管单位进行更加深入的交流。

在“本版首页”中主要涵盖了新闻中心、政府信息公开、网上办事、
互动平台、网上办事、便民问答及联系我们等一级子模块的简要信息，方便
浏览者在最短时间内快速掌握页面内容，寻找到需要的内容。同时在每一个
一级子模块下，都提供搜索功能和高级搜索功能，方便浏览者快速准确寻找
信息内容（见图1）。

图1 上海社会组织网基金会版

资料来源：上海社会组织网（http：//stj. sh. gov. cn/Index. aspx）。

"新闻中心"一级子模块中，按新闻类型按照内容进行分类。主要分为"图片新闻""视频新闻""政务新闻""社会组织动态""社会关注""理论研究""经验交流"等七个二级子模块。同时页面设置"我要投稿"菜单，点击后社会组织可以通过上海市社会信息报送平台进行新闻报送，增强了平台的互动性。

"信息公开"一级子模块中，按照公开内容的不同，主要分为"通知公告""主动公开""办事规程""政策解读""业务数据""便民问答"等六个二级子模块。在每一个二级子模块中，会详细公示相关内容。

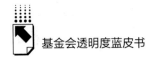
"网上办事"一级子模块中，主要分为"办事规程""在线受理""表格下载""状态查询""结果反馈"等五个二级子模块。通过使用互联网，基金会大大降低了处理相关事务的成本，提高了办事效率。页面右侧显示"办事实况"，分别以日、月为单位显示受理数及办结数。

"互动平台"一级子模块中，主要分为"局长信箱""网上咨询""网上投诉""网上征询""在线访谈""网上调查""网上评议"等七个二级子模块。这一部分大大增加了平台的用户友好性，让浏览者从信息的被动接受者转变为信息的反馈者，甚至是主导者，很好地增强了平台的互动性，也意味着信息披露内容会受到更多人的监督。

本平台更加重要的一个功能是"基金会信息披露"功能。在此模块中披露了上海市127家基金会最新版本的年检报告书和审计报告（见图2）。以上海文学发展基金会为例，在年检报告书中，详细列出了基金会基本情况、人员情况、党建情况、涉外活动情况、信息公开情况、内部制度建设，登记、备案事项办理情况，分支机构、代表机构、专项基金机构、办事机构、经营性实体基本情况，财务情况、公益活动情况、年度工作总结、下年度工作计划、审计报告结论、监事意见及接受监督管理的情况。通过披露详细信息，外界可以全面把握该基金会全年的运行管理状况。在审计报告中，该基金会委托上海沪中会计师事务所有限公司进行审计，详细列出该基金会的资产负债表、业务活动表、现金流量表及其他若干项目的收支明细。

基金会的财务情况特别是资金流向情况一直是社会关注的重点，也是基金会信息披露的重点。上海市社会团体管理局要求所辖所有基金会上传并公示其年检报告书和审计报告，向社会公众展示了其所辖基金会的各项信息情况，方便接受社会监督，也更直观地让社会公众了解基金会的情况，促进行业自律，推进行业发展。

2. 上海市募捐信息服务平台

上海市募捐信息服务平台（http://www.shmjxx.org/Index.aspx）是上海市社会团体管理局进行开发及维护，集社会募捐和公益活动的公告、展示、服务、监管等功能于一体的综合性网站。以项目过程为导向，多角度

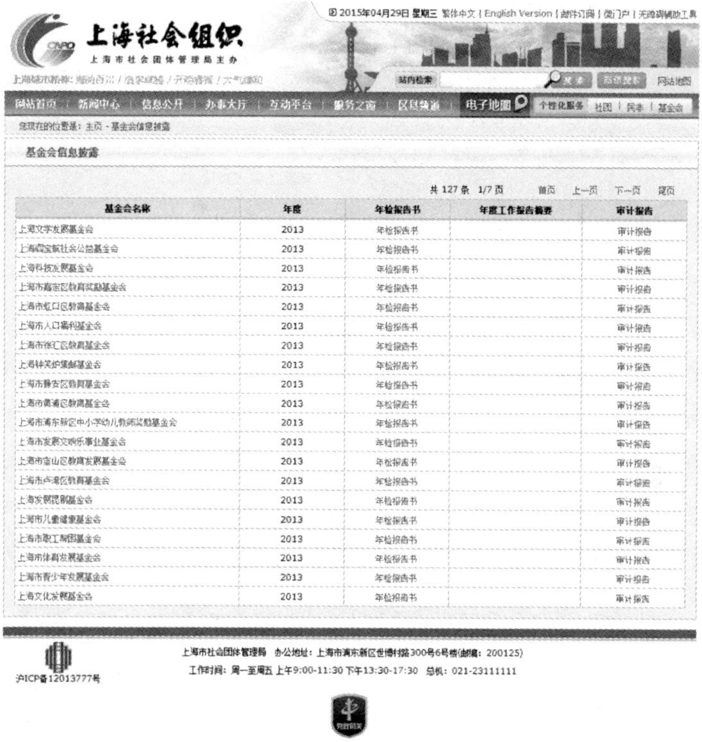

图2　上海市127家基金会最新版本的年检报告书和审计报告列表

资料来源：上海社会组织网（http：//stj. sh. gov. cn/Index. aspx）。

展现了社会募捐和公益活动的各项工作。平台主要分首页、募捐组织、募捐活动、政策法规、监督管理、网上互动和条例问答等七大一级子模块（见图3）。

在"募捐组织"一级子模块中，提供"募捐组织查询"搜索功能，并且可以按照"募捐组织分类"，如救灾、济困、助残等分类对基金会进行查找。当点击"募捐组织"中某基金会时，会在电子地图上显示其位置、名称、地址、电话、网址等简要信息。点击红色坐标点弹出的对话框内的基金会名称，则可以跳入下一界面。将更加详细披露该基金会的基本信息、募捐活动、年检报告书/年度工作报告摘要、审计报告。方便浏览者快速、准确、直观掌握该基金会情况。

图3　上海市募捐信息服务平台

在"募捐活动"一级子模块中，提供"活动查询"功能，同时可以根据"募捐组织类别"如助老、教育、科学等类别进行同类别组织募捐活动浏览。同时也可以以"募捐组织"为查找对象，对某一基金会的募捐活动进行浏览。页面右侧列出正在进行的"募捐活动"，以图文简要信息为主，显示募捐活动的时间起止、活动名称、募捐组织、募捐地点以及募捐活动的简要介绍。点击"募捐活动"下任意一项，以"在路上"——2015 福美·

同济青年学子旅欧城市写生展暨慈善义卖为例，活动详细展现出"募捐活动介绍""募捐方案""募捐情况""募捐财产使用情况"等四项二级子模块。通过四个二级子模块的情况说明和介绍，社会公众可以清楚掌握活动信息。

"政策法规"一级子模块中详细列出了从中央到地方对于慈善组织及其相关活动的法律法规、指导纲领和运行条例等。这些政策法规成为慈善组织运行的准则规范，也使得监管部门和社会公众有法可依，有章可循。

"监督管理"一级子模块中，分为"备案受理情况""违法查处情况""审计抽查情况""年检情况""表彰情况"五个二级子模块。

"网上互动"一级子模块主要分为"咨询""投诉""举报"三个二级子模块。在"投诉"和"举报"的二级子模块中需要填入举报者或者投诉者的姓名、手机号、手机验证码及举报或者投诉的内容，方便后台工作人员的核实与反馈。

"条例问答"一级子模块中，详细列出《上海市募捐条例》相关的问答内容，可以对社会公众就募捐相关知识、事宜进行普及。目前共有 23 条问答，涉及概念解析、流程介绍、法律常识等相关内容。

（四）上海市基金会信息公开平台的效果

1. 促进基金会行业信息透明发展

上海市基金会信息公开平台两个网站上线使用后，上海市基金会信息透明情况得到了进一步的提升。截至 2015 年 5 月已经登记发布募捐活动 88 项，披露年检报告书和审计报告书的基金会达到 120 余家。从中基透明指数的表现来看，上海近些年一直稳居全国前列，且稳中有升。2015 年，上海市基金会 FTI 平均得分为 60.38 分，名列全国各省份第三名，与第二名北京市的 61.60 分仅有 1.22 分的差距，并且明显高于全国的平均值 50.88 分。其中有 7 家基金会获得了满分，在全国范围内表现优异。

从一系列数据及实际表现来看，通过两个网站搭建的信息公开平台进行基金会信息披露的方式已经得到了当地乃至全国的认可，受到了社会的广泛

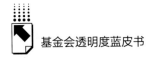

关注。社会的认可和关注意味着更大的压力和责任，在这种压力和责任下，上海市基金会一定会更加努力，进一步完善信息公开相关事宜，做到行业自律、行业自查、行业自纠，从而完成一个正反馈的闭环。并且这种正反馈的力度会越来越大，进一步加快在沪地区基金会的发展。

2. 提高政府监管效率

将基金会信息公开，提高社会公众的监督意识，依靠社会公众的力量对基金会行业进行"多维度"监督，这其实也符合中央"简政放权"的政策。将来自社会的力量和资本交还给社会，政府更多地做引导性和服务性的工作，这样会大大提高政府部门的工作效率。同时社会公众作为第三方，会更加客观，在一定程度上能够避免监管过程中出现的人为事故，可以进一步改善监管效果。

此外，目前上海市所有基金会的相关信息已经录入到两个网站上，这对于政府的信息化建设十分重要。通过信息的收集和采样，政府部门可以建立更加强大的数据库。运用互联网思维，通过大数据对所有基金会进行分类和信息特点抓取，更加方便政府部门对其进行管理，并且将更精细化，更具时效性和针对性。对日益壮大的基金会行业来说，这样的管理手段是必要的。

3. 号召社会公众参与

对基金会来说，特别是公募基金会，社会公众的参与是必不可少的，因为募捐所得的现金、物资大多来自社会公众。在互联网上进行信息公示要远比传统媒介公示效果好，受众群体更加多样，影响范围更加广泛。通过信息披露，一方面可以号召社会公众更多地参与到监督工作中，让每一个捐赠人了解所捐财物的去向，推进基金会行业自律；另一方面也可以让社会公众对基金会更有信心，一定程度上可以提高基金会的公信力，吸引更多的捐赠，从而进一步推进基金会行业的发展。

（五）总结与展望

总体来说，基金会行业在社会组织中基础相对比较好，具有龙头驱动性。目前向社会公开的内容也是三类组织中比较全面的。即使政府不去引导信息公开，社会也会推动其朝此方向发展。从目前来看，上海市基金会透明的发展方向大致会有以下几个方面。

1. 双剑合璧，砥砺而出

对社会公众来说，每次关注上海市基金会相关信息披露都要浏览两个网站，并且两个网站的网址是不一样的，确实会增加寻找信息的成本。不过目前来看，全行业的信息公开还处于一个比较初级的阶段，这个阶段监管部门更加强调"纵向"的信息通畅，即政策与信息从行政级别上的贯通。所以目前看到的两个平台实由政府两个部门进行运营和维护，但两个平台相辅相成，互为补充。下一个阶段，监管部门会更加注重"横向"的信息通畅，从综合监管服务的角度上来看，会更加注重系统的整合。

2. 进一步增加不公开信息的成本

如果说上海市社会组织官方网站是上海市基金会信息公示平台 1.0 版本，那么上海市募捐信息服务平台就是 2.0 版本，而上海市即将推出的上海市社会组织信用信息记录共享平台，可谓是信息公示平台的 3.0 版本。严重失信行为一共有 18 条，其中信息不公开或公布虚假信息就是严重失信行为，将会被记录在案。根据平台上报的年检情况、审计情况以及失信行为记录情况，系统会生成对基金会的评价。评级一共分为四个等级、十个级别，分别是 AAA、AA、A、BBB、BB、B、CCC、CC、C、D。

对于基金会及其他社会组织团体来说，这个信用等级结果相当重要。因为这是判断其是否诚信的重要指标，不仅会影响其本身如募捐等业务的开展，也会影响政府对其政策的制定。其实，信用信息的记录和评价只是增加不公开信息成本的一种体现方式，未来基金会信息公开将成为常态，不公开信息将会变成异类，迟早会被行业和社会所抛弃。

3. 善用媒体力量，增加社会公众的参与度

目前社会公众对基金会信息公开的参与度还是比较低的。上海市基金会信息公开平台后台的工作人员表示，虽然两个网站实现了网上咨询、投诉、建议等互动功能，但是参与的人数十分有限。对基金会的发展来说，约束力和监督压力是行业发展的重要驱动力，没有了约束力和监督压力，行业终究

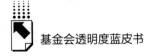

会走向衰败。未来通过媒体和舆论的力量，让更多人了解和参与到基金会信息公开的相关工作中就显得尤为重要，这样可以大大提高基金会的公信力，从而可以募集更多资金完成项目。

总而言之，我国目前的基金会信息公开还处于一个相对初级的阶段。相关的法律政策还在完善中，在这个阶段信息公开的全覆盖就显得尤为重要。政府在这个过程中起到了至关重要的作用。政府应积极倡导基金会进行信息公开，为基金会提供便捷的平台和途径。目前来看，上海市基金会相关管理部门本着主体法定、活动备案、行为规范、信息公开、政府监管的工作原则，积极发挥引导和服务作用，在上海市基金会发展进程中起到了重要的推动作用。信息公开是基金会行业发展的大势所趋。基金会信息接受社会公众的监督，会大大促进行业自律、行业自查、行业自纠，将有力地推动行业的进步，为行业发展提供源源不断的驱动力。

二　新入榜基金会满分案例：北京市永源公益基金会

（一）引言

我国慈善事业飞速发展，公益慈善信息透明的诉求和主流趋势，不仅打破了原有的行业生态，也对新加入的基金会提出了更高的要求。大浪淘沙，一批新成立的基金会逐渐凭借在信息披露方面的严格要求和出色工作走进了人们的视野，在这其中，著名主持人崔永元倡议设立的"北京市永源公益基金会"成为 2013 年唯一一家在成立的第一年便获得中基透明指数 FTI 满分的基金会。

（二）永源公益基金会概况及项目特色

北京市永源公益基金会（英文名 Yongyuan Foundation）于 2013 年 6 月 25 日正式获北京市民政局批准成立，是北京市首家无主管单位的、由民间发起成立的地方性公募基金会，注册资金 420 万元。基金会旨在收集保护历史文化，支持乡村教育，促进文化交流传播。崔永元担任首任理事长，理事成员包括万通投资控股股份有限公司董事长冯仑等社会各界杰出人士。永源公益基金会的业务范围包括口述历史的收集整理，乡村教育的助学帮困以及文化交流与传播，通过开展"口述历史"和"爱飞翔"乡村教师培训等项目的公益活动传递其慈善价值观念。

1. "口述历史"传递历史价值与草根影响

"口述历史"项目是以人物口述、影像记录的方式，收集保护中国近现代发展史中重要历史领域亲历者的口述记忆，填补中国口述历史空白，推动构建中国微观历史的"人民记忆库"[①]。2013 年 12 月，在成立半年之后，永源公益基金会首期捐赠 300 万元资助中国传媒大学崔永元口述历史研究中心开展 2014 年项目。作为基金会目前最大的项目之一，"口述历史"在 2014年增加资助资金，推动合作资助机构在完整项目规划和计划书的指导下，系统开展口述历史收集保护项目。以知青口述史、抗美援朝口述史、民营企业口述史、新中国成立和早期建设参与者口述史和西南联大口述史为主体的"口述历史"项目，不仅仅是简单记录一个历史亲历者的口述，而是提供另一种历史视角，重拾并构设宏大历史时代中的微缩景观，对几十年乃至几百年后的历史文化社会产生深远影响，最大限度体现时间在历史中的价值，保留一个千百年后还能与先人对话的机会。[②]

"家·春秋"大学生口述历史影像记录计划是"口述历史"的另外一个重要组成部分。该计划通过征案比赛、培训和传播，传递"历史在我们身边"的历史观[③]，逐渐在年轻人和普通人中培养抢救身边历史记忆、人人都来做口述史的观念和基本方法，唤起公众对口述历史的重视，也让更多的年

---

① 资料来源：北京市永源公益基金会官方网站，http：//www. yongyuanfoundation. com/ WebSite/Information. aspx？ pid＝24#LCBJ。

② 资料来源：根据 2015 年 4 月 15 日上午对北京市永源公益基金会李国武秘书长的访谈录音整理。

③ 资料来源：根据 2015 年 4 月 15 日上午对北京市永源公益基金会李国武秘书长的访谈录音整理。

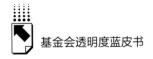

轻人主动传承家族记忆，传递家族情感。

今后一段时间，永源公益基金会将继续以"口述历史"作为其主要工作，不断增加和扩大受资助的合作机构数量、开展大学生家族史、收集大众化体验等，让口述历史更具有社会化特性。

2. "爱飞翔"倡导乡村教育双向慈善模式

"爱飞翔"是通过为乡村一线教育人员设置教育理念、视野、思维和方式的培训项目，希望通过培训对乡村教育起直接作用的人员，不断扩展基础教育培训的普及性。在项目执行上采取自我运作模式，全程使用志愿者和公益力量进行策划与执行。降低了社会公众参与公益的门槛，同时也能让社会公众通过参与公益了解乡村教育，并参与到乡村教育的改善中，得到自我教育和社会价值的体现。① 最终达到受助方（乡村教师与学生）与施助方（社会公众）共同受益的公益目的。社会上现存大多数公益模式并未考虑对施助方的影响，同时现存的以公益为目的的教师培训仍未普及，因此永源公益基金会的"双向慈善"已经成为公益模式的一种创新，在社会上产生了积极影响。

（三）永源公益基金会信息公开的历程

永源公益基金会在信息披露上的优秀表现并非一朝一夕而为，而是来源于日积月累培养起来的公开透明意识。可以说，永源公益基金会自成立至今都十分重视信息公开透明在基金会发展中的重要作用，认同信息披露与组织成长的同步性。

1. 创立期"全透明"的希望与质疑

在成立之初，永源公益基金会便就信息公开进行了内部讨论，基金会管理层都怀着一颗近乎纯粹的心来对待慈善事业，同时由于倡议人崔永元的公众影响力和全社会对于信息公开的强烈诉求，大家最终得到的意见是"全

---

① 资料来源：北京市永源公益基金会官方网站，http://www.yongyuanfoundation.net/WebSite/ProjectList.aspx？pid=47#AFXXCJSPX。

方位"的信息公开,追求一种近乎"全裸"的透明状态。基金会不仅将年度工作报告的全文披露在官网上,其报告细化程度也相当高,甚至将理事会成员出生日期、工作人员学历、主要捐赠者的相关信息披露出来。这些做法不仅超出了其他基金会信息披露的程度,甚至也超出了国家对于公益组织信息披露的合规要求,可以说走在了行业信息披露的最前沿。

想法固然是近乎完美,但真正实施一段时间后就会出现很多问题。比如"爱飞翔"公益项目在每期实施之初需要对受助者(乡村教师)进行体检,为了保证完全透明,基金会将体检等支出情况进行公开披露,马上引发了社会上的一些质疑:为何选择特定医院进行体检而不能选择价格成本相对较低的医院、如何确定被资助对象,等等。永源公益基金会李国武秘书长对此进行了说明:公众有所不知的是基金会与该家医院具有较好的慈善合作关系,合作医院愿意以与商业体检相同标准的优质服务,协助基金会开展体检等相关慈善工作,因此事实是医院以参与式方式提供专业公益支持,而并非以捐赠方式获得公益捐赠收据用以抵扣所得税,该项费用也不在永源基金会业务支出中列支,即并不花费其他捐赠人的捐款。理事长崔永元在接受《新京报》采访时同样提到公众对于乡村项目照片中受助孩子吃肉的质疑。公众质疑究其原因,大多源于相关信息的不对称,同时也来源于公益行业自身的公开特性。这些质疑对基金会内部产生了很大的压力,使得他们开始思索更加完善合理的信息披露方式。

2. 动荡期信息披露的边界与原则

在社会上的"合法"伤害愈演愈烈之时,基金会的正常活动开始受到干扰。基金会成员也逐渐意识到信息披露在整个基金会发展中的定位与作用,同时借鉴其他基金会经验,认为应该在维护行业发展节奏的信息前提下,按照相关原则寻找信息披露的边界,实现"有度"的信息披露模式。永源公益基金会的信息披露主要基于两个原则:完全遵照法律和相关组织制度;完全尊重捐赠人意愿。在完全遵守法律及相关制度方面,基金会不仅做到严格守法,披露时间、披露条目都严格遵守基金会管理条例。甚至连擦边球也不能打,其内部工作人员的薪酬管理全部来自基金会,并无任何其他渠

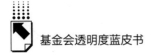

道。在捐赠人方面，基金会事先对接收捐赠的项目以及公开的相关权责进行详细说明，同时在信息公开之前与捐赠者进行充分沟通，最大限度满足捐赠者的捐赠意愿。

3. 稳定期规章制度的完善与发展

经过一段时间的摸索，永源公益基金会逐渐发展出适合自身发展的运营管理和信息披露体系，组织也开始走上平稳的发展阶段。

（1）管理制度规范信息公开。

基金会认为要想真正做到常态化的信息披露和自身管理，必须借助于管理规范的约束。因此基金会设立了包括信息披露制度、理事会制度、理事会议事规则、监事委员会制度、项目管理制度、财务管理制度和人力资源管理制度等一整套规章制度，于 2013 年 8 月第一次理事会议上审议并通过了这些制度，还全部披露在其官方网站上（见图 4）。

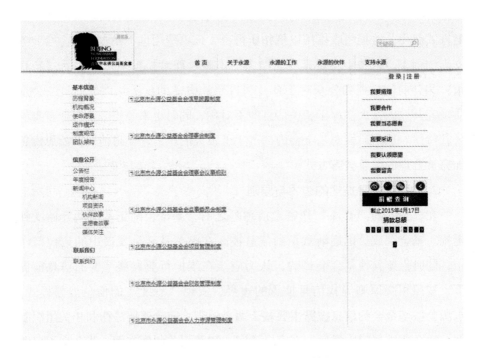

图 4 永源公益基金会官方网站制度披露页面

纵观其制度体系，其特色就是最大限度地将合规化与个性化相结合，同时其制度体系能够具体到相关责任人与具体事件，保证相关制度能够更有效地实施和执行。

永源公益基金会将信息披露制度置于首位，其对于信息披露的认同也体现在总则第一条的表述中："信息披露是基金会的责任与义务。做好信息披露工作是机构专业、可持续发展的重要体现，有利于提高机构公信力及社会影响力。"基金会根据《中华人民共和国公益事业捐赠法》、《基金会管理条例》、《民间非营利组织会计制度》、《基金会信息公布办法》、《基金会年度检查办法》，民政部《关于进一步加强社会捐助信息公示工作的指导意见》、《公益慈善捐助信息公开指引》、《关于规范基金会行为的若干规定》中关于信息披露的要求，最大限度地公开基金会的相关信息。① 其《信息披露制度》还严格规定了信息披露的相关责任，如对秘书长作为信息披露工作的第一责任人进行确认，保证了内部的权责明确原则。

永源公益基金会在制度管理上保持着充分民主、公开的风格，保证多元主体都能参与到基金会及项目管理工作中，同时以多种监督机制保证内部管理。基金会理事会管理制度对理事的所有日常工作及职责进行了详细规定，同时为保证理事机构内部的民主化，专门出台了参考国内外议事经验的《理事会议事规则》，在《规则》中，明确保证理事们群策群力，即任何人包括主要创始人崔永元也无法主导理事会的决策。同时设立监事会，通过独立的监事机构对基金会的日常工作进行监督。

除此之外，《财务管理制度》、《人力资源管理制度》等重要制度中以近乎工作说明书的可操作形式进行说明。规章制度的发展是一个正向循环的过程，永源公益基金会通过不断完善其工作责任制度，推动自身的快速发展。

---

① 资料来源：北京市永源公益基金会官方网站，http：//www.yongyuanfoundation.net/WebSite/Information.aspx？pid＝28#ZDGF。

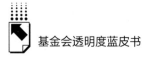

（2）官方网站助力信息披露。

永源公益基金会不仅在对内部的制度上加以规范，在对外部信息可接受性上也进行了完善。这一点在其官方网站上也得到了体现（见图5）。

图5 永源公益基金会官方网站主页

其官方网站设置"关于永源""永源的工作""永源的伙伴""支持永源"四个部分，主要面向公众开展信息公开。

对于公众最为关心的捐款使用问题，永源公益基金会通过项目预算等措施控制募捐规模，以保证善款的最有效利用；在捐款前对捐款流程和捐赠信息进行说明确认，通过线上和线下的方式同步募捐，并可以通过"一键快捐"的方式进行捐款，降低了捐款成本和准入门槛，促进人人公益的发展。捐款结束后，捐赠人可以通过"捐赠查询"模块进行查询（见图6）。

图6　永源公益基金会官方网站捐赠查询页面

该模块对捐赠总额进行动态管理，用户可以了解到更详细的捐赠去向，并可以进行索要票据等相关服务。

（四）永源公益基金会信息披露发展方向

截至2015年4月18日，我国共有各类公益基金会4353家。① 各家基金会都在寻找自身在行业内部的定位，永源公益基金会始终坚持从全新的视角看待公益事业，从事公益活动。其"口述历史"和"爱飞翔"乡村教育项目也致力于开拓慈善事业的公益"蓝海"，创造独特的公益价值。与此同时，永源公益基金会仍存在一些需要解决的问题，由于成立时间不到两年，其作为新成立基金会的使命愿景还没有完全确立，新媒体的使用和人员资产规模仍处于起步阶段，同时在重大动态项目信息披露方面也需要加强。

我们有理由相信永源公益基金会能够不断发展完善，因为我们在其信息披露方面看到了一种对慈善事业积极主动的态度，无论是线上线下、对内对外，他们都努力推动全行业的信息透明。因此，当基金会中心网（CFC）与

① 资料来源：基金会中心网，http://www.foundationcenter.org.cn/。

其沟通加入中基透明指数（FTI）榜单时，永源公益基金会并没有对数据进行太多的二次处理，因此是以几乎"纯天然"的数据公开状况获得满分，这主要来源于其自身对于信息公开透明始终如一的重视、完善和优化。今后，永源公益基金会仍将加强与基金会中心网的沟通，做到信息透明的常态化。

正如永源公益基金会秘书长李国武先生所说："对于我们来说，慈善已经进入我们的血液，是骨子里的东西，停不下来。"[①] 而对于永源公益基金会来说，从诞生之日起，信息的公开透明就已经进入其血液，两者相辅相成，伴随着这支年轻而富有活力的基金会不断成长！

三　分数提升最大的基金会案例：安利公益基金会

（一）引言

随着"企业社会责任"日趋成为社会和谐发展的焦点，商业机构主体也正不断尝试拓宽回馈社会的途径。由企业出资设立的公益基金会如雨后春笋般出现在我国广袤的慈善地图上，它们以科学规范的管理模式和丰富的管理经验为我国慈善行业管理注入了新鲜血液。而通过信息披露建立的社会公信力作为履行社会责任的关键，使得信息公开透明已经成为这类公益基金会工作的重中之重。

安利公益基金会是由安利（中国）日用品有限公司捐资1亿元人民币，根据《基金会管理条例》发起设立的非公募基金会。2011年1月，安利公益基金会经中华人民共和国民政部批准正式登记成立，其以"汇聚爱心，传递温暖，促进人与社会的和谐发展"为宗旨，以"促进中国贫困儿童的平等发展"为目标，在营养和教育领域践行"促进社会和谐，帮助人们实现参

---

① 资料来源：根据2015年4月15日上午对北京市永源公益基金会李国武秘书长的访谈录音整理。

与奉献、共同分享的美好生活；汇聚多方力量，帮助贫困儿童获得更好的生活、教育和发展机会，为他们的未来创造无限可能；通过开展志愿服务活动，传递志愿精神，倡导负责任的生活态度；通过研究、合作、交流等形式，引领公益组织的能力提升，推动中国公益事业的可持续发展"等一系列使命。①

图7　安利公益基金会官方网站主页

在 2013 年全国基金会透明指数（FTI）排行中，安利公益基金会以满分 100 分的 FTI 得分与其他 105 家基金会共同位列全国基金会透明度第 1 名。而在 2012 年，安利公益基金会的透明度得分仅为 75.56 分，排名全国第 133 名。② 2013 年，安利公益基金会通过自身的努力在信息公开方面取得了巨大的进步。

（二）安利公益基金会的项目开展情况

安利公益基金会根据自身定位将主要业务分为三个层次：以营养健康为

① 资料来源：安利公益基金会官方网站主页，http：//www. amwayfoundation. org/zh/about－acf/about－acf. html。

② 资料来源：基金会中心网中基透明指数 FTI 官方网站，http：//fti. foundationcenter. org. cn/。

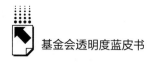
目标的基础公益业务、以教育为目标的发展公益业务和以推动行业成长为目标的高层次公益业务。①

1.以营养健康为目标的基础公益业务

安利公益基金会始终认为营养与健康是平等发展的前提，因此与中国关心下一代工作委员会联合推出"春苗营养计划"，通过为中国中西部贫困省份的农村学校配备"春苗营养厨房"，培训厨房管理员，让孩子能够吃上搭配合理、营养均衡的饭菜。截至2014年9月，该计划共覆盖全国20个省份的230多个县，通过建立3000所"春苗营养厨房"和培训3500名厨房管理员，使得150万名贫困儿童获益。②

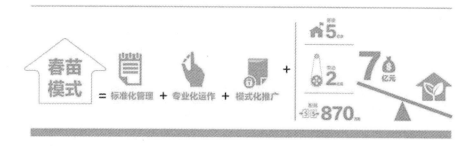

图8　"春苗营养计划"项目示意图

不仅如此，该计划也通过专业化运作、标准化管理和模式化推广相结合的方式在过去三年拉动地方政府投资超过7亿元人民币，获得了社会各界的一致认可。并曾荣获中国慈善领域最高规格的政府奖——"中华慈善奖"等奖项。该项目希望在2014年、2015年新建"春苗营养厨房"2000所，使受益儿童总数达到200万名。这一项目也成为安利公益基金会每年工作投入最大的重点自操作项目（见图8）。

2.以教育为目标的发展公益业务

针对我国教育面临的另一个弱势群体——流动儿童，安利公益基金会与

---

① 资料来源：根据2015年4月28日上午对安利公益基金会彭翔秘书长的访谈录音整理。

② 资料来源：《2013年安利公益基金会年报》，http://www.amwayfoundation.org/content/dam/china/accl/acf/zh/publicity/year‐report/2013安利公益基金会年报.pdf。

中国少年先锋队全国工作委员会合作，启动了以"阳光成长计划"和青少年社区工作站为主的公益项目，旨在促进流动儿童健康成长与全面发展，帮助他们更好地融入社会。针对仍处在义务教育阶段的流动儿童，通过建设"阳光文化活动室"，配备适合儿童阅读的书籍；利用城市重点学校的优质资源，组建打工子弟学校与重点学校学生共同参与的"手拉手——阳光小社团"，建立流动儿童和城市儿童互相交流的校社团平台。针对15岁以上的城市打工子弟，安利公益基金会联合中央综合治理委员会建立青少年社区工作站，提供最基本的普法教育和职业培训（技校、工作）机会。截至2013年年底，该项目累计投资715万元，覆盖了全国31个省份的88所打工子弟学校，共约10万名流动儿童受益。①

3. 以推动行业成长为目标的高层次公益业务

除了针对儿童的公益事业，安利公益基金会也希望能够通过一系列项目推动NGO行业的成长。比如针对社区公益趋势推出的公益人才培养计划，致力于挖掘和培养慈善领袖，提供行业培训，资助个人与机构发展，建立实践导向的慈善人才培养体系。现如今该项目已重点培训100名公益行业从业人员，未来三年内将陆续投入1000万元，打造中国公益慈善界的"黄埔军校"，为公益慈善界源源不断地输送中坚力量。②

（三）安利公益基金会信息披露方面的经验与特色

对安利公益基金会这种带有企业背景的基金会来说，社会对其信息披露的独立性和公益性具有一定的要求和期待。因此自成立至今，安利公益基金会始终在信息公开建设方面高标准严要求，突出其在自身发展中的基础性作用。在符合信息披露相关法规的同时，安利公益基金会通过实施带有自身特色的信息披露举措，促进了自身公信力的快速发展。

---

① 资料来源：2013年安利公益基金会年报，http：//www.amwayfoundation.org/content/dam/china/accl/acf/zh/publicity/year-report/2013安利公益基金会年报.pdf。

② 资料来源：2013年安利公益基金会年报，http：//www.amwayfoundation.org/content/dam/china/accl/acf/zh/publicity/year-report/2013安利公益基金会年报.pdf。

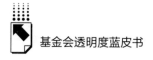

1. 以客户为导向创新信息披露方式

安利公益基金会首先将企业管理经验融入自身发展，将社会大众作为基金会客户，以提供互动友好、人性化的服务体验为目标。中基透明指数 FTI 将信息披露渠道作为其中一个计算指标也凸显了信息披露途径的重要作用。在安利公益基金会成立之初的 2011 年，其率先采用未广泛普及的 Google 地图将业务信息进行可视化标示和公开。以"春苗营养计划"为例，该技术将所有项目学校标注在地图上，同时链接各个学校的档案，包括学校照片视频、资助厨房状况、回访督导等情况，以便于社会公众和捐赠者的查看监督。其次在捐款人方面，安利公益基金会将法律规定的 30 天捐款信息更新周期压缩至每 15 天一次；面对重点捐款人（捐赠一座营养厨房以上）定期进行一对一的项目反馈，通过纸版资料搜集项目进展并邮寄给捐款人。这些做法最大限度地缩小了相关方的信息不对称，在当时是许多基金会远未能做到的。虽然现在许多基金会也采用地图列示的形式进行信息公开，但在当时安利公益基金会的超前做法无疑反映出其在信息公开方面的思考和重视程度。

随着现代科技手段的发展，安利公益基金会的主要信息披露渠道也在与时俱进，不断扩充（见图9）。

官方网站作为主渠道对捐款信息、项目档案、项目地图及基金会其他重要信息进行披露；基金会年报对年度治理、业务活动、财务情况和审计情况进行披露；基金会通讯定期披露基金会一定时期内的重大事项和项目进展情况；其官方微博则主要随时披露项目进展情况及捐款公示情况，回答网友疑问。据基金会秘书长彭翔女士透露，不久之后安利公益基金会将建立微信一体式公众号，整合在线捐款、咨询、提供定制化慈善服务等功能，达到便利最大化的目的。①

2. 以公益绩效评估提升信息披露质量

信息披露虽然能够对基金会的公益规模进行衡量和监督，但并不能很

---

① 资料来源：根据 2015 年 4 月 28 日上午对安利公益基金会彭翔秘书长的访谈录音整理。

安利公益基金会信息披露的主要渠道包括：

安利公益基金会官方网站：披露捐款信息、春苗营养计划项目档案、项目地图及基金会其他重要信息

安利公益基金会年报：披露年度治理、业务活动、财务情况、审计情况等

基金会通讯：定期披露基金会一定时期内的重大事项和项目进展情况

安利公益基金会官方微博：披露基金会项目进展情况及捐款公示情况，回答网友疑问

年报

捐款公示

项目地图

图9 安利公益基金会主要信息披露渠道

好地评估公益质量。安利公益基金会依靠企业管理中社会责任的相关技术，希望能够最大限度地满足公众对于信息的需求，消除社会上对捐款使用情况的质疑。因此在2013年年初邀请北京大学儿童青少年卫生研究所等第三方研究机构，借鉴国际上先进的SROI评估模型开发出符合自身情况的评估体系。[1] 通过量身订制的项目评估模型对公益实施效率进行衡量和公开（见图10）。

该体系主要包括项目直接产出、受助儿童营养改善情况和社会成果货币化三个部分，对项目的量化成果乃至社会成效进行描述。在项目直接产出和营养改善情况方面，对身体测量、实验室检测和问卷调查的前测、后测数据进行对比分析。利用劳累尔指数等指标衡量学生生长发育水平；利用两周患病率和智力等指标衡量学生健康状况和智力水平；利用生长迟滞检出率和消

---

[1] 资料来源：2013年安利公益基金会年报，http://www.amwayfoundation.org/content/dam/china/accl/acf/zh/publicity/year–report/2013安利公益基金会年报.pdf。

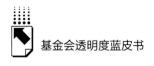
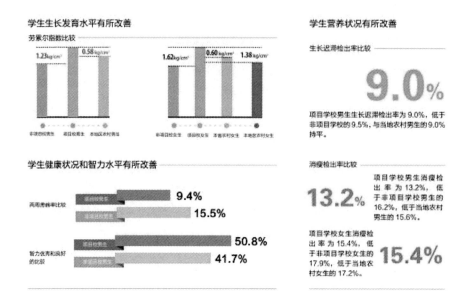

图 10 安利公益基金会项目绩效考核示意图

瘦检出率等指标衡量学生营养状况的改善。在社会成果货币化方面，将人力、物资等投入产出情况进行货币化，二者结合得出项目投入产出比，用以衡量"花钱"效率的高低。

每年的项目评估报告会随着基金会年报进行公示，安利公益基金会在2013 年、2014 年连续两年召开了关于"春苗营养计划"身体指标评估阶段性成果的发布会，将项目成果公布于众。

3. 以"双审计"保障高标准国际化的财务信息披露

由于其发起机构安利集团的国际资源，安利公益基金会一直以国际视野来开展相关慈善工作。在信息披露的关键环节——财务信息披露方面，安利公益基金会采取双保险的财务"双审计"制度保证财务信息披露的公允和准确。不仅聘请了民政部要求的国内会计师事务所进行财务审计，同时还聘请了国际四大会计师事务所之一的安永会计师事务所，按照国际会计标准进行第二轮审计。这一举措不仅保证了财务信息的高度准确性和权威性，从根本上消除了国内环境对于财务信息的质疑。同时提升了基金会在国际平台上的公信力和信誉水平，对于其发展国际业务，在国际环境下获得关注具有重要作用。

4. 与基金会中心网沟通改善信息披露质量

除去自身特色化的透明提升举措，安利公益基金会也与基金会中心网等行业平台保持着很好的联系，主动沟通并参照相关行业准则进行信息披露内容的修改和完善。2014 年，安利公益基金会参照基金会中心网的评价标准对官方网站架构等进行了一定程度的改版，将深层数据进行了重新规划，促进自身在 FTI 上的分数提升。同时在 FTI 排名上的巨大进步也给安利公益基金会带来了正向反馈，不仅增强了内部治理的信心，在与国际机构的合作中，自身专业性的被认可度也得到了提升。

依靠安利公益基金会等一批具有国际背景、企业发起的基金会的努力，先进的企业管理的意识正逐步渗透进我国慈善事业的发展中，并起到越来越重要的作用。

（四）总结与展望

安利公益基金会致力于成为中国非公募基金会行业的领军品牌，并为此提出了三大发展战略：专注、创新和开放。[1] 专注意味着集中优势资源打造基金会的核心能力，为行业提供不一样的经验和智慧；创新意味着紧跟发展潮流，依托新技术赢得更多人的认可和支持；开放则意味着更积极地投入行业建设，同时拓宽国内国际市场的对接渠道。这些战略同样适用于其信息公开建设，今后一段时间安利公益基金会应继续专注于特色的信息公开手段和机制，同时不断开拓和挖掘新的信息披露形式，最终以自身信息透明带动行业信息公开国际化，与国外先进信息披露机制协调发展。这个目标任重而道远，安利公益基金会今后将在官网信息公开的完整性等细节上进行完善，不

---

[1] 资料来源：《2013 年安利公益基金会年报》，http：//www. amwayfoundation. org/content/dam/china/accl/acf/zh/publicity/year－report/2013 安利公益基金会年报. pdf。

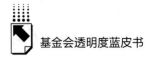

断夯实自身发展的脚步。

在访谈中，安利公益基金会秘书长彭翔女士引用了基金会颜志荣主席的一句话："凡是值得做的事情都值得把它做到最好，既然投入大量人力物力，就要做成一流基金会。"[①] 我们相信这不仅是每一个安利公益基金会人的信念，更是一种坚守，一种对公益慈善梦想的坚守！

---

① 资料来源：根据 2015 年 4 月 28 日上午对安利公益基金会彭翔秘书长的访谈录音整理。

附录一　相关法律法规

国务院关于促进慈善事业健康发展的指导意见

（国发〔2014〕61 号）

各省、自治区、直辖市人民政府，国务院各部委、各直属机构：

改革开放以来，我国慈善事业蓬勃兴起，以慈善组织为代表的各类慈善力量迅速发展壮大，社会慈善意识明显增强，各类慈善活动积极踊跃，在灾害救助、贫困救济、医疗救助、教育救助、扶老助残和其他公益事业领域发挥了积极作用。但是，我国慈善事业依然存在政策法规体系不够健全、监督管理措施不够完善、慈善活动不够规范、社会氛围不够浓厚、与社会救助工作衔接不够紧密等问题，影响了慈善事业的健康发展。根据党的十八大、十八届三中、四中全会精神和国务院决策部署，为进一步加强和改进慈善工作，统筹慈善和社会救助两方面资源，更好地保障和改善困难群众民生，现提出以下意见。

一、总体要求

（一）指导思想。以邓小平理论、"三个代表"重要思想、科学发展观为指导，坚持政府推动、社会实施、公众参与、专业运作，鼓励支持与强化监管并重，推动慈善事业健康发展，努力形成与社会救助工作紧密衔接，在扶贫济困、改善民生、弘扬中华民族传统美德和社会主义核心价值观等方面充分发挥作用的慈善事业发展新格局。

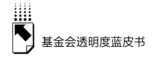

（二）基本原则。

突出扶贫济困。鼓励、支持和引导慈善组织和其他社会力量从帮助困难群众解决最直接、最现实、最紧迫的问题入手，在扶贫济困、为困难群众救急解难等领域广泛开展慈善帮扶，与政府的社会救助形成合力，有效发挥重要补充作用。

坚持改革创新。在慈善事业体制机制、运行方式、慈善事业与社会救助对接等方面大胆探索，畅通社会各方面参与慈善和社会救助的渠道，大力优化慈善事业发展环境，使各类慈善资源、社会救助资源充分发挥作用。

确保公开透明。慈善组织以及其他社会力量开展慈善活动，要充分尊重捐赠人意愿，依据有关规定及时充分公开慈善资源的募集、管理和使用情况。慈善组织要切实履行信息公开责任，接受行政监督、社会监督和舆论监督。

强化规范管理。加快完善相关法规政策，规范和引导慈善事业健康发展。依法依规对自然人、法人和其他组织开展的慈善活动进行监管，及时查处和纠正违法违规活动，确保慈善事业在法制化轨道上运行。

（三）发展目标。到2020年，慈善监管体系健全有效，扶持政策基本完善，体制机制协调顺畅，慈善行为规范有序，慈善活动公开透明，社会捐赠积极踊跃，志愿服务广泛开展，全社会支持慈善、参与慈善的氛围更加浓厚，慈善事业对社会救助体系形成有力补充，成为全面建成小康社会的重要力量。

二、鼓励和支持以扶贫济困为重点开展慈善活动

扶贫济困是慈善事业的重要领域，在政府保障困难群众基本生活的同时，鼓励和支持社会力量以扶贫济困为重点开展慈善活动，有利于更好地满足困难群众多样化、多层次的需求，帮助他们摆脱困境、改善生活，形成慈善事业与社会救助的有效衔接和功能互补，共同编密织牢社会生活安全网。

（一）鼓励社会各界开展慈善活动。

鼓励社会各界以各类社会救助对象为重点，广泛开展扶贫济困、赈灾救孤、扶老助残、助学助医等慈善活动。党政机关、事业单位要广泛动员干部职工积极参与各类慈善活动，发挥带头示范作用。工会、共青团、妇联等人民团体要充分发挥密切联系群众的优势，动员社会公众为慈善事业捐赠资金、物资和提供志愿服务等。各全国性社会团体在发挥自身优势、开展慈善活动时，要主动接受社会监督，在公开透明、规范管理、服务困难群众等方面作出表率。各类慈善组织要进一步面向困难群体开展符合其宗旨的慈善活动。倡导各类企业将慈善精神融入企业文化建设，把参与慈善作为履行社会责任的重要方面，通过捐赠、支持志愿服务、设立基金会等方式，开展形式多样的慈善活动，在更广泛的领域为社会作出贡献。鼓励有条件的宗教团体和宗教活动场所依法依规开展各类慈善活动。提倡在单位内部、城乡社区开展群众性互助互济活动。充分发挥家庭、个人、志愿者在慈善活动中的积极作用。

（二）鼓励开展形式多样的社会捐赠和志愿服务。

鼓励和支持社会公众通过捐款捐物、慈善消费和慈善义演、义拍、义卖、义展、义诊、义赛等方式为困难群众奉献爱心。探索捐赠知识产权收益、技术、股权、有价证券等新型捐赠方式，鼓励设立慈善信托，抓紧制定政策措施，积极推进有条件的地方开展试点。动员社会公众积极参与志愿服务，构建形式多样、内容丰富、机制健全、覆盖城乡的志愿服务体系。倡导社会力量兴办公益性医疗、教育、养老、残障康复、文化体育等方面的机构和设施，为慈善事业提供更多的资金支持和服务载体。加快出台有效措施，引导社会公众积极捐赠家庭闲置物品。广泛设立社会捐助站点，创新发展慈善超市，发挥网络捐赠技术优势，方便群众就近就便开展捐赠。

（三）健全社会救助和慈善资源信息对接机制。

要建立民政部门与其他社会救助管理部门之间的信息共享机制，同时建立和完善民政部门与慈善组织、社会服务机构之间的衔接机制，形成社会救助和慈善资源的信息有效对接。对于经过社会救助后仍需要帮扶的救助对象，民政部门要及时与慈善组织、社会服务机构协商，实现政府救助与社会帮扶有机结合，做到因情施救、各有侧重、互相补充。社会救助信息和慈善资源信息应同时向审计等政府有关部门开放。

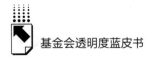

（四）落实和完善减免税政策。

落实企业和个人公益性捐赠所得税税前扣除政策，企业发生的公益性捐赠支出，在年度利润总额 12% 以内的部分，准予在计算应纳税所得额时扣除；个人公益性捐赠额未超过纳税义务人申报的应纳税所得额 30% 的部分，可以从其应纳税所得额中扣除。研究完善慈善组织企业所得税优惠政策，切实惠及符合条件的慈善组织。对境外向我国境内依法设立的慈善组织无偿捐赠的直接用于慈善事业的物资，在有关法律及政策规定的范围内享受进口税收优惠。有关部门要大力宣传慈善捐赠减免税的资格和条件。

（五）加大社会支持力度。

鼓励企事业单位为慈善活动提供场所和便利条件、按规定给予优惠。倡导金融机构根据慈善事业的特点和需求创新金融产品和服务方式，积极探索金融资本支持慈善事业发展的政策渠道。支持慈善组织为慈善对象购买保险产品，鼓励商业保险公司捐助慈善事业。完善公益广告等平台的管理办法，鼓励新闻媒体为慈善组织的信息公开提供帮助支持和费用优惠。

三、培育和规范各类慈善组织

慈善组织是现代慈善事业的重要主体，大力发展各类慈善组织，规范慈善组织行为、确保慈善活动公开透明，是促进慈善事业健康发展的有效保证。

（一）鼓励兴办慈善组织。优先发展具有扶贫济困功能的各类慈善组织。积极探索培育网络慈善等新的慈善形态，引导和规范其健康发展。稳妥推进慈善组织直接登记，逐步下放符合条件的慈善组织登记管理权限。地方政府和社会力量可通过实施公益创投等多种方式，为初创期慈善组织提供资金支持和能力建设服务。要加快出台有关措施，以扶贫济困类项目为重点，加大政府财政资金向社会组织购买服务力度。

（二）切实加强慈善组织自我管理。慈善组织要建立健全内部治理结构，完善决策、执行、监督制度和决策机构议事规则，加强内部控制和内部审计，确保人员、财产、慈善活动按照组织章程有序运作。基金会工作人员工资福利和行政办公支出等管理成本不得超过当年总支出的 10%，其他慈善组织的管理成本可参照基金会执行。列入管理成本的支出类别按民政部规定执行。捐赠协议约定从捐赠财产中列支管理成本的，可按照约定执行。

（三）依法依规开展募捐活动。引导慈善组织重点围绕扶贫济困开展募捐活动。具有公募资格的慈善组织，面向社会开展的募捐活动应与其宗旨、业务范围相一致；新闻媒体、企事业单位等和不具有公募资格的慈善组织，以慈善名义开展募捐活动的，必须联合具有公募资格的组织进行；广播、电视、报刊及互联网信息服务提供者、电信运营商，应当对利用其平台发起募捐活动的慈善组织的合法性进行验证，包括查验登记证书、募捐主体资格证明材料。慈善组织要加强对募捐活动的管理，向捐赠者开具捐赠票据，开展项目所需成本要按规定列支并向捐赠人说明。任何组织和个人不得以慈善名义敛财。

（四）严格规范使用捐赠款物。慈善组织应将募得款物按照协议或承诺，及时用于相关慈善项目，除不可抗力或捐赠人同意外，不得以任何理由延误。未经捐赠人同意，不得擅自更改款物用途。倡导募用分离，制定有关激励扶持政策，支持在款物募集方面有优势的慈善组织将募得款物用于资助有服务专长的慈善组织运作项目。慈善组织要科学设计慈善项目，优化实施流程，努力降低运行成本，提高慈善资源使用效益。

（五）强化慈善组织信息公开责任。

公开内容。慈善组织应向社会公开组织章程、组织机构代码、登记证书号码、负责人信息、年度工作报告、经审计的财务会计报告和开展募捐、接受捐赠、捐赠款物使用、慈善项目实施、资产保值增值等情况以及依法应当公开的其他信息。信息公开应当真实、准确、完整、及时，不得有虚假记载、误导性陈述或者重大遗漏。对于涉及国家安全、个人隐私等依法不予公开的信息和捐赠人或受益人与慈善组织协议约定不得公开的信息，不得公开。慈善组织不予公开的信息，应当接受政府有关部门的监督检查。

公开时限。慈善组织应及时公开款物募集情况，募捐周期大于 6 个月的，应当每 3 个月向社会公开一次，募捐活动结束后 3 个月内应全面公开；

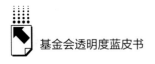
应及时公开慈善项目运作、受赠款物的使用情况，项目运行周期大于 6 个月的，应当每 3 个月向社会公开一次，项目结束后 3 个月内应全面公开。

公开途径。慈善组织应通过自身官方网站或批准其登记的民政部门认可的信息网站进行信息发布；应向社会公开联系方式，及时回应捐赠人及利益相关方的询问。慈善组织应对其公开信息和答复信息的真实性负责。

四、加强对慈善组织和慈善活动的监督管理

（一）加强政府有关部门的监督管理。

民政部门要严格执行慈善组织年检制度和评估制度。要围绕慈善组织募捐活动、财产管理和使用、信息公开等内容，建立健全并落实日常监督检查制度、重大慈善项目专项检查制度、慈善组织及其负责人信用记录制度，并依法对违法违规行为进行处罚。财政、税务部门要依法对慈善组织的财务会计、享受税收优惠和使用公益事业捐赠统一票据等情况进行监督管理。其他政府部门要在各自职责范围内对慈善组织和慈善活动进行监督管理。

（二）公开监督管理信息。民政部门要通过信息网站等途径向社会公开慈善事业发展和慈善组织、慈善活动相关信息，具体包括各类慈善组织名单及其设立、变更、评估、年检、注销、撤销登记信息和政府扶持鼓励政策措施、购买社会组织服务信息、受奖励及处罚信息、本行政区域慈善事业发展年度统计信息以及依法应当公开的其他信息。

（三）强化慈善行业自律。要推动建立慈善领域联合型、行业性组织，建立健全行业标准和行为准则，增强行业自我约束、自我管理、自我监督能力。鼓励第三方专业机构根据民政部门委托，按照民政部门制定的评估规程和评估指标，对慈善组织开展评估。相关政府部门要将评估结果作为政府购买服务、评选表彰的参考依据。

（四）加强社会监督。畅通社会公众对慈善活动中不良行为的投诉举报渠道，任何单位或个人发现任何组织或个人在慈善活动中有违法违规行为的，可以向该组织或个人所属的慈善领域联合型、行业性组织投诉，或向民政部门及其他政府部门举报。相关行业性组织要依据行业自律规则，在职责范围内及时协调处理投诉事宜。相关政府部门要在各自职责范围内及时调查核实，情况属实的要依法查处。切实保障捐赠人对捐赠财产使用情况的监督权利，捐赠人对慈善组织、其他受赠主体和受益人使用捐赠财产持有异议的，除向有关方面投诉举报外，还可以依法向人民法院提起诉讼。支持新闻媒体对慈善组织、慈善活动进行监督，对违法违规及不良现象和行为进行曝光，充分发挥舆论监督作用。

（五）建立健全责任追究制度。民政部门作为慈善事业主管部门，要会同有关部门建立健全责任追究制度。对慈善组织按照"谁登记、谁管理"的原则，由批准登记的民政部门会同有关部门对其违规开展募捐活动、违反约定使用捐赠款物、拒不履行信息公开责任、资助或从事危害国家安全和公共利益活动等违法违规行为依法进行查处；对于慈善组织或其负责人的负面信用记录，要予以曝光。对其他社会组织和个人按照属地管辖的原则，由所在地的民政部门会同有关部门对其以慈善为名组织实施的违反法律法规、违背公序良俗的行为和无正当理由拒不兑现或不完全兑现捐赠承诺、以诽谤造谣等方式损害慈善组织及其从业人员声誉等其他违法违规行为依法及时查处。对政府有关部门及其工作人员滥用职权、徇私舞弊或者玩忽职守、敷衍塞责造成严重后果的，要依法追究责任。

五、加强对慈善工作的组织领导

（一）建立健全组织协调机制。各级政府要将发展慈善事业作为社会建设的重要内容，纳入国民经济和社会发展总体规划和相关专项规划，加强慈善与社会救助、社会福利、社会保险等社会保障制度的衔接。各有关部门要建立健全慈善工作组织协调机制，及时解决慈善事业发展中遇到的突出困难和问题。

（二）完善慈善表彰奖励制度。国家对为慈善事业发展作出突出贡献、社会影响较大的个人、法人或者组织予以表彰。民政部要根据慈善事业发展的实际情况，及时修订完善"中华慈善奖"评选表彰办法，组织实施好评选表彰工作，在全社会营造良好的慈善氛围。各省（区、市）人民政府可按国家有关规定建立慈善表彰奖励制度。要抓紧出台有关措施，完善公民志愿服务记录制度，按照国家有关规定建立完善志愿者嘉许和回馈制度，鼓励

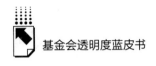
更多的人参加志愿服务活动。

（三）完善慈善人才培养政策。要加快培养慈善事业发展急需的理论研究、高级管理、项目实施、专业服务和宣传推广等人才。加强慈善从业人员劳动权益保护和职业教育培训，逐步建立健全以慈善从业人员职称评定、信用记录、社会保险等为主要内容的人力资源管理体系，合理确定慈善行业工作人员工资待遇水平。

（四）加大对慈善工作的宣传力度。要充分利用报刊、广播、电视等媒体和互联网，以群众喜闻乐见的方式，大力宣传各类慈行善举和正面典型，以及慈善事业在服务困难群众、促进社会文明进步等方面的积极贡献，引导社会公众关心慈善、支持慈善、参与慈善。要着力推动慈善文化进机关、进企业、进学校、进社区、进乡村，弘扬中华民族团结友爱、互助共济的传统美德，为慈善事业发展营造良好社会氛围。

各省（区、市）人民政府要根据本意见要求，结合实际，研究制定配套落实政策。国务院相关部门要根据本部门职责研究制定具体政策措施。民政部要会同有关部门加强对本意见执行情况的监督检查，及时向国务院报告。

国务院

2014 年 11 月 24 日

民政部　财政部关于加强社会组织反腐倡廉工作的意见

（民发〔2014〕227 号）

各省、自治区、直辖市民政厅（局）、财政厅（局），新疆生产建设兵团民政局、财政局：

社会组织是党和政府联系人民群众的桥梁和纽带，是国家治理体系和治理能力现代化的有机组成部分。社会组织反腐倡廉工作，既是改革社会组织管理制度、促进社会组织健康有序发展的必然要求，又是加强和创新社会治理、建立健全覆盖全社会的惩治和预防腐败体系的重要内容。为深入贯彻落实党的十八大，十八届二中、三中、四中全会精神和国务院第二次廉政工作会议要求，现就加强社会组织反腐倡廉工作提出以下意见。

一、健全社会组织民主机制。社会组织要以章程为核心，建立健全现代法人治理结构和运行机制。落实民主选举、差额选举制度，扩大直选范围。规范社会组织民主议事、民主决策的范围、程序和方法。涉及社会组织人、财、物等重大事项的决策，要经过民主程序，不得由个人专断。进行改选换届的会员（代表）大会、理事会须有符合法定人数的会员（代表）、理事出席方能召开，不得以通讯方式召开。会员（代表）大会、理事会民主决议事项，不得以鼓掌方式进行表决。鼓励选举企业家担任行业协会商会理事长（会长）。探索实行行业协会商会理事长（会长）轮值制。社会组织要设立监事会或者监事，建立健全内部监督约束机制。推进社会组织诚信建设，建立社会组织信用体系，提高社会组织自治自律水平。

二、加强社会组织财务管理。社会组织要按照《中华人民共和国会计法》和《民间非营利组织会计制度》（财会〔2004〕7号）等规定，严格财务管理。社会组织财务收支必须全部纳入单位法定账户，不得使用其他单位或个人的银行账户进行账务往来，不得账外建账，不得设立"小金库"。社会组织分支（代表）机构不得开设银行基本账户。以社会组织分支（代表）机构名义举办的会议、展览、培训等各类活动所发生的经费往来，必须纳入社会组织法定账户统一管理，不得进入其他单位或个人账户。社会组织不得将自身经费收支与行政机关及企事业单位经费收支混管，不得将收入用于弥补行政经费不足或发放行政机关工作人员各项补贴。社会组织对承接政府职能转移和政府购买服务的经费，要专款专用，不得违规使用。社会组织各项收入除用于组织管理成本和其他合理支出外，应当全部用于章程规定的非营利性事业，盈余不得分配。社会组织财务人员应持证上岗，会计不得兼任出纳，社会组织负责人直系亲属不得担任会计、出纳。社会组织应定期向会员（代表）大会、理事会报告财务收支情况，自觉接受监督。

三、规范社会组织商业行为。社会组织开展经营服务性收费项目，不得转包或者委托与社会组织负责人、分支（代表）机构负责人有直接利益关系的企事业单位或其它组织实施。社会组织应当在资产、机构、人员等方面与所举办经济实体分开，和所举办经济实体之间发生经济往来，应当按照等价交换的原则收取价款、支付费用。社会团体依法所得不得投入会员企业进行营利。社会团体不得通过转包、承包等方式，向其分支（代表）机构、专项基金管理机构收取或者变相收取管理费用。基金会不得资助以营利为目的开展的活动，不得直接宣传、促销、销售企业的产品和品牌，不得为企业及其产品提供信誉和质量担保。社会组织不得利用业务主管部门影响或者行政资源牟利、不得利用所掌握的会员信息、行业数据、捐赠人和受赠人信息等不当牟利。社会组织不得违反规定设立评比达标表彰项目和进行收费，严禁以各种方式强制企业或者个人入会、摊派会费、派捐索捐、强拉赞助。

四、实行社会组织信息公开制度。基金会要严格按规定向社会公开公益活动和募集资金的详细使用计划，公益资助项目的申请、评审程序，以及年度工作报告和财务审计报告等信息。社会团体要主动向会员公开年度工作报告、财务工作报告、会费收支情况以及经理事会研究认为有必要向会员公开的其他信息，向社会公开登记事项、章程、组织机构、接受捐赠、承接政府转移职能以及政府购买服务事项等信息。民办非企业单位要重点向服务对象公开服务承诺、服务收费标准等信息。各级登记管理机关要制定社会组织信息公开办法，建立或者利用有公信力的公共信息平台，为社会组织发布信息和社会监督创造条件。

五、强化社会组织审计和执法监督。对社会组织使用的财政资金以及接受社会捐赠、资助的资金，审计机关依法加强审计监督。对社会组织依法获取的其他收入，通过社会审计机构依法进行审计监督。社会组织要按规定进行年度审计、换届审计和法定代表人离任审计，并将审计结论向会员（代表）大会或者理事会、监事会（监事）报告。登记管理机关根据工作需要对社会组织进行专项审计。对于违背注册会计师执业准则，帮助社会组织做假账、假报表和出具虚假审计报告的会计师事务所，登记管理机关一经发现，要通报财政部门和注册会计师行业组织，并由相关部门和单位给予相应处分。加强对社会组织反腐倡廉建设工作的监督检查，加大执法查处力度。完善投诉举报受理机制，畅通社会监督渠道。发现社会组织存在腐败隐患的，及时督促整改；确有违法违纪行为的，交由相关机关依纪依法对直接责任人和相关人员给予相应党纪政纪处分，构成犯罪的，依法追究刑事责任。

六、加强社会组织廉洁自律教育。社会组织要把廉洁自律教育作为一项基础性工作，常抓不懈，着力增强教育的针对性和实效性。社会组织法定代表人为本组织反腐倡廉工作第一责任人。要深入开展中国特色社会主义和中国梦教育、理想信念和宗旨教育、社会主义核心价值体系教育，加强党纪国法、廉政法规和道德教育。社会组织党组织要推动党员干部严格执行廉洁自律规定，落实党内监督制度，充分发挥党员干部的模范引导作用。社会组织要加强廉洁文化建设，将廉洁自律理念融入到各项工作中去。

各地、各单位要高度重视，加强组织领导，做好统筹协调，按照本意见要求，落实好加强社会组织反腐倡廉工作的各项任务。各级民政部门要严格按照中央有关文件精神，加强社会组织负责人任（兼）职审核，对未按规定报批的领导干部，不得办理相关手续。各级民政、财政等部门要建立工作联动机制，形成工作合力，加强工作研究，采取有力措施，不断解决社会组织反腐倡廉工作中遇到的新情况、新问题，确保社会组织健康有序发展。

民政部　财政部

2014 年 11 月 6 日

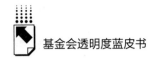

附录二　中基透明指数指标及算法详解

编制机构：基金会中心网；

手册版本：2015 年第 1 版；

网址：www. FTI. org. cn。

一　手册用户

基金会工作人员。

二　手册用途

1. 介绍中基透明指数 FTI 指标含义，指导基金会提升中基透明指数 FTI 得分与排名；

2. 展示各指标的模范基金会样板，提供信息更新的参考依据；

3. 进一步了解中基透明指数 FTI 指标体系和计算方法。

三　透明度提升总体原则

1. 完整披露 2013 年度基金会工作报告：中基透明指数 FTI 指标主要来自于民政登记机关要求基金会报送的年度工作报告模板，其中主要财务信息和主要项目信息的评分完全依靠 2013 年度报告的填写和披露情况而定。所以，建议完整填写 2013 年度报告并在互联网上公开报告全文，这样会大幅提升基金会的透明度分数和排名。

（1）建立基金会官方网站：一方面，中基透明指数 FTI 指标中反映基金会信息化建设水平的指标，没有官方网站的基金会将完全损失这些分数；

另一方面，根据透明指数分值的计算方法，引入披露渠道这一参数，通过基金会官方网站披露参数值为 1.2 分，通过其他渠道披露参数值为 0.8 分，即同样披露一项指标，通过官网披露的分值将是通过其他渠道披露分值的 1.5 倍。所以，建议基金会建立自身官方网站，并在网站上建立信息披露栏目、项目展示栏目、捐赠方查询模块等。基金会中心网提供网站建设等服务。

（2）信息完善后告知基金会中心网：中基透明指数 FTI 中各基金会的分数和名次每月更新一次，全国基金会的透明度排名会随之发生变化。虽然基金会中心网的工作人员日常会观察各基金会的最新信息披露情况，但我们还是建议基金会信息完善后及时告知基金会中心网，可以保证第一时间反映基金会的新的透明度分数和排名。

四 计算方法

中基透明指数 FTI 总分等于 41 个指标的分数之和，满分 100 分，其中基本信息总分为 13.2 分，财务信息总分为 24 分，项目信息总分为 39.2 分，捐赠信息及内部建设信息总分为 23.6 分。

中基透明指数 FTI 分数将由四个参数决定，包括：指标是否披露（T_i）、指标权重（W_i）、信息披露渠道（S_i）和信息披露的完整程度（C_i）。某家基金会的透明度分数 FTI_n 等于单个指标对应的四个参数的乘积的合计，公式如下：

$$FTI_n = \sum (T_i \times W_i \times S_i \times C_i)$$

其中，n 表示基金会序号，如 1，2，3，等等；i 表示指标序号，值为 $1 \sim 41$；T_i 表示第 i 个三级指标是否披露，值为 0 或 1；W_i 表示第 i 个三级指标的权重，值范围为 $1 \sim 9$；S_i 表示第 i 个指标的信息来源，来源于官方网站时 S_i 值为 1.2 分，来源于其他渠道时 S_i 值为 0.8 分；C_i 表示第 i 个指标信息披露完整度，值为 $0 \sim 1$，完整度越高值越接近 1（该参数仅应用于主要项

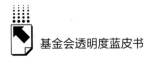

目信息分数的计算）。

为了快速理解指标和计算方法，请基金会工作人员参照表 1 具体描述和模范基金会的案例参考。

因部分 2013 年成立的基金会不需要提交 2013 年度工作报告，而且 2013 年以后成立的基金会无 2013 年度工作报告，所以默认只包含 2013 年 1 月 1 日前成立的基金会，2013 年 1 月 1 日之后成立的基金会可以自愿加入，向基金会中心网提供相关数据信息。

五　较上一版指标及算法详解变动说明

1. 去掉 6 个指标

考虑到基金会管理实践和行业最新发展情况，结合中基透明指数 FTI 一年多的运营推动效果，部分指标的披露率已达到或接近 100%，因此去掉成立时间、登记证号、理事会职务、理事薪酬、受助方公示模块和微博共 6 个指标。

2. 调高 7 项指标的权重

近年来，基金会资金流向的信息披露越来越受到社会各界的关注，此次调整主要提升了项目信息的权重，具体调整如下：降低三项管理制度权重的同时提升项目的权重，项目管理制度、财务管理制度、人事管理制度的权重下调为 2 分，项目概述、项目地点、项目活动领域的权重上调为 3 分，项目支出权重上调为 9 分。

表 1　指标及算法详解

类别	指标	权重（分）	说明	模范基金会样板
1. 基本信息	1.1 宗旨	2	年度工作报告中的填写宗旨；通过机构官网披露，分数为 2×1.2=2.4 分；通过其他渠道披露，分数为 2×0.8=1.6 分；没有披露，分数为 0 分（建议通过官方网站披露机构宗旨）	中华少年儿童慈善救助基金会（http://www.ccafc.org.cn/templates/T_Common/index.aspx?nodeid=503）
	1.2 原始基金	1	年度工作报告中的填写的原始基金数额；评分和建议参考关于宗旨的说明	中华少年儿童慈善救助基金会（http://www.ccafc.org.cn/templates/T_Common/index.aspx?nodeid=11）
	1.3 秘书长简历	1	现任秘书长的工作简历；评分和建议参考关于宗旨的说明	南都公益基金会（http://www.naradafoundation.org/html/yzjg/index.html）
	1.4 全职员工数量	1	2013 年度工作报告中全职员工总数；评分和建议参考关于宗旨的说明	中国人口福利基金会（http://www.cpwf.org.cn/files/download/20140728/1406537 1499899031.pdf）
	1.5 原始基金出资方	1	为基金会成立提供注册资金的单位或个人；评分和建议参考关于宗旨的说明	南都公益基金会
	1.6 联系电话	1	基金会的联系电话；评分和建议参考关于宗旨的说明	海南成美慈善基金会（http://www.cmjh.com/Contact.aspx）
	1.7 办公地址	1	基金会实际办公地址；评分和建议参考关于宗旨的说明	海南成美慈善基金会
	1.8 理事姓名	1	现任理事会的理事姓名；评分和建议参考关于宗旨的说明	中国青少年发展基金会（http://www.cydf.org.cn/benjielishihui/）
	1.9 理事工作单位	1	现任理事会的理事单位；评分和建议参考关于宗旨的说明	中国青少年发展基金会

续表

类别	指标	权重(分)	说明	模范基金样板
1.基本信息	1.10 章程	1	规定基金会活动范围和管理制度的文件:通过机构官网披露，分数为1×1.2=1.2分;通过其他渠道披露，分数为1×0.8=0.8分;没有披露，分数为0分	上海市慈善基金会(http://www.scf.org.cn/csjh/n2754/n2755/u1ai59408.html)
2.财务信息	2.1 审计报告	4	电子扫描版会计师事务所审计的2013年度审计报告(应至少包括基金会的基本情况,基本数据及三大财务报表,会计师事务所的签名盖章):通过基金会官网披露，分数为4×1.2=4.8;通过其他渠道披露，分数为4×0.8=3.2;没有披露，分数为0分	中国光华科技基金会(http://www.ghsf.org/xinxipilu/shenjibaogao/2229-2013.html)
	2.2 捐赠收入	2	2013年度工作报告全文或摘要审计报告中的业务活动表中填写的捐赠收入数额:通过基金会官网披露，分数为2×1.2=2.4;通过其他渠道披露，分数为2×0.8=1.6;没有披露，分数为0分	中国残疾人福利基金会(http://www.cfdp.org/wxzl/content/2014-05/21/content-30457384.htm)
	2.3 公益事业支出	2	2013年度工作报告全文或摘要中的公益事业支出数额:评分规则参考关于捐赠收入的说明	中国残疾人福利基金会
	2.4 总资产	1	2013年度工作报告全文或摘要中的总资产数额:评分规则参考关于捐赠收入的说明	中国残疾人福利基金会
	2.5 净资产	1	2013年度工作报告全文或摘要中的净资产数额:评分规则参考关于捐赠收入的说明	中国残疾人福利基金会
	2.6 总收入	1	2013年度工作报告全文或摘要中的总收入数额:评分规则参考关于捐赠收入的说明	中国残疾人福利基金会

续表

类别	指标	权重（分）	说明	模范基金会样板
	2.7 投资收益	1	2013 年度工作报告全文或摘要中的投资收益数额：评分规则参考关于捐赠收入的说明	中国残疾人福利基金会
	2.8 政府补助收入	1	2013 年度工作报告全文或摘要中的政府补助收入数额：评分规则参考关于捐赠收入的说明	中国残疾人福利基金会
	2.9 服务收入	1	2013 年度工作报告全文或摘要中的服务收入数额：评分规则参考关于捐赠收入的说明	中国残疾人福利基金会
	2.10 总支出	1	2013 年度工作报告全文或摘要中的总支出数额：评分规则参考关于捐赠收入的说明	中国残疾人福利基金会
2. 财务信息	2.11 工资福利支出	1	2013 年度工作报告全文或摘要中的工资福利支出数额：评分规则参考关于捐赠收入的说明	中国残疾人福利基金会
	2.12 行政办公支出	1	2013 年度工作报告全文或摘要中的行政办公支出数额：评分规则参考关于捐赠收入的说明	中国残疾人福利基金会
	2.13 业务活动成本	1	2013 年度工作报告全文或摘要中的业务活动成本数额：评分规则参考关于捐赠收入的说明	中国残疾人福利基金会
	2.14 管理费用	1	2013 年度工作报告全文或摘要中的管理费用数额：评分规则参考关于捐赠收入的说明	中国残疾人福利基金会
	2.15 筹资费用	1	2013 年度工作报告全文或摘要中的筹资费用数额：评分规则参考关于捐赠收入的说明	中国残疾人福利基金会

续表

类别	指标	权重(分)	说明	模范基金会样板
3. 项目信息	3.1 项目支出	9	2013年度工作报告本年度业务活动情况报告中的项目本年度支出数额: 该指标得分由年度业务活动情况报告表中的公益活动数量,项目支出,以及2013年度工作报告表中公益支出情况表中的公益事业支出数额三个参数决定。如果公益支出数额为0或者未填写,则该指标分数为0。 完整度 C_i =(填写项目支出的公益活动数量/年度共开展公益活动数量)×(所有公益活动的项目本年度支出合计/公益事业支出数额)。 例如,某基金会年度开始了5个项目,其中4个项目填写了项目本年度支出,1个项目没有填写,并将年度报告全文在机构官网上披露。那么项目支出指标的透明度分值即为:指标是否完整度=1×9×1.2×[(4/5)×(800/1000)]=6.91分。 同样是上面的例子,如果项目支出合计900万元,则视为项目支出金额已达到披露标准。分值=1×9×1.2×(4/5)=8.64分。 填写基金会中心网的项目信息采集表并提交给基金会中心网,视为已经通过其他渠道披露项目信息,计分方式与来源于非官网的年度工作报告中的项目信息相同。 (建议:第一,完整详细地填写每一个公益活动的信息,保证每个项目主要信息指标都完整披露;第二,保证项目支出合计接近公益事业支出金额,越接近公益支出,说明基金会能够清楚地告诉公众本基金会年度公益事业支出的具体去向;第三,务必保证填写与公益支出情况表中的公益事业支出数额)	中国残疾人福利基金会

续表

类别	指标	权重（分）	说明	模范基金会样板
3.项目信息	3.2 项目收入	6	2013 年度工作报告本年度业务活动情况报告中的项目本年度收入数额：计算方法和建议参考关于项目支出项目的说明	中国残疾人福利基金会
	3.3 项目名称	1	2013 年度工作报告本年度业务活动情况报告中的项目名称：计算方法和建议参考关于项目支出的说明	中国残疾人福利基金会
	3.4 项目概述	3	2013 年度工作报告本年度业务活动情况报告中的项目内容简述：计算方法和建议参考关于项目支出的说明	中国残疾人福利基金会
	3.5 资金用途	6	2013 年度工作报告本年度业务活动情况报告中的项目内容简述得出项目的资金使用方式：计算方法和建议参考关于项目支出的说明	中国绿化基金——2012 年，"华夏绿洲助学行动"针对我国西部沙漠化地区贫困少年儿童实施捐助的全国性公益活动，行动募集的款项将直接资助内蒙古、山西、陕西、甘肃、宁夏、青海、西藏和新疆 8 个省区沙漠化地区的贫困少年儿童，以及为办学条件落后的学校添加电教化设备
	3.6 执行地点	3	2013 年根据年度工作报告中的项目内容简述得出项目的执行地点：计算方法和建议参考关于项目支出的说明	招商局慈善基金——2012 年，"威宁山区小学免费午餐项目"出资 33.5 万元，帮助贵州省威宁县三家山区小学开展"免费午餐"（牛棚镇新华小学、新龙小学、观风海镇"习口小学"，880 余名汉、回、彝、苗等民族学龄儿童2012 年度秋季学期开餐，生平第一次吃到热乎乎的免费午餐
	3.7 活动领域	3	2013 年度工作报告和建议参考关于项目支出的说明得出项目的活动领域：计算方法和建议参考关于项目支出的说明	中国绿化基金——2012 年，"华夏绿洲助学行动"针对我国西部沙漠化地区贫困少年儿童实施捐助的全国性公益活动，行动募集的款项将直接资助内蒙古、山西、陕西、甘肃、宁夏、青海、西藏和新疆 8 个省区沙漠化地区的贫困少年儿童，以及为办学条件落后的学校添加电教化设备
	3.8 项目展示栏目	2	基金会官网展示项目细节信息的栏目：设有专门栏目，分数为 2 分；没有设计，分数为 0 分	南都公益基金会（http://www.naradafoundation.org/html/hgym.html? type = 07560008619 ）

127

续表

类别	指标	权重(分)	说明	模范基金会样板
	4.1 捐赠方查询模块	2	基金会官网展示捐赠细节信息的模块: 设有专门栏目,分数为2分;没有设计,分数为0分	中华少年儿童慈善救助基金会
	4.2 主要捐赠人信息	2	年度工作报告业务活动情况部分的大额捐赠收入情况信息表: 通过工作报告官网披露,分数为2×1.2=2.4分;通过其他渠道披露,分数2×0.8=1.6分;没有披露,分数为0分	中国残疾人福利基金会
	4.3 人事管理制度	2	基金会员工招聘、薪假、休假和福利等管理制度: 通过机构官网披露,分数为2×1.2=2.4分;通过其他渠道披露,分数2×0.8=1.6分;没有披露,分数为0分	中国光华科技基金会 (http://www.ghstf.org/2012-10-11-03-10-51/1614-2012-10-11-02-55-20.html)
	4.4 财务管理制度	2	基金会财务管理制度: 评分规则参考关于人事管理制度的说明	南都公益基金会
	4.5 项目管理制度	2	基金会项目管理制度: 评分规则参考关于人事管理制度的说明	中国绿色碳汇基金会 (http://www.thjj.org/about-rule-project.html)
4. 捐赠及内部信息	4.6 年度工作报告	5	向登记机关提交的2013年度工作报告: 通过基金会官网披露2013年度工作报告全文,分数为5×1.2=6分;通过其他渠道披露2013年度工作报告全文,分数为5×0.8=4分;通过基金会官网披露2013年度工作报告摘要,分数为1×1.2=1.2分;通过其他渠道披露,分数为1×0.8=0.8分,没有披露,分数为0分(建议:通过基金会官网公开向登记机关报送的2012年度工作报告)	中国残疾人福利基金会
	4.7 机构官网	4	基金会独立网站,非靠在相关机构下面的基金会信息页面,在公益360网、公益360网为上开设基金会页面均被视为被基金会官网,无官方网站提供免费官方网站建设服务: 开设官网,分数为4分;没有开设,分数为0分	南都公益基金会
	4.8 信息披露栏目	2	基金会官网上的独立的信息栏目,主要展示基金会年度工作报告、财务信息等需要公示的信息,栏目名称为信息公开、信息公开栏等: 在官网导航栏或首页其他位置开设信息披露栏目,分数为2分;在一级栏目开设,分数为1分,没有开设,分数为0分	上海宋庆龄基金会 (http://www.ssclf.org/NewsList.aspx?TID=90)

附录三　FTI 2015分类榜单和完整榜单*

1. 净资产 Top 100榜单

净资产排名	基金会名称	基金会类型	FTI 2015（分）	FTI 2015全国排名	2013 年末净资产（亿元）
1	清华大学教育基金会	非公募	80.80	47	32.20
2	北京大学教育基金会	非公募	62.00	139	29.90
3	陕西省神木县民生慈善基金会	非公募	100.00	1	23.60
4	河南省宋庆龄基金会	公　募	45.21	352	22.28
5	上海市慈善基金会	公　募	100.00	1	20.68
6	河仁慈善基金会	非公募	67.60	106	17.35
7	浙江大学教育基金会	非公募	100.00	1	11.93
8	上海市大学生科技创业基金会	公　募	52.43	251	9.58
9	中国青少年发展基金会	公　募	100.00	1	9.14
10	上海民生艺术基金会	非公募	52.80	246	8.81
11	中华全国体育基金会	公　募	62.80	135	8.63
12	南京大学教育发展基金会	非公募	100.00	1	8.21
13	中国残疾人福利基金会	公　募	100.00	1	8.04
14	南京金陵文化保护发展基金会	非公募	49.60	291	7.27
15	神华公益基金会	非公募	72.07	83	7.19
16	老牛基金会	非公募	100.00	1	7.11
17	中国扶贫基金会	公　募	100.00	1	6.97
18	中国光华科技基金会	公　募	100.00	1	6.92
19	上海交通大学教育发展基金会	非公募	53.92	232	6.79
20	上海市拥军优属基金会	公　募	53.60	234	6.69
21	中国海油海洋环境与生态保护公益基金会	非公募	72.00	84	5.26
22	上海宋庆龄基金会	公　募	100.00	1	5.20
23	中国红十字基金会	公　募	100.00	1	5.07
24	北京航空航天大学教育基金会	非公募	78.80	53	4.96
25	北京市中国人民大学教育基金会	非公募	69.86	97	4.82
26	中国儿童少年基金会	公　募	84.67	37	4.80
27	四川省青少年发展基金会	公　募	61.60	140	4.59
28	东南大学教育基金会	非公募	43.20	398	4.58
29	深圳壹基金公益基金会	公　募	100.00	1	4.54

---

* 截止日期：2015 年 5 月 31 日。

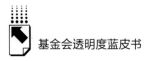

续表

净资产排名	基金会名称	基金会类型	FTI 2015（分）	FTI 2015 全国排名	2013 年末净资产（亿元）
30	上海市体育发展基金会	公 募	68.00	104	4.29
31	中国妇女发展基金会	公 募	100.00	1	4.27
32	中国教育发展基金会	公 募	100.00	1	3.98
33	北京师范大学教育基金会	非公募	56.81	188	3.97
34	上海市老年基金会	公 募	68.00	104	3.74
35	中远慈善基金会	非公募	100.00	1	3.68
36	中国癌症基金会	公 募	91.60	15	3.61
37	江苏陶欣伯助学基金会	非公募	74.00	75	3.35
38	上海汽车工业科技发展基金会	非公募	58.00	172	3.29
39	中国和平发展基金会	非公募	81.20	46	3.21
40	江苏元林慈善基金会	非公募	60.00	151	3.20
41	厦门大学教育发展基金会	非公募	63.20	133	3.11
42	瀛公益基金会	非公募	84.00	39	3.07
43	南京航空航天大学教育发展基金会	非公募	86.40	33	3.05
44	中国宋庆龄基金会	公 募	44.00	384	2.99
45	慈济慈善事业基金会	非公募	100.00	1	2.94
46	广东省扶贫基金会	公 募	97.60	4	2.94
47	天津市华夏未来文化艺术基金会	公 募	48.80	303	2.93
48	爱德基金会	公 募	100.00	1	2.87
49	中国博士后科学基金会	公 募	58.00	172	2.72
50	上海复旦大学教育发展基金会	非公募	70.00	96	2.64
51	中国光彩事业基金会	公 募	66.00	114	2.61
52	上海文化发展基金会	公 募	62.80	135	2.58
53	广州市番禺区教育基金会	公 募	49.60	291	2.57
54	常州市见义勇为基金会	公 募	37.60	466	2.54
55	苏州大学教育发展基金会	非公募	81.60	45	2.50
56	中国青年创业就业基金会	公 募	89.60	22	2.38
57	上海市教育发展基金会	公 募	86.80	32	2.36
58	南京工程学院教育发展基金会	非公募	65.20	117	2.34
59	腾讯公益慈善基金会	非公募	100.00	1	2.29
60	北京交通大学教育基金会	非公募	100.00	1	2.27
61	哈尔滨市道里区慈善基金会	公 募	47.20	320	2.27
62	中国科学技术大学教育基金会	公 募	49.60	291	2.23
63	福建富闽基金会	公 募	49.60	291	2.18
64	南京审计学院教育发展基金会	非公募	66.40	112	2.14
65	中国发展研究基金会	公 募	98.80	2	2.07
66	陕西省府谷县城乡居民大病医疗救助基金会	非公募	49.60	291	2.07

净资产 排名	基金会名称	基金会 类型	FTI 2015 （分）	FTI 2015 全国排名	2013 年末 净资产（亿元）
67	深圳市警察基金会	公　募	70.80	92	2.05
68	南京林业大学教育发展基金会	非公募	35.68	490	2.02
69	中国公安民警英烈基金会	公　募	51.45	263	2.02
70	中国绿化基金会	公　募	97.60	4	2.01
71	紫金矿业慈善基金会	非公募	48.80	303	2.00
72	福建省黄仲咸教育基金会	非公募	49.60	291	2.00
73	泛海公益基金会	非公募	80.40	49	2.00
74	上海工商界爱国建设特种基金会	非公募	39.76	450	1.98
75	江西省农村信用社百福慈善基金会	非公募	54.40	225	1.98
76	中南大学教育基金会	非公募	98.80	2	1.98
77	南京师范大学教育发展基金会	非公募	66.00	114	1.93
78	南京信息大学教育发展基金会	非公募	49.60	291	1.92
79	厦门市教育基金会	公　募	70.00	96	1.92
80	西北工业大学教育基金会	非公募	76.00	64	1.90
81	苏州市党员关爱暨帮扶困难群众基金会	公　募	71.20	88	1.88
82	广东省公安民警医疗救助基金会	公　募	48.80	303	1.82
83	友成企业家扶贫基金会	非公募	100.00	1	1.81
84	广州市教育基金会	公　募	65.60	116	1.81
85	江苏大学教育发展基金会	非公募	59.60	155	1.80
86	徐州市慈善基金会	公　募	54.80	217	1.80
87	广东省华南理工大学教育发展基金会	非公募	58.21	170	1.78
88	上海唐君远教育基金会	非公募	59.60	155	1.75
89	爱佑慈善基金会	非公募	100.00	1	1.75
90	中国绿色碳汇基金会	公　募	95.20	7	1.75
91	上海公安金盾基金会	公　募	52.80	246	1.74
92	福建华侨大学教育基金会	非公募	41.29	429	1.74
93	华润慈善基金会	非公募	100.00	1	1.71
94	中国初级卫生保健基金会	公　募	100.00	1	1.71
95	中国社会福利基金会	公　募	100.00	1	1.69
96	中华农业科教基金会	公　募	60.00	151	1.65
97	南京理工大学教育发展基金会	非公募	100.00	1	1.63
98	中国法律援助基金会	公　募	66.67	111	1.61
99	南京中医药大学教育发展基金会	非公募	49.60	291	1.59
100	广东省中山大学教育发展基金会	非公募	61.60	140	1.57

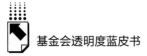

2. 捐赠收入 Top 100 榜单

捐赠收入排名	基金会名称	基金会类型	FTI 2015（分）	FTI 2015全国排名	2013年度捐赠收入（亿元）
1	中国癌症基金会	公募	91.60	15	16.08
2	清华大学教育基金会	非公募	80.80	47	14.51
3	北京大学教育基金会	非公募	62.00	139	13.96
4	上海市慈善基金会	公募	100.00	1	7.44
5	中国光华科技基金会	公募	100.00	1	6.43
6	广东省扶贫基金会	公募	97.60	4	5.27
7	中国扶贫基金会	公募	100.00	1	5.25
8	深圳壹基金公益基金会	公募	100.00	1	5.21
9	中国青少年发展基金会	公募	100.00	1	5.03
10	上海民生艺术基金会	非公募	52.80	246	4.52
11	中国妇女发展基金会	公募	100.00	1	4.23
12	南京金陵文化保护发展基金会	非公募	49.60	291	4.05
13	中国残疾人福利基金会	公募	100.00	1	3.40
14	中国儿童少年基金会	公募	84.67	37	3.30
15	浙江大学教育基金会	非公募	100.00	1	3.20
16	江苏陶欣伯助学基金会	非公募	74.00	75	2.80
17	中国初级卫生保健基金会	公募	100.00	1	2.54
18	中国人口福利基金会	公募	100.00	1	2.52
19	江苏元林慈善基金会	非公募	60.00	151	2.50
20	中国教育发展基金会	公募	100.00	1	2.27
21	河南省宋庆龄基金会	公募	45.21	352	2.01
22	华阳慈善基金会	非公募	48.80	303	1.97
23	中国社会福利基金会	公募	100.00	1	1.84
24	北京师范大学教育基金会	非公募	56.81	188	1.72
25	中国光彩事业基金会	公募	66.00	114	1.70
26	北京航空航天大学教育基金会	非公募	78.80	53	1.63
27	慈济慈善事业基金会	非公募	100.00	1	1.62
28	爱佑慈善基金会	非公募	100.00	1	1.59
29	中华思源工程扶贫基金会	公募	100.00	1	1.57
30	上海交通大学教育发展基金会	非公募	53.92	232	1.55
31	贵州省青少年发展基金会	公募	61.20	143	1.52
32	中国红十字基金会	公募	100.00	1	1.47
33	中国青年创业就业基金会	公募	89.60	22	1.45

捐赠收入排名	基金会名称	基金会类型	FTI 2015（分）	FTI 2015全国排名	2013年度捐赠收入（亿元）
34	上海市青少年发展基金会	公 募	74.40	71	1.43
35	腾讯公益慈善基金会	非公募	100.00	1	1.29
36	厦门大学教育发展基金会	非公募	63.20	133	1.26
37	华润慈善基金会	非公募	100.00	1	1.24
38	江苏华仁扶贫发展基金会	非公募	39.81	449	1.16
39	中国绿化基金会	公 募	97.60	4	1.11
40	北京市中国人民大学教育基金会	非公募	69.86	97	1.11
41	中国下一代教育基金会	公 募	61.60	140	1.06
42	汕头市潮阳区公益基金会	公 募	58.40	166	1.05
43	常熟市慈善基金会	公 募	48.80	303	1.04
44	北京市红十字基金会	公 募	60.80	147	1.04
45	南京大学教育发展基金会	非公募	100.00	1	1.03
46	宁夏燕宝慈善基金会	非公募	74.40	71	1.03
47	广东省汕头大学教育基金会	非公募	61.20	143	1.03
48	上海联和新泰战略研究与发展基金会	非公募	51.20	268	1.00
49	武汉大学教育发展基金会	非公募	62.08	138	0.94
50	中国老龄事业发展基金会	公 募	74.40	71	0.93
51	中国绿色碳汇基金会	公 募	95.20	7	0.93
52	四川省扶贫基金会	公 募	62.94	134	0.92
53	哈尔滨工业大学教育发展基金会	非公募	76.80	60	0.91
54	安徽省人口基金会	公 募	56.00	199	0.89
55	贵州省人口福利基金会	公 募	49.60	291	0.86
56	爱德基金会	公 募	100.00	1	0.85
57	北京民生文化艺术基金会	非公募	49.60	291	0.85
58	四川省青少年发展基金会	公 募	61.60	140	0.85
59	中国留学人才发展基金会	公 募	84.00	39	0.84
60	云南省青少年发展基金会	公 募	100.00	1	0.83
61	上海市拥军优属基金会	公 募	53.60	234	0.83
62	上海视觉艺术学院教育发展基金会	非公募	51.20	268	0.80
63	中华少年儿童慈善救助基金会	公 募	100.00	1	0.79
64	中国志愿服务基金会	公 募	59.20	160	0.76
65	苏州市吴江区慈善基金会	公 募	49.60	291	0.76
66	河南省光彩事业基金会	公 募	60.80	147	0.74

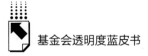
续表

捐赠收入排名	基金会名称	基金会类型	FTI 2015（分）	FTI 2015全国排名	2013年度捐赠收入（亿元）
67	华中师范大学教育发展基金会	非公募	47.86	314	0.74
68	云南省医疗扶贫基金会	公募	55.60	204	0.73
69	增爱公益基金会	非公募	95.20	7	0.73
70	四川省妇女发展基金会	公募	56.80	189	0.72
71	中国发展研究基金会	公募	98.80	2	0.71
72	中南大学教育基金会	非公募	98.80	2	0.70
73	上海同济大学教育发展基金会	非公募	53.62	233	0.69
74	山东省教育基金会	公募	63.20	133	0.67
75	大连慈善基金会	公募	75.60	65	0.67
76	浙江省新华爱心教育基金会	非公募	82.80	42	0.67
77	湖北省青少年发展基金会	公募	92.64	12	0.67
78	广州市公安民警基金会	公募	49.60	291	0.65
79	中华全国体育基金会	公募	62.80	135	0.63
80	常州市见义勇为基金会	公募	37.60	466	0.62
81	昆山市慈善基金会	公募	34.20	505	0.62
82	中国华侨公益基金会	公募	71.60	85	0.61
83	广东省中山大学教育发展基金会	非公募	61.60	140	0.60
84	姜堰市教育发展基金会	公募	47.20	320	0.60
85	上海市老年基金会	公募	68.00	104	0.60
86	南通大学教育发展基金会	非公募	60.40	149	0.59
87	中远慈善基金会	非公募	100.00	1	0.59
88	张学良教育基金会	非公募	38.34	459	0.59
89	中华环境保护基金会	公募	100.00	1	0.58
90	南京审计学院教育发展基金会	非公募	66.40	112	0.58
91	上海真爱梦想公益基金会	公募	100.00	1	0.58
92	中国华文教育基金会	公募	59.77	153	0.57
93	上海复旦大学教育发展基金会	非公募	70.00	96	0.57
94	韬奋基金会	非公募	62.80	135	0.56
95	中国海油海洋环境与生态保护公益基金会	非公募	72.00	84	0.55
96	山东省南山老龄事业发展基金会	非公募	55.20	209	0.55
97	南昌市教育基金会	公募	49.60	291	0.55
98	雅安市教育基金会	公募	44.51	370	0.55
99	福建华侨大学教育基金会	非公募	41.29	429	0.54
100	北京化工大学教育基金会	非公募	61.60	140	0.54

3. 公益支出 Top 100 榜单

公益支出排名	基金会名称	基金会类型	FTI 2015（分）	FTI 2015全国排名	2013 年度公益支出(亿元)
1	中国教育发展基金会	公 募	100.00	1	18.94
2	中国癌症基金会	公 募	91.60	15	16.57
3	河南省宋庆龄基金会	公 募	45.21	352	8.29
4	中国博士后科学基金会	公 募	58.00	172	7.95
5	清华大学教育基金会	非公募	80.80	47	6.94
6	上海市慈善基金会	公 募	100.00	1	5.42
7	中国光华科技基金会	公 募	100.00	1	5.10
8	广东省扶贫基金会	公 募	97.60	4	5.01
9	中国青少年发展基金会	公 募	100.00	1	4.34
10	中国妇女发展基金会	公 募	100.00	1	3.94
11	中国扶贫基金会	公 募	100.00	1	3.22
12	中国残疾人福利基金会	公 募	100.00	1	3.18
13	华阳慈善基金会	非公募	48.80	303	2.99
14	中国儿童少年基金会	公 募	84.67	37	2.96
15	中国红十字基金会	公 募	100.00	1	2.83
16	中国人口福利基金会	公 募	100.00	1	2.52
17	神华公益基金会	非公募	72.07	83	2.29
18	北京大学教育基金会	非公募	62.00	139	2.09
19	贵州省青少年发展基金会	公 募	61.20	143	2.03
20	江苏元林慈善基金会	非公募	60.00	151	1.91
21	老牛基金会	非公募	100.00	1	1.69
22	苏州大学教育发展基金会	非公募	81.60	45	1.58
23	浙江大学教育基金会	非公募	100.00	1	1.53
24	中国社会福利基金会	公 募	100.00	1	1.45
25	中华思源工程扶贫基金会	公 募	100.00	1	1.45
26	中国初级卫生保健基金会	公 募	100.00	1	1.38
27	大连慈善基金会	公 募	75.60	65	1.31
28	深圳壹基金公益基金会	公 募	100.00	1	1.31
29	中国绿化基金会	公 募	97.60	4	1.30
30	河仁慈善基金会	非公募	67.60	106	1.27
31	中国法律援助基金会	公 募	66.67	111	1.26
32	河南省光彩事业基金会	公 募	60.80	147	1.26
33	腾讯公益慈善基金会	非公募	100.00	1	1.13

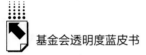

续表

公益支出排名	基金会名称	基金会类型	FTI 2015（分）	FTI 2015全国排名	2013年度公益支出（亿元）
34	中国文学艺术基金会	公 募	68.83	102	1.13
35	爱佑慈善基金会	非公募	100.00	1	1.09
36	中国绿色碳汇基金会	公 募	95.20	7	1.08
37	华润慈善基金会	非公募	100.00	1	1.06
38	北京市红十字基金会	公 募	60.80	147	1.05
39	中国光彩事业基金会	公 募	66.00	114	1.04
40	广东省汕头大学教育基金会	非公募	61.20	143	1.03
41	上海文化发展基金会	公 募	62.80	135	0.98
42	汕头市潮阳区公益基金会	公 募	58.40	166	0.98
43	宁夏燕宝慈善基金会	非公募	74.40	71	0.98
44	上海市老年基金会	公 募	68.00	104	0.96
45	四川省宜宾市教育基金会	公 募	46.79	327	0.92
46	北京市中国人民大学教育基金会	非公募	69.86	97	0.92
47	慈济慈善事业基金会	非公募	100.00	1	0.87
48	北京民生文化艺术基金会	非公募	49.60	291	0.87
49	苏州市吴江区慈善基金会	公 募	49.60	291	0.87
50	南京大学教育发展基金会	非公募	100.00	1	0.82
51	中华少年儿童慈善救助基金会	公 募	100.00	1	0.81
52	中国下一代教育基金会	公 募	61.60	140	0.81
53	爱德基金会	公 募	100.00	1	0.80
54	中国志愿服务基金会	公 募	59.20	160	0.78
55	中国青年创业就业基金会	公 募	89.60	22	0.78
56	上海交通大学教育发展基金会	非公募	53.92	232	0.77
57	江苏大学教育发展基金会	非公募	59.60	155	0.73
58	安利公益基金会	非公募	100.00	1	0.73
59	北京师范大学教育基金会	非公募	56.81	188	0.72
60	南京工业大学教育发展基金会	非公募	47.20	320	0.71
61	四川省妇女发展基金会	公 募	56.80	189	0.70
62	云南省青少年发展基金会	公 募	100.00	1	0.70
63	南京信息大学教育发展基金会	非公募	49.60	291	0.65
64	云南省医疗扶贫基金会	公 募	55.60	204	0.64
65	湖北省青少年发展基金会	公 募	92.64	12	0.62
66	安徽省人口基金会	公 募	56.00	199	0.61

公益支出排名	基金会名称	基金会类型	FTI 2015（分）	FTI 2015全国排名	2013 年度公益支出（亿元）
67	武汉大学教育发展基金会	非公募	62.08	138	0.61
68	山东省教育基金会	公 募	63.20	133	0.61
69	陕西省神木县民生慈善基金会	非公募	100.00	1	0.60
70	中国海油海洋环境与生态保护公益基金会	非公募	72.00	84	0.60
71	广东省中山大学教育发展基金会	非公募	61.60	140	0.59
72	中国留学人才发展基金会	公 募	84.00	39	0.58
73	苏州科技学院教育发展基金会	非公募	56.00	199	0.58
74	南通大学教育发展基金会	非公募	60.40	149	0.58
75	中国人权发展基金会	公 募	46.97	324	0.58
76	张学良教育基金会	非公募	38.34	459	0.57
77	姜堰市教育发展基金会	公 募	47.20	320	0.57
78	湖南省青少年发展基金会	公 募	100.00	1	0.56
79	西北工业大学教育发展基金会	非公募	76.00	64	0.55
80	浙江省新华爱心教育基金会	非公募	82.80	42	0.54
81	中国老龄事业发展基金会	公 募	74.40	71	0.52
82	中国发展研究基金会	公 募	98.80	2	0.51
83	上海同济大学教育发展基金会	非公募	53.62	233	0.51
84	榆林市胡星元慈善基金会	非公募	48.80	303	0.51
85	山东省南山老龄事业发展基金会	非公募	55.20	209	0.50
86	河南足球事业发展基金会	公 募	63.20	133	0.50
87	吴阶平医学基金会	非公募	71.20	88	0.48
88	上海复旦大学教育发展基金会	非公募	70.00	96	0.48
89	厦门市教育基金会	公 募	70.00	96	0.46
90	上海市民帮困互助基金会	公 募	64.00	128	0.46
91	招商局慈善基金会	非公募	100.00	1	0.45
92	中国华侨公益基金会	公 募	71.60	85	0.45
93	四川省青少年发展基金会	公 募	61.60	140	0.44
94	重庆市红十字基金会	公 募	88.00	27	0.44
95	中国华文教育基金会	公 募	59.77	153	0.43
96	江西省庐山东林净土文化基金会	非公募	49.60	291	0.43
97	北京京华公益事业基金会	公 募	100.00	1	0.43
98	中国健康促进基金会	公 募	50.84	269	0.43
99	广东省青少年发展基金会	公 募	62.62	136	0.43
100	北京国际音乐节艺术基金会	非公募	60.00	151	0.43

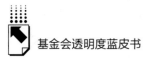
4. 政府补助收入 Top 100 榜单

政府补助收入排名	基金会名称	基金会类型	FTI 2015（分）	FTI 2015全国排名	2013 年度政府补助收入（亿元）
1	中国教育发展基金会	公 募	100	1	8.78
2	中国博士后科学基金会	公 募	58	172	7.96
3	陕西省神木县民生慈善基金会	非公募	100	1	1.50
4	上海市大学生科技创业基金会	公 募	52.43	251	1.20
5	中国法律援助基金会	公 募	66.67	111	1.01
6	中国文学艺术基金会	公 募	68.83	102	0.87
7	中国红十字基金会	公 募	100	1	0.80
8	上海文化发展基金会	公 募	62.8	135	0.74
9	上海市老年基金会	公 募	68	104	0.46
10	上海市拥军优属基金会	公 募	53.6	234	0.45
11	四川省宜宾市教育基金会	公 募	46.79	327	0.37
12	上海市职工帮困基金会	公 募	52.8	246	0.28
13	北京国际音乐节艺术基金会	非公募	60	151	0.28
14	湖南省文化艺术基金会	公 募	58.4	166	0.28
15	吉林省人才开发基金会	公 募	50.4	276	0.27
16	上海市慈善基金会	公 募	100	1	0.25
17	广东省博物馆事业发展基金会	公 募	47.2	320	0.22
18	中华全国体育基金会	公 募	62.8	135	0.20
19	中国人口福利基金会	公 募	100	1	0.17
20	深圳市拥军优属基金会	公 募	48.8	303	0.17
21	上海巴斯德健康研究基金会	非公募	49.07	298	0.16
22	宁夏银川大学教育发展基金会	公 募	48.8	303	0.13
23	内蒙古草原文化保护发展基金会	公 募	58.4	166	0.13
24	湖南省九嶷山舜帝陵基金会	公 募	50.4	276	0.11
25	南京市见义勇为基金会	公 募	34.4	501	0.11
26	中华见义勇为基金会	公 募	64.8	122	0.10
27	北京志愿服务基金会	公 募	56	199	0.10
28	重庆社会救助基金会	公 募	48	310	0.10
29	中国志愿服务基金会	公 募	59.2	160	0.10
30	宁波诺丁汉大学教育发展基金会	非公募	77.2	59	0.09
31	太仓市慈善基金会	公 募	34.39	502	0.08
32	张家港市见义勇为基金会	公 募	24	547	0.08

政府补助收入排名	基金会名称	基金会类型	FTI 2015（分）	FTI 2015全国排名	2013 年度政府补助收入（亿元）
33	中国绿化基金会	公募	97.6	4	0.08
34	湖北省扶贫基金会	公募	42.46	407	0.07
35	云南省见义勇为基金会	公募	62.8	135	0.07
36	中国煤矿尘肺病防治基金会	公募	91.6	15	0.07
37	四川省志愿服务基金会	公募	60.4	149	0.07
38	重庆市青年创新创业基金会	公募	73.2	78	0.06
39	广州市羊城志愿服务基金会	非公募	49.7	289	0.06
40	常州市新北区见义勇为基金会	公募	24.8	545	0.06
41	福建海西青年创业基金会	非公募	51.2	268	0.05
42	河北省青年就业创业基金会	非公募	48.8	303	0.05
43	常德市教师奖励基金会	公募	67.2	107	0.05
44	南通市通州区见义勇为基金会	公募	47.2	320	0.05
45	厦门市老年基金会	公募	67.6	106	0.05
46	珠海市禁毒基金会	公募	53.6	234	0.05
47	徐州市铜山区见义勇为基金会	公募	48	310	0.05
48	如东县见义勇为基金会	公募	48	310	0.05
49	深圳市社会公益基金会	公募	75.6	65	0.05
50	苏州市相城区慈善基金会	公募	24	547	0.05
51	长沙县教育基金会	公募	48.8	303	0.04
52	新疆巴音郭楞蒙古自治州送温暖工程基金会	公募	40	446	0.04
53	四川省儿童少年基金会	公募	54.42	224	0.04
54	中国京剧艺术基金会	公募	51.2	268	0.04
55	江山市农村公益基金会	公募	81.2	46	0.04
56	上海市体育发展基金会	公募	68	104	0.04
57	上海市华侨事业发展基金会	公募	74.8	69	0.04
58	湖南省教育基金会	公募	91.6	15	0.04
59	山西省阳泉市矿区特困帮扶基金会	公募	22.4	551	0.04
60	淮安大众助保基金会	非公募	49.6	291	0.04
61	河南省拥军优属基金会	公募	57.91	173	0.04
62	上海阎宝航社会公益基金会	非公募	52.8	246	0.04
63	广州市南沙区教育基金会	公募	24.8	545	0.04
64	浙江省老年事业发展基金会	公募	71.56	86	0.04
65	南通市爱心帮困基金会	非公募	48.8	303	0.04
66	中国残疾人福利基金会	公募	100	1	0.04
67	辽宁省公安民警英烈救助基金会	公募	48.8	303	0.04

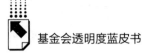

续表

政府补助收入排名	基金会名称	基金会类型	FTI 2015（分）	FTI 2015全国排名	2013 年度政府补助收入（亿元）
68	上海市医药卫生发展基金会	公　募	63.45	131	0.04
69	中山市教育基金会	公　募	48.8	303	0.04
70	广宁县教育基金会	公　募	47.2	320	0.04
71	哈尔滨市残疾人福利基金会	公　募	51.27	266	0.03
72	抚顺市公安民警救助基金会	公　募	48.8	303	0.03
73	贵州省青少年发展基金会	公　募	61.2	143	0.03
74	湛江市见义勇为基金会	公　募	48.8	303	0.03
75	福建省见义勇为基金会	公　募	61.6	140	0.03
76	浙江省农业技术推广基金会	公　募	82.4	43	0.03
77	重庆市教育发展基金会	公　募	77.2	59	0.03
78	贵州省体育发展基金会	公　募	59.2	160	0.03
79	徐州市慈善基金会	公　募	54.8	217	0.03
80	江苏软件产业人才发展基金会	非公募	54.4	225	0.03
81	北京市体育基金会	公　募	49.6	291	0.03
82	四川省扶贫基金会	公　募	62.94	134	0.03
83	宁夏回族自治区扶贫基金会	公　募	48.8	303	0.03
84	济南市残疾人福利基金会	公　募	61.6	140	0.03
85	福州见义勇为基金会	公　募	40.4	440	0.03
86	南安市仑苍镇教育发展基金会	非公募	57.2	183	0.03
87	辽宁省见义勇为基金会	公　募	41.28	430	0.03
88	大庆市残疾人福利基金会	公　募	56	199	0.02
89	乌兰浩特市城乡困难群众大病医疗救助基金会	非公募	51.2	268	0.02
90	首都见义勇为基金会	公　募	54.73	219	0.02
91	广东省扶贫基金会	公　募	97.6	4	0.02
92	南京市浦口区扶贫基金会	公　募	47.2	320	0.02
93	浙江省台州市农业技术推广基金会	公　募	94.4	8	0.02
94	宁夏盐池教育发展基金会	公　募	60.8	147	0.02
95	内蒙古自治区公安民警优抚基金会	公　募	49.6	291	0.02
96	安徽省青年创业就业基金会	公　募	45.03	356	0.02
97	北京文化艺术基金会	公　募	35.53	493	0.02
98	福建省残疾人福利基金会	公　募	78	56	0.02
99	三江源生态保护基金会	公　募	100	1	0.02
100	广西社会和谐稳定发展基金会	公　募	48.8	303	0.02

5. "中字头"基金会榜单 *

序号	基金会名称	FTI 2015 全国排名	FTI 2015 (分)	2013 年末 净资产(万元)
1	中国青少年发展基金会	1	100.00	91359.41
2	中华全国体育基金会	135	62.80	86266.42
3	中国残疾人福利基金会	1	100.00	80370.75
4	中国扶贫基金会	1	100.00	69731.34
5	中国光华科技基金会	1	100.00	69193.13
6	中国红十字基金会	1	100.00	50652.83
7	中国儿童少年基金会	37	84.67	48007.59
8	中国妇女发展基金会	1	100.00	42738.42
9	中国教育发展基金会	1	100.00	39845.43
10	中国癌症基金会	15	91.60	36069.85
11	中国和平发展基金会	46	81.20	32082.23
12	中国宋庆龄基金会	384	44.00	29900.26
13	中国博士后科学基金会	172	58.00	27183.18
14	中国光彩事业基金会	114	66.00	26053.38
15	中国青年创业就业基金会	22	89.60	23842.35
16	中国发展研究基金会	2	98.80	20710.43
17	中国公安民警英烈基金会	263	51.45	20172.10
18	中国绿化基金会	4	97.60	20111.76
19	中国绿色碳汇基金会	7	95.20	17465.50
20	中国初级卫生保健基金会	1	100.00	17055.02
21	中国社会福利基金会	1	100.00	16939.96
22	中华农业科教基金会	151	60.00	16483.16
23	中国法律援助基金会	111	66.67	16068.50
24	中国友好和平发展基金会	1	100.00	15100.21
25	中华环境保护基金会	1	100.00	13958.94
26	中华思源工程扶贫基金会	1	100.00	13791.14
27	中国航天基金会	2	98.80	12673.49
28	中国老龄事业发展基金会	71	74.40	11809.83
29	中华见义勇为基金会	122	64.80	11762.65
30	中国人口福利基金会	1	100.00	11474.46
31	中国志愿服务基金会	160	59.20	10816.84
32	中国华侨公益基金会	85	71.60	10561.06

* 以净资产为序。

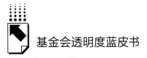
序号	基金会名称	FTI 2015 全国排名	FTI 2015 （分）	2013 年末 净资产（万元）
33	中国医药卫生事业发展基金会	75	74.00	10452.54
34	中国检察官教育基金会	1	100.00	10346.41
35	中国文学艺术基金会	102	68.83	10078.36
36	中国禁毒基金会	268	51.20	9923.99
37	中国下一代教育基金会	140	61.60	9792.34
38	中华少年儿童慈善救助基金会	1	100.00	9481.93
39	中国华文教育基金会	153	59.77	7307.92
40	中华健康快车基金会	77	73.60	7079.91
41	中社社会工作发展基金会	21	89.88	5923.07
42	中国孔子基金会	137	62.40	5848.43
43	中国健康促进基金会	269	50.84	5590.04
44	中国马克思主义研究基金会	117	65.20	5530.85
45	中国国际文化交流基金会	106	67.60	5357.44
46	中国民航科普基金会	128	64.00	5326.54
47	中国职工发展基金会	320	47.20	5241.06
48	中国金融教育发展基金会	39	84.00	4891.24
49	中国教师发展基金会	1	100.00	4592.91
50	中国留学人才发展基金会	39	84.00	4585.17
51	中国煤矿尘肺病防治基金会	15	91.60	4496.39
52	中国西部人才开发基金会	1	100.00	4249.66
53	中国肝炎防治基金会	114	66.00	3920.14
54	中国保护黄河基金会	135	62.80	3695.88
55	中华同心温暖工程基金会	64	76.00	3517.86
56	中国科技馆发展基金会	54	78.40	3130.23
57	中国预防性病艾滋病基金会	54	78.40	3061.02
58	中国经济改革研究基金会	184	57.14	3019.17
59	中华社会救助基金会	60	76.80	2997.67
60	中国京剧艺术基金会	268	51.20	2709.10
61	中华社会文化发展基金会	137	62.40	2616.51
62	中国企业管理科学基金会	56	78.00	2614.25
63	中国敦煌石窟保护研究基金会	135	62.80	2554.23
64	中国生物多样性保护与绿色发展基金会	154	59.61	2377.76
65	中华国际医学交流基金会	3	98.00	2351.01
66	中国国际战略研究基金会	268	51.20	2336.33
67	中国人权发展基金会	324	46.97	2282.93
68	中国华夏文化遗产基金会	301	48.93	2022.66
69	中国古生物化石保护基金会	1	100.00	1979.20

续表

序号	基金会名称	FTI 2015 全国排名	FTI 2015 （分）	2013 年末 净资产（万元）
70	中国国际问题研究基金会	172	58.00	1927.81
71	中国文物保护基金会	96	70.00	1890.38
72	中国法学交流基金会	234	53.60	1382.53
73	中国听力医学发展基金会	149	60.40	1336.23
74	中国益民文化建设基金会	28	87.60	1198.83
75	中国煤矿文化宣传基金会	143	61.20	1154.31
76	中国出生缺陷干预救助基金会	64	76.00	1150.71
77	中国关心下一代健康体育基金会	191	56.61	1032.69
78	中国医学基金会	53	78.80	1022.91
79	中国保护消费者基金会	231	54.00	1004.50
80	中国少数民族文化艺术基金会	137	62.40	991.74
81	中国电影基金会	281	50.01	873.73
82	中国拥军优属基金会	225	54.40	861.86
83	中华国际科学交流基金会	147	60.80	844.43
84	中华文学基金会	141	61.44	839.60
85	中国少年儿童文化艺术基金会	137	62.40	817.13
86	中国牙病防治基金会	116	65.60	812.60
87	中国交响乐发展基金会	139	62.00	524.35
88	中国治理荒漠化基金会	179	57.60	254.52
89	中国艺术节基金会	166	58.40	208.13
90	中国器官移植发展基金会	547	24.00	——

6. 各地 FTI 2015 排名第一位基金会榜单

序号	基金会名称	FTI 2015 （分）	FTI 2015 全国排名	所在地	基金会 类型	成立 年份
1	中国教育发展基金会	100.00	1	北京	公募	2003
2	陕西省神木县民生慈善基金会	100.00	1	陕西	非公募	2011
3	中国红十字基金会	100.00	1	北京	公募	1994
4	上海市慈善基金会	100.00	1	上海	公募	1994
5	中国人口福利基金会	100.00	1	北京	公募	1987
6	中国残疾人福利基金会	100.00	1	北京	公募	1984
7	三江源生态保护基金会	100.00	1	青海	公募	2012
8	陈香梅公益基金会	100.00	1	北京	非公募	2010
9	华民慈善基金会	100.00	1	北京	非公募	2008

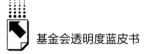

序号	基金会名称	FTI 2015（分）	FTI 2015全国排名	所在地	基金会类型	成立年份
10	中远慈善基金会	100.00	1	北 京	非公募	2005
11	安利公益基金会	100.00	1	北 京	非公募	2011
12	爱佑慈善基金会	100.00	1	北 京	非公募	2008
13	中国社会福利基金会	100.00	1	北 京	公 募	2005
14	中国光华科技基金会	100.00	1	北 京	公 募	1993
15	浙江省阳光教育基金会	100.00	1	浙 江	非公募	2010
16	济仁慈善基金会	100.00	1	北 京	非公募	2011
17	中国西部人才开发基金会	100.00	1	北 京	公 募	2006
18	山西省葵花公益基金会	100.00	1	山 西	非公募	2005
19	浙江省青少年发展基金会	100.00	1	浙 江	公 募	1991
20	云南省青少年发展基金会	100.00	1	云 南	公 募	1994
21	上海真爱梦想公益基金会	100.00	1	上 海	公 募	2008
22	江苏省儿童少年福利基金会	100.00	1	江 苏	公 募	1984
23	上海联劝公益基金会	100.00	1	上 海	公 募	2009
24	北京市残疾人福利基金会	100.00	1	北 京	公 募	2009
25	广东省妇女儿童基金会	100.00	1	广 东	公 募	2009
26	湖南省青少年发展基金会	100.00	1	湖 南	公 募	1992
27	广东省山海源慈善基金会	100.00	1	广 东	非公募	2011
28	上海仁德基金会	100.00	1	上 海	公 募	2011
29	北京新阳光慈善基金会	100.00	1	北 京	公 募	2009
30	北京市企业家环保基金会	100.00	1	北 京	公 募	2008
31	天津市鹤童老年公益基金会	100.00	1	天 津	非公募	2007
32	四川仁爱医疗基金会	100.00	1	四 川	非公募	2009
33	陕西纯山教育基金会	100.00	1	陕 西	非公募	2006
34	广东省与人公益基金会	100.00	1	广 东	非公募	2012
35	北京联益慈善基金会	100.00	1	北 京	公 募	2011
36	安徽省仁众教育基金会	100.00	1	安 徽	非公募	2009
37	北京万通公益基金会	100.00	1	北 京	非公募	2008
38	深圳市综研软科学发展基金会	100.00	1	广 东	非公募	2007
39	北京光华慈善基金会	100.00	1	北 京	非公募	2005
40	北京修远经济与社会研究基金会	100.00	1	北 京	非公募	2009
41	中国地质大学(武汉)教育发展基金会	100.00	1	湖 北	非公募	2010
42	北京市永源公益基金会	100.00	1	北 京	公 募	2013
43	浙江绿色共享教育基金会	100.00	1	浙 江	非公募	2006
44	江苏昌明教育基金会	100.00	1	上 海	非公募	2010
45	湖南弘慧教育发展基金会	100.00	1	湖 南	非公募	2008
46	深圳市志愿服务基金会	100.00	1	广 东	公 募	2012

序号	基金会名称	FTI 2015（分）	FTI 2015 全国排名	所在地	基金会类型	成立年份
47	北京桂馨慈善基金会	100.00	1	北 京	非公募	2008
48	深圳市郑卫宁慈善基金会	100.00	1	广 东	非公募	2009
49	陕西妇女儿童发展基金会	100.00	1	陕 西	公 募	2009
50	黄奕聪慈善基金会	100.00	1	上 海	非公募	2010
51	贵州文化薪火乡村发展基金会	100.00	1	贵 州	非公募	2007
52	云南大益爱心基金会	100.00	1	云 南	非公募	2007
53	重庆儿童救助基金会	100.00	1	重 庆	公 募	2005
54	福建省兴业慈善基金会	100.00	1	福 建	非公募	2009
55	西北农林科技大学教育发展基金会	100.00	1	陕 西	非公募	2011
56	北京市刘鸿儒金融教育基金会	100.00	1	北 京	非公募	2006
57	成都市锦江区社会组织发展基金会	100.00	1	四 川	公 募	2011
58	浙江正泰公益基金会	100.00	1	浙 江	非公募	2009
59	北京乐平公益基金会	100.00	1	北 京	非公募	2010
60	海南成美慈善基金会	100.00	1	海 南	公 募	2010
61	宁波鄞州银行公益基金会	100.00	1	浙 江	非公募	2011
62	成都市残疾人福利基金会	100.00	1	四 川	公 募	1986
63	中国古生物化石保护基金会	100.00	1	北 京	公 募	2008
64	浙江敦和慈善基金会	100.00	1	浙 江	非公募	2012
65	浙江省青年创业就业基金会	100.00	1	浙 江	公 募	2009
66	广东省千禾社区公益基金会	100.00	1	广 东	非公募	2009
67	山西省残疾人福利基金会	100.00	1	山 西	公 募	2007
68	福建省正荣公益基金会	100.00	1	福 建	非公募	2013
69	北京交通大学教育基金会	100.00	1	北 京	非公募	2009
70	新疆妇女儿童发展基金会	100.00	1	新 疆	公 募	2008
71	湖南省残疾人福利基金会	100.00	1	湖 南	公 募	2008
72	北京市长江科技扶贫基金会	100.00	1	北 京	非公募	2010
73	南京理工大学教育发展基金会	100.00	1	江 苏	非公募	2006
74	扬州大学教育发展基金会	100.00	1	江 苏	非公募	2008
75	山西省青少年发展基金会	100.00	1	山 西	公 募	1993
76	大连市青少年发展基金会	100.00	1	辽 宁	公 募	2005
77	桃源居公益事业发展基金会	100.00	1	广 东	非公募	2008
78	四川省残疾人福利基金会	100.00	1	四 川	公 募	1985
79	浙江省爱心事业基金会	100.00	1	浙 江	公 募	1995
80	深圳市关爱行动公益基金会	100.00	1	广 东	公 募	2011
81	中国教师发展基金会	100.00	1	北 京	公 募	1986
82	重庆市青少年发展基金会	100.00	1	重 庆	公 募	2009
83	成都大熊猫繁育研究基金会	100.00	1	四 川	公 募	1987

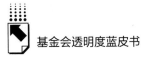

续表

序号	基金会名称	FTI 2015（分）	FTI 2015全国排名	所在地	基金会类型	成立年份
84	黑龙江省青少年发展基金会	100.00	1	黑龙江	公募	1988
85	北京理工大学教育基金会	100.00	1	北京	非公募	2010
86	南都公益基金会	100.00	1	北京	非公募	2007
87	天津大学北洋教育发展基金会	100.00	1	天津	非公募	1995
88	中国检察官教育基金会	100.00	1	北京	公募	1993
89	中国友好和平发展基金会	100.00	1	北京	公募	1996
90	友成企业家扶贫基金会	100.00	1	北京	非公募	2007
91	上海宋庆龄基金会	100.00	1	上海	公募	1993
92	北京青少年发展基金会	100.00	1	北京	公募	1994
93	江西省青少年发展基金会	100.00	1	江西	公募	1991
94	中华环境保护基金会	100.00	1	北京	公募	1993
95	北京京华公益事业基金会	100.00	1	北京	公募	2010
96	招商局慈善基金会	100.00	1	广东	非公募	2009
97	爱德基金会	100.00	1	江苏	公募	1985
98	中华少年儿童慈善救助基金会	100.00	1	北京	公募	2009
99	南京大学教育发展基金会	100.00	1	江苏	非公募	2005
100	慈济慈善事业基金会	100.00	1	江苏	非公募	2008
101	华润慈善基金会	100.00	1	广东	非公募	2010
102	腾讯公益慈善基金会	100.00	1	广东	非公募	2007
103	深圳壹基金公益基金会	100.00	1	广东	公募	2010
104	中国初级卫生保健基金会	100.00	1	北京	公募	1996
105	中华思源工程扶贫基金会	100.00	1	北京	公募	2007
106	浙江大学教育基金会	100.00	1	浙江	非公募	2006
107	老牛基金会	100.00	1	内蒙古	非公募	2004
108	中国扶贫基金会	100.00	1	北京	公募	1989
109	中国妇女发展基金会	100.00	1	北京	公募	1988
110	中国青少年发展基金会	100.00	1	北京	公募	1989
111	河北省青少年发展基金会	98.8	2	河北	公募	1986
112	山东大学教育基金会	96.4	6	山东	非公募	2007
113	广西青少年发展基金会	95.2	7	广西	公募	2006
114	河南省中原老龄产业发展基金会	90.8	17	河南	非公募	2011
115	宁夏燕宝慈善基金会	74.4	71	宁夏	非公募	2010
116	北华大学教育基金会	71.6	85	吉林	非公募	2009
117	阴法唐西藏教育基金会	64.8	122	西藏	非公募	2007
118	中国敦煌石窟保护研究基金会	62.8	135	甘肃	公募	1995

7. FTI 2015完整榜单

序号	基金会名称	FTI 2015（分）	FTI 2015 全国排名	2013 年底净资产（万元）	2013 年底净资产排名	2013 年度捐赠收入（万元）	2013 年度捐赠收入排名	2013 年度公益事业支出（万元）	2013 年度公益事业支出排名
1	爱德基金会	100.00	1	28705.84	49	8521.78	62	7987.81	54
2	爱佑慈善基金会	100.00	1	17513.80	93	15875.41	31	10867.24	36
3	安徽省仁众教育基金会	100.00	1	441.51	1934	244.21	1194	223.85	1126
4	安利公益基金会	100.00	1	8414.15	220	4575.96	135	7321.06	59
5	北京光华慈善基金会	100.00	1	324.12	2212	403.08	918	365.88	866
6	北京桂馨慈善基金会	100.00	1	1482.19	887	—	—	419.39	785
7	北京交通大学教育基金会	100.00	1	22747.59	63	4582.56	133	1088.20	405
8	北京华公益事业基金会	100.00	1	802.53	1361	4850.26	124	4304.17	99
9	北京乐平公益基金会	100.00	1	2787.22	540	1310.16	406	801.83	511
10	北京理工大学教育基金会	100.00	1	8826.88	210	2369.50	260	2363.60	194
11	北京联益慈善基金会	100.00	1	426.69	1969	226.70	1240	197.52	1200
12	北京青少年发展基金会	100.00	1	7765.63	235	4674.87	128	3545.04	120
13	北京市残疾人福利基金会	100.00	1	979.81	1209	459.86	844	645.40	598
14	北京市刘鸿儒金融教育基金会	100.00	1	5904.70	289	787.60	611	704.08	567
15	北京市企业家环保基金会	100.00	1	2721.88	548	3564.67	169	—	—
16	北京市永源公益基金会	100.00	1	618.62	1575	1030.26	502	381.60	847
17	北京市长江科技扶贫基金会	100.00	1	5484.11	305	1850.08	317	1237.23	366
18	北京万通公益基金会	100.00	1	357.46	2149	264.04	1155	227.17	1116
19	北京新阳光慈善基金会	100.00	1	611.25	1587	1634.07	346	1260.96	364
20	北京修远经济与社会研究基金会	100.00	1	232.59	2472	175.00	1453	372.08	858

续表

序号	基金会名称	FTI 2015 (分)	FTI 2015 全国排名	2013 年底净资产 (万元)	2013 年底净资产排名	2013 年度捐赠收入 (万元)	2013 年度捐赠收入排名	2013 年度公益事业支出 (万元)	2013 年度公益事业支出排名
21	陈香梅公益基金会	100.00	1	2041.08	686	829.36	583	853.57	483
22	成都大熊猫繁育研究基金会	100.00	1	5979.82	287	2755.19	222	2224.52	211
23	成都市残疾人福利基金会	100.00	1	1599.49	824	914.51	541	833.77	489
24	成都市锦江区社会组织发展基金会	100.00	1	1634.77	817	205.67	1294	719.75	556
25	慈济慈善事业基金会	100.00	1	29438.60	46	16242.46	30	8666.74	48
26	大连市青少年发展基金会	100.00	1	2219.20	639	1878.45	315	1586.31	290
27	福建省兴业慈善基金会	100.00	1	1774.82	778	723.46	649	616.36	620
28	福建省正荣公益基金会	100.00	1	302.51	2267	1406.88	383	1085.28	406
29	广东省妇女儿童基金会	100.00	1	2802.53	537	1245.64	425	2115.33	224
30	广东省千禾社区公益基金会	100.00	1	438.29	1939	1123.95	469	1044.18	418
31	广东省山海源慈善基金会	100.00	1	357.30	2150	268.99	1142	189.10	1220
32	广东省与人公益基金会	100.00	1	342.96	2176	—	—	159.16	1329
33	贵州文化薪火乡村发展基金会	100.00	1	216.91	2553	424.19	884	470.96	728
34	海南成美慈善基金会	100.00	1	2270.50	631	784.99	613	805.86	506
35	黑龙江省青少年发展基金会	100.00	1	2799.64	538	1983.87	302	2325.27	200
36	湖南弘慧教育发展基金会	100.00	1	1167.75	1051	690.57	673	390.58	828
37	湖南省残疾人福利基金会	100.00	1	1394.81	926	822.75	587	1228.22	369
38	湖南省青少年发展基金会	100.00	1	5806.30	293	4453.33	138	5649.94	80
39	华民慈善基金会	100.00	1	7805.04	234	159.45	1502	2648.20	160
40	华润慈善基金会	100.00	1	17133.79	97	12392.26	40	10628.33	38
41	黄奕聪慈善基金会	100.00	1	2001.20	708	351.04	1004	448.07	752

续表

序号	基金会名称	FTI 2015（分）	FTI 2015 全国排名	2013 年底净资产（万元）	2013 年底净资产排名	2013 年度捐赠收入（万元）	2013 年度捐赠收入排名	2013 年度公益事业支出（万元）	2013 年度公益事业支出排名
42	济仁慈善基金会	100.00	1	1753.67	783	447.79	858	601.68	628
43	江苏昌明教育基金会	100.00	1	384.89	2104	270.35	1138	387.11	833
44	江苏省儿童少年福利基金会	100.00	1	2509.10	586	1278.87	412	1339.73	342
45	江西省青少年发展基金会	100.00	1	2633.50	562	4104.28	150	3797.71	112
46	老牛基金会	100.00	1	71142.61	16	—	—	16903.57	21
47	南都公益基金会	100.00	1	10563.05	170	2435.65	253	2484.94	178
48	南京大学教育发展基金会	100.00	1	82138.66	12	10328.90	48	8150.13	51
49	南京理工大学教育发展基金会	100.00	1	16252.92	101	3006.02	207	1462.07	312
50	宁波鄞州银行公益基金会	100.00	1	10947.32	156	589.89	739	825.25	495
51	三江源生态保护基金会	100.00	1	1663.69	806	160.00	1495	113.29	1543
52	山西省残疾人福利基金会	100.00	1	4344.90	379	796.97	606	1065.27	412
53	山西省葵花公益基金会	100.00	1	250.85	2407	211.27	1281	212.21	1155
54	山西省青少年教育基金会	100.00	1	2056.15	681	1160.85	452	1585.45	291
55	陕西纯山教育基金会	100.00	1	251.92	2398	179.82	1443	153.57	1351
56	陕西妇女儿童发展基金会	100.00	1	706.52	1450	496.00	815	433.21	771
57	陕西省神木县民生慈善基金会	100.00	1	235991.33	3	—	—	6041.88	71
58	上海联劝公益基金会	100.00	1	1775.27	777	2303.47	267	1929.08	244
59	上海仁德基金会	100.00	1	643.36	1540	404.49	917	194.13	1205
60	上海市慈善基金会	100.00	1	206811.48	5	74367.14	4	54225.54	6
61	上海宋庆龄基金会	100.00	1	52029.48	22	5205.21	116	3494.55	121
62	上海真爱梦想公益基金会	100.00	1	6990.66	256	5752.46	97	3390.53	125

续表

序号	基金会名称	FTI 2015（分）	FTI 2015 全国排名	2013 年底净资产（万元）	2013 年底净资产排名	2013 年度捐赠收入（万元）	2013 年度捐赠收入排名	2013 年度公益事业支出（万元）	2013 年度公益事业支出排名
63	深圳市关爱行动公益基金会	100.00	1	3450.08	459	3544.42	171	2070.43	229
64	深圳市郑卫宁慈善基金会	100.00	1	353.70	2158	591.25	736	431.31	776
65	深圳市志愿服务基金会	100.00	1	1251.20	996	246.75	1187	392.98	823
66	深圳市综研软科学发展基金会	100.00	1	2984.58	509	—	—	290.00	979
67	深圳壹基金公益基金会	100.00	1	45405.36	29	52113.67	8	13122.13	28
68	四川仁爱医疗基金会	100.00	1	234.29	2467	75.32	1846	77.22	1781
69	四川省残疾人福利基金会	100.00	1	1219.37	1013	2054.50	292	1895.72	248
70	桃源居公益事业发展基金会	100.00	1	10447.86	175	950.00	528	1662.50	279
71	腾讯公益慈善基金会	100.00	1	22940.02	62	12869.90	38	11314.90	34
72	天津大学北洋教育发展基金会	100.00	1	8607.07	217	5374.81	108	2842.90	151
73	天津市鹤童老年公益基金会	100.00	1	443.70	1926	55.42	1962	43.18	2138
74	西北农林科技大学教育发展基金会	100.00	1	2911.18	520	1161.30	451	645.98	597
75	新疆妇女儿童发展基金会	100.00	1	2470.68	591	1365.30	395	1201.73	380
76	扬州大学教育发展基金会	100.00	1	11734.01	145	2081.48	285	1553.84	294
77	友成企业家扶贫基金会	100.00	1	18143.70	87	3607.74	167	3269.68	128
78	云南大益爱心基金会	100.00	1	7031.72	254	2798.48	219	478.38	723
79	云南省青少年发展基金会	100.00	1	8184.50	225	8278.98	66	6974.85	63
80	招商局慈善基金会	100.00	1	5549.04	303	5046.04	118	4483.29	93
81	浙江大学教育基金会	100.00	1	119280.34	7	31980.44	16	15316.87	23
82	浙江敦和慈善基金会	100.00	1	4706.34	358	2088.58	282	959.94	444
83	浙江绿色共享教育基金会	100.00	1	220.82	2530	390.94	948	385.34	837

续表

序号	基金会名称	FTI 2015 (分)	FTI 2015 全国排名	2013 年底净资产 (万元)	2013 年底净资产排名	2013 年度捐赠收入 (万元)	2013 年度捐赠收入排名	2013 年度公益事业支出 (万元)	2013 年度公益事业支出排名
84	浙江省爱心事业基金会	100.00	1	2108.86	668	2269.13	269	2023.08	237
85	浙江省青年创业就业基金会	100.00	1	2672.77	555	1377.60	392	1015.13	426
86	浙江省青少年发展基金会	100.00	1	9771.43	190	3241.51	187	2605.48	162
87	浙江省阳光教育基金会	100.00	1	1181.19	1041	681.67	679	356.19	878
88	浙江正泰公益基金会	100.00	1	7685.01	237	650.95	697	751.93	538
89	中国残疾人福利基金会	100.00	1	80370.75	13	33999.42	14	31835.22	12
90	中国初级卫生保健基金会	100.00	1	17055.02	98	25384.96	20	13820.83	26
91	中国地质大学(武汉)教育发展基金会	100.00	1	4290.45	383	462.54	840	374.79	856
92	中国扶贫基金会	100.00	1	69731.34	17	52462.14	7	32241.99	11
93	中国妇女发展基金会	100.00	1	42738.42	32	42252.13	12	39429.69	10
94	中国古生物化石保护基金会	100.00	1	1979.20	717	163.00	1485	866.08	477
95	中国光华科技基金会	100.00	1	69193.13	18	64332.08	5	50961.80	7
96	中国红十字基金会	100.00	1	50652.83	23	14715.39	35	28261.79	15
97	中国检察官教育基金会	100.00	1	10346.41	177	2084.00	284	3033.14	136
98	中国教师发展基金会	100.00	1	4592.91	363	392.65	944	2116.57	223
99	中国教育发展基金会	100.00	1	39845.43	33	22738.47	23	189435.11	1
100	中国青少年发展基金会	100.00	1	91359.41	9	50270.69	10	43350.34	9
101	中国人口福利基金会	100.00	1	11474.46	148	25201.29	21	25190.79	16
102	中国社会福利基金会	100.00	1	16939.96	99	18367.83	26	14525.30	24
103	中国西部人才开发基金会	100.00	1	4249.66	386	2419.00	255	2484.01	179
104	中国友好和平发展基金会	100.00	1	15100.21	108	3622.52	166	3160.08	134

续表

序号	基金会名称	FTI 2015（分）	FTI 2015全国排名	2013年底净资产（万元）	2013年底净资产排名	2013年度捐赠收入（万元）	2013年度捐赠收入排名	2013年度公益事业支出（万元）	2013年度公益事业支出排名
105	中华环境保护基金会	100.00	1	13958.94	117	5840.38	95	4167.21	103
106	中华少年儿童慈善救助基金会	100.00	1	9481.93	194	7886.49	69	8142.71	52
107	中华思源工程扶贫基金会	100.00	1	13791.14	119	15666.49	32	14455.68	25
108	中远慈善基金会	100.00	1	36828.74	36	5932.42	93	3362.92	126
109	重庆儿童救助基金会	100.00	1	3809.34	428	890.44	552	551.29	665
110	重庆市青少年发展基金会	100.00	1	1663.52	807	1847.77	319	2159.12	220
111	北京市华夏人慈善基金会	98.80	2	4101.03	397	437.73	870	314.62	941
112	广东省麦田教育基金会	98.80	2	720.69	1432	841.59	577	610.98	622
113	河北省青少年发展基金会	98.80	2	5009.67	342	4218.94	145	3228.87	129
114	中国发展研究基金会	98.80	2	20710.43	68	7138.95	77	5134.21	84
115	中国航天基金会	98.80	2	12673.49	133	130.00	1586	2834.88	152
116	中南大学教育基金会	98.80	2	19750.74	80	7037.25	78	1517.21	303
117	中华国际医学交流基金会	98.00	3	2351.01	615	2736.29	223	1673.49	278
118	广东省扶贫基金会	97.60	4	29411.09	47	52699.02	6	50086.93	8
119	上海慈善公益基金会	97.60	4	896.48	1281	773.65	620	446.52	754
120	吴作人国际美术基金会	97.60	4	1261.27	991	176.93	1450	236.99	1094
121	中国绿化基金会	97.60	4	20111.76	74	11105.96	42	13020.22	30
122	云南省青年创业就业基金会	96.80	5	706.39	1451	258.03	1162	285.02	989
123	纺织之光科技教育基金会	96.40	6	10500.51	172	671.35	688	817.55	502
124	山东大学教育基金会	96.40	6	8174.49	226	2465.17	250	1674.87	277
125	中兴通讯公益基金会	96.40	6	5001.28	346	5260.20	114	400.33	810

续表

序号	基金会名称	FTI 2015（分）	FTI 2015 全国排名	2013 年底 净资产（万元）	2013 年底 净资产 排名	2013 年度 捐赠收入（万元）	2013 年度 捐赠收入 排名	2013 年度 公益事业 支出（万元）	2013 年度 公益事业 支出排名
126	广西青少年发展基金会	95.20	7	4134.55	396	3189.13	193	2416.72	188
127	河北省残疾人福利基金会	95.20	7	1216.78	1014	842.19	575	635.56	605
128	新疆维吾尔自治区资助教育基金会	95.20	7	502.07	1787	479.91	825	404.49	804
129	增爱公益基金会	95.20	7	11421.68	149	7325.91	75	1036.63	422
130	中国绿色碳汇基金会	95.20	7	17465.50	94	9276.65	56	10774.38	37
131	浙江省台州市农业技术推广基金会	94.40	8	1170.02	1050	—	—	228.36	1111
132	象山县人民教育基金会	94.00	9	3900.20	418	543.95	775	595.50	633
133	广东省华媒传媒发展基金会	93.20	10	265.47	2357	140.34	1549	69.35	1865
134	河北省新联合公益基金会	92.80	11	302.86	2264	93.61	1772	74.46	1808
135	四川省科技扶贫基金会	92.80	11	502.09	1786	177.81	1447	175.26	1274
136	湖北省青少年发展基金会	92.64	12	7238.99	246	6678.30	83	6215.36	67
137	宁波市镇海区老年福利基金会	92.40	13	1280.57	982	137.50	1560	243.86	1077
138	中国移动慈善基金会	92.40	13	10167.87	179	3600.00	168	3830.00	111
139	北京市西部阳光农村发展基金会	91.86	14	1551.69	851	1711.75	335	1177.17	390
140	顶新公益基金会	91.60	15	2827.22	533	2592.69	236	1784.16	264
141	湖南省教育基金会	91.60	15	14693.80	111	1405.85	384	1305.73	352
142	金华职业技术学院教育发展基金会	91.60	15	2464.66	592	102.62	1707	181.81	1254
143	浙江省马黄初人口福利基金会	91.60	15	1853.93	751	90.00	1788	301.38	964
144	浙江省宁海县人民教育基金会	91.60	15	3490.23	455	1832.71	321	2028.36	235
145	中国癌症基金会	91.60	15	36069.85	37	160835.97	1	165657.91	2
146	中国煤矿尘肺病防治基金会	91.60	15	4496.39	370	469.32	832	978.18	439

续表

序号	基金会名称	FTI 2015（分）	FTI 2015 全国排名	2013 年底净资产（万元）	2013 年底净资产排名	2013 年度捐赠收入（万元）	2013 年度捐赠收入排名	2013 年度公益事业支出（万元）	2013 年度公益事业支出排名
147	中国农业大学教育基金会	91.60	15	5066.63	335	2135.28	280	1367.11	335
148	重庆市扶贫基金会	91.20	16	1411.91	920	1835.98	320	1549.56	297
149	河南省中原老龄产业发展基金会	90.80	17	219.98	2536	50.00	2015	49.30	2049
150	上海能近公益基金会	90.40	18	312.79	2234	162.54	1488	76.15	1793
151	深圳市松禾成长关爱基金会	90.40	18	281.55	2326	440.01	866	444.29	757
152	盱眙县教育发展基金会	90.40	18	590.72	1622	—	—	35.22	2249
153	上海应用技术学院教育发展基金会	90.00	19	568.46	1661	211.50	1279	3.00	2808
154	北京市仁爱慈善基金会	89.97	20	577.68	1643	420.57	889	241.13	1085
155	中社社会工作发展基金会	89.88	21	5923.07	288	2527.15	240	783.50	519
156	北京市温暖基金会	89.60	22	5391.05	312	2592.14	237	2081.48	228
157	华中科技大学教育发展基金会	89.60	22	12403.54	136	1993.78	299	1305.42	353
158	江西省革命老区爱心基金会	89.60	22	1262.94	989	571.23	751	489.92	710
159	中国青年创业就业基金会	89.60	22	23842.35	59	14463.90	36	7759.44	56
160	武汉张培刚发展经济学研究基金会	89.20	23	900.92	1277	374.00	971	63.57	1910
161	詹天佑科学技术发展基金会	89.20	23	3520.70	452	120.00	1611	294.55	975
162	福建省青少年发展基金会	88.85	24	3362.92	464	2964.06	209	2233.37	209
163	厦门建安慈善基金会	88.80	25	200.39	2748	236.86	1217	367.39	864
164	重庆孤残儿童援助基金会	88.80	25	824.72	1339	117.70	1627	133.32	1439
165	福建省妇女儿童发展基金会	88.40	26	1941.04	728	786.96	612	327.63	923
166	罗定市泷州教育基金会	88.40	26	7492.15	241	2773.92	221	626.15	611
167	上海华信公益基金会	88.40	26	3196.09	479	3754.60	163	1616.23	283

续表

序号	基金会名称	FTI 2015 (分)	FTI 2015 全国排名	2013 年底 净资产 (万元)	2013 年底 净资产 排名	2013 年度 捐赠收入 (万元)	2013 年度 捐赠收入 排名	2013 年度 公益事业 支出(万元)	2013 年度 公益事业 支出排名
168	重庆市科技事业发展基金会	88.40	26	235.15	2464	4.00	2457	21.19	2455
169	浙江省理想慈善基金会	88.00	27	67.56	3036	0.30	2537	37.52	2220
170	重庆市红十字基金会	88.00	27	3847.61	421	3488.42	174	4405.13	96
171	四川省青年创业就业基金会	87.60	28	1372.52	934	407.68	913	674.54	581
172	中国益民文化建设基金会	87.60	28	1198.83	1028	330.00	1033	249.50	1062
173	江南大学教育发展基金会	87.50	30	5007.93	343	1395.70	389	896.27	466
174	陕西师范大学教育基金会	87.20	31	2963.56	514	702.50	665	465.84	735
175	北京感恩公益基金会	86.80	32	405.69	2033	575.69	748	455.93	743
176	上海市教育发展基金会	86.80	32	23596.89	60	1821.70	324	2914.28	144
177	浙江横店文荣慈善基金会	86.80	32	229.45	2482	489.78	819	414.78	790
178	南京航空航天大学教育发展基金会	86.40	33	30470.32	44	1051.86	496	2518.59	175
179	中南财经政法大学教育发展基金会	86.40	33	2044.61	685	369.51	982	242.50	1082
180	深圳市 TCL 公益基金会	86.00	34	575.68	1646	12.76	2335	74.29	1809
181	广东省春桃慈善基金会	85.60	35	118.03	3001	230.74	1229	139.67	1410
182	深圳市花样盛年慈善基金会	85.60	35	205.27	2641	182.78	1434	126.59	1474
183	深圳市龙越慈善基金会	85.60	35	300.38	2277	509.35	791	389.64	831
184	宁波市效实中学教育发展基金会	84.80	36	477.47	1832	16.72	2292	37.16	2227
185	深圳市南方科技大学教育基金会	84.80	36	173.64	2935	241.50	1203	184.20	1241
186	桐庐县老龄事业发展基金会	84.80	36	526.75	1725	57.83	1945	65.70	1895
187	浙江光盐爱心基金会	84.80	36	160.70	2955	192.58	1410	120.93	1500
188	浙江海亮慈善基金会	84.80	36	7466.20	243	2001.00	295	733.13	546

续表

序号	基金名称	FTI 2015（分）	FTI 2015 全国排名	2013 年底净资产（万元）	2013 年底净资产排名	2013 年度捐赠收入（万元）	2013 年度捐赠收入排名	2013 年度公益事业支出（万元）	2013 年度公益事业支出排名
189	浙江一开善慈基金会	84.80	36	42.20	3051	—	—	34.00	2270
190	中国儿童少年基金会	84.67	37	48007.59	26	32952.50	15	29634.60	14
191	山西省文化发展基金会	84.40	38	-24.82	3080	179.75	1444	261.42	1032
192	上海市儿童健康基金会	84.40	38	2283.27	626	1105.83	476	608.65	625
193	深圳市莘达康慈善基金会	84.40	38	238.54	2452	110.86	1659	70.67	1847
194	心平公益基金会	84.40	38	5113.60	329	3223.07	190	2915.14	143
195	北京中国国家博物馆事业发展基金会	84.00	39	1927.28	734	1000.00	514	133.89	1435
196	瀛公益基金会	84.00	39	30718.41	43	110.33	1662	1551.97	295
197	中国金融教育发展基金会	84.00	39	4891.24	351	1113.31	474	1615.56	284
198	中国留学人才发展基金会	84.00	39	4585.17	364	8426.85	65	5845.07	74
199	广西师范大学教育发展基金会	83.60	40	3121.25	490	789.45	610	701.55	569
200	宁波太平洋慈善基金会	83.60	40	4409.22	376	1500.00	365	278.65	996
201	新昌爱连美丽乡村基金会	83.60	40	462.01	1868	—	—	38.70	2206
202	浙江安正慈善基金会	83.60	40	46.85	3049	110.00	1672	155.07	1348
203	浙江农林大学教育基金会	83.60	40	599.62	1607	780.29	616	792.39	516
204	浙江省陈再爱心基金会	83.60	40	211.13	2591	10.00	2377	17.60	2547
205	浙江省李书福资助教育基金会	83.60	40	1617.33	819	1310.80	405	315.18	940
206	浙江省青少年英才奖励基金会	83.60	40	639.96	1544	15.00	2311	3.64	2799
207	杭州市上城区教育发展基金会	83.20	41	2425.59	599	2331.90	263	2715.42	158
208	嘉兴市见义勇为基金会	83.20	41	742.56	1416	90.00	1790	67.02	1881
209	深圳市爱阅公益基金会	83.20	41	631.31	1559	576.11	747	223.67	1128

续表

序号	基金会名称	FTI 2015（分）	FTI 2015 全国排名	2013 年底净资产（万元）	2013 年底净资产排名	2013 年度捐赠收入（万元）	2013 年度捐赠收入排名	2013 年度公益事业支出（万元）	2013 年度公益事业支出排名
210	思利及人公益基金会	82.80	42	2302.20	620	433.47	874	193.41	1206
211	盐城市见义勇为基金会	82.80	42	8703.58	212	2.40	2484	394.17	821
212	浙江省新华爱心教育基金会	82.80	42	11127.40	153	6685.47	82	5359.99	82
213	杭州市残疾人福利基金会	82.40	43	583.65	1630	100.38	1721	181.87	1252
214	杭州市见义勇为基金会	82.40	43	1690.54	799	33.00	2128	183.88	1244
215	杭州市江干区人民教育基金会	82.40	43	2446.45	597	381.72	960	263.72	1024
216	嘉兴市教育基金会	82.40	43	2380.27	609	212.75	1276	825.59	494
217	江山市人民教育基金会	82.40	43	701.38	1461	102.00	1711	112.34	1546
218	丽水市人民教育基金会	82.40	43	772.19	1393	192.15	1411	171.31	1289
219	宁波博约博物馆文化发展基金会	82.40	43	143.30	2972	—	—	14.89	2635
220	宁波大学教育发展基金会	82.40	43	13028.04	127	982.48	522	736.25	543
221	宁波市职工救急难基金会	82.40	43	684.47	1482	243.35	1198	181.85	1253
222	宁波双林预防肿瘤基金会	82.40	43	159.72	2956	—	—	37.60	2219
223	潘天寿基金会（浙江）	82.40	43	333.32	2192	53.00	1980	51.66	2020
224	衢州市孔子教育基金会	82.40	43	765.73	1401	425.68	881	109.00	1567
225	绍兴县中夏慈善基金会	82.40	43	47.44	3048	19.84	2260	72.38	1826
226	松阳县人民教育基金会	82.40	43	435.38	1947	208.93	1290	157.89	1334
227	天台县教育基金会	82.40	43	2281.93	628	159.33	1503	380.55	851
228	温州百润教育基金会	82.40	43	553.83	1682	—	—	40.16	2182
229	温州市人民教育基金会	82.40	43	6668.38	267	506.49	797	1311.31	346
230	温州中学教育发展基金会	82.40	43	344.70	2173	489.00	820	410.50	798

续表

序号	基金会名称	FTI 2015（分）	FTI 2015 全国排名	2013 年底 净资产（万元）	2013 年底 净资产 排名	2013 年度 捐赠收入（万元）	2013 年度 捐赠收入 排名	2013 年度 公益事业 支出（万元）	2013 年度 公益事业 支出排名
231	余姚市高级中学教育基金会	82.40	43	200.09	2784	23.50	2207	22.47	2428
232	浙江传媒学院教育基金会	82.40	43	272.34	2339	91.27	1780	521.34	688
233	浙江福泰隆慈善基金会	82.40	43	1501.67	876	—	—	100.19	1609
234	浙江广天日月鲍林春建设科技基金会	82.40	43	1509.30	873	—	—	125.20	1478
235	浙江豪成慈善基金会	82.40	43	206.36	2628	120.00	1617	82.77	1736
236	浙江省博爱教育基金会	82.40	43	4064.77	401	—	—	350.00	888
237	浙江省残疾人福利基金会	82.40	43	1737.94	788	1078.08	486	950.27	449
238	浙江省康恩贝慈善救助基金会	82.40	43	667.24	1496	1118.17	473	1210.67	374
239	浙江省农业技术推广基金会	82.40	43	14044.22	115	1600.00	349	817.50	503
240	浙江省绍兴县盛兴慈善基金会	82.40	43	221.42	2526	20.00	2249	48.94	2052
241	浙江省网易慈善基金会	82.40	43	1021.45	1164	750.00	632	765.48	532
242	浙江省舟山中学教育发展基金会	82.40	43	403.28	2046	20.82	2225	97.05	1636
243	浙江永强慈善基金会	82.40	43	43.13	3050	—	—	11.89	2671
244	浙江中国美术学院夏朋（姚馥）奖学金基金会	82.40	43	304.93	2256	100.00	1734	7.80	2740
245	智善公益基金会	82.40	43	10093.29	183	403.00	920	853.29	484
246	舟山市伟兴教育基金会	82.40	43	604.66	1601	85.00	1804	64.82	1902
247	诸暨市九鼎教育基金会	82.40	43	200.33	2754	—	—	20.34	2466
248	广东省崇景乐慈善基金会	81.88	44	199.06	2845	107.68	1678	92.54	1663
249	慈溪市老龄事业发展基金会	81.60	45	1189.32	1035	264.52	1153	412.63	795
250	鲁迅文化基金会	81.60	45	2930.16	519	1225.87	434	569.76	650
251	深圳市梵融教育基金会	81.60	45	316.14	2225	—	—	17.90	2540

续表

序号	基金会名称	FTI 2015（分）	FTI 2015 全国排名	2013 年底净资产（万元）	2013 年底净资产排名	2013 年度捐赠收入（万元）	2013 年度捐赠收入排名	2013 年度公益事业支出（万元）	2013 年度公益事业支出排名
252	深圳市佳兆业公益基金会	81.60	45	276.79	2334	3252.84	184	2977.06	139
253	苏州大学教育发展基金会	81.60	45	24993.16	58	2694.62	224	15773.13	22
254	浙江慈溪兴业夕阳红基金会	81.60	45	1288.15	976	19.89	2259	111.44	1550
255	浙江省新台州人健康救助基金会	81.60	45	198.14	2853	44.00	2052	41.47	2167
256	浙江圣爱慈善基金会	81.60	45	620.14	1574	20.50	2227	52.37	2015
257	安吉县企业家助学基金会	81.20	46	351.30	2162	6.60	2414	32.20	2295
258	德清县人民教育基金会	81.20	46	398.90	2084	56.85	1948	80.39	1758
259	奉化市人民教育基金会	81.20	46	2119.68	659	3022.12	204	2678.20	159
260	杭州师范大学教育基金会	81.20	46	544.04	1695	726.65	647	184.00	1242
261	杭州市关爱孤儿基金会	81.20	46	260.94	2369	91.76	1776	66.36	1890
262	杭州市西湖区教育基金会	81.20	46	1367.50	936	250.00	1174	225.20	1121
263	杭州市西湖区老龄事业发展基金会	81.20	46	430.37	1961	3.00	2472	24.38	2397
264	杭州市萧山区残疾人福利基金会	81.20	46	459.60	1875	8.70	2396	8.10	2730
265	杭州市萧山区见义勇为奖励基金会	81.20	46	515.74	1749	63.00	1911	4.28	2784
266	杭州市萧山区老年基金会	81.20	46	—	—	13.00	2333	17.77	2543
267	建德市见义勇为基金会	81.20	46	890.54	1286	95.00	1765	15.04	2625
268	江山市农村公益基金会	81.20	46	414.28	2003	68.00	1884	511.40	692
269	金华市人民教育基金会	81.20	46	1647.31	813	754.99	628	464.50	736
270	金龙鱼慈善公益基金会	81.20	46	3002.79	504	2230.50	271	2231.25	210
271	丽水市莲都区人民教育基金会	81.20	46	1346.32	947	14.66	2320	32.63	2287
272	临安市见义勇为奖励基金会	81.20	46	726.20	1428	66.00	1891	19.06	2506

续表

序号	基金会名称	FTI 2015（分）	FTI 2015 全国排名	2013年底净资产（万元）	2013年底净资产排名	2013年度捐赠收入（万元）	2013年度捐赠收入排名	2013年度公益事业支出（万元）	2013年度公益事业支出排名
273	宁波市北仑区人民教育基金会	81.20	46	1116.23	1091	251.83	1170	206.80	1169
274	宁波市扶贫基金会	81.20	46	272.12	2340	110.00	1669	55.00	1989
275	宁波市人民教育基金会	81.20	46	3734.48	434	241.62	1202	533.46	677
276	宁波市鄞州区人民教育基金会	81.20	46	2646.89	560	1848.93	318	936.10	456
277	宁波协合预防肿瘤基金会	81.20	46	235.87	2461	13.79	2329	21.75	2445
278	衢州市衢江区人民教育基金会	81.20	46	251.67	2399	467.59	834	481.01	719
279	绍兴市越城区人民教育基金会	81.20	46	945.71	1240	258.72	1160	382.30	845
280	绍兴县人民教育基金会	81.20	46	6537.12	271	3153.38	195	2521.10	174
281	台州市黄岩区慈善基金会	81.20	46	568.89	1659	104.75	1690	75.75	1798
282	台州市见义勇为基金会	81.20	46	778.51	1385	322.50	1046	42.48	2151
283	台州市路桥区教育发展基金会	81.20	46	1493.77	878	10.00	2366	544.12	668
284	秦顺县雅阳教育发展基金会	81.20	46	1212.31	1019	—	—	192.21	1209
285	温州市警察基金会	81.20	46	2115.41	663	1314.20	403	456.91	742
286	温州市龙湾区人民教育基金会	81.20	46	90.44	3024	—	—	44.40	2119
287	温州市鹿城区人民教育基金会	81.20	46	280.72	2330	—	—	526.41	685
288	温州市实验小学教育发展基金会	81.20	46	511.02	1760	—	—	202.73	1180
289	武义县教育基金会	81.20	46	782.14	1380	95.64	1762	96.97	1638
290	武义县君南天使基金会	81.20	46	443.88	1925	—	—	32.40	2291
291	浙江东湖教育基金会	81.20	46	206.95	2624	3.98	2460	22.40	2431
292	浙江华坤教育基金会	81.20	46	359.81	2145	44.00	2051	43.80	2130
293	浙江省红黄蓝儿童慈善基金会	81.20	46	189.19	2903	—	—	1.89	2834

续表

序号	基金会名称	FTI 2015（分）	FTI 2015 全国排名	2013 年底净资产（万元）	2013 年底净资产排名	2013 年度捐赠收入（万元）	2013 年度捐赠收入排名	2013 年度公益事业支出（万元）	2013 年度公益事业支出排名
294	浙江省龙游中学奖教奖学基金会	81.20	46	384.19	2105	90.14	1785	35.59	2245
295	浙江省人民对外友好交流基金会	81.20	46	650.45	1523	—	—	15.90	2609
296	浙江省人民教育基金会	81.20	46	3173.72	482	753.60	630	776.75	522
297	浙江省余姚中学奖教学基金会	81.20	46	447.42	1917	710.31	659	648.19	595
298	浙江小百花越剧基金会	81.20	46	214.40	2567	—	—	21.33	2450
299	浙江馥芳慈善基金会	81.20	46	325.43	2208	106.04	1682	59.87	1941
300	中国和平发展基金会	81.20	46	32082.23	40	341.09	1017	2598.15	166
301	舟山市普陀区人民教育基金会	81.20	46	2851.20	531	135.58	1570	639.36	602
302	清华大学教育基金会	80.80	47	322045.52	1	145120.40	2	69372.72	5
303	台州职业技术学院涌泉奖助基金会	80.80	47	743.84	1415	87.08	1796	57.51	1964
304	温岭市人民教育基金会	80.80	47	4813.42	356	141.10	1545	1065.36	411
305	武汉理工大学华夏学院教育基金会	80.80	47	100.48	3016	196.40	1400	124.56	1482
306	浙江省娃哈哈慈善基金会	80.80	47	370.92	2129	1032.12	501	1052.12	416
307	重庆西南大学教育基金会	80.80	47	3150.78	486	1994.00	298	1132.58	399
308	传媒大学教育基金会	80.56	48	3918.20	415	1252.00	424	636.91	604
309	泛海公益基金会	80.40	49	20004.78	77	3055.00	201	4040.00	105
310	广东省嘉宝莉助学基金会	80.40	49	406.24	2031	359.90	994	203.16	1179
311	广东省夕阳红慈善基金会	80.40	49	200.00	2799	42.04	2058	41.34	2170
312	湖南省桂东县教育基金会	80.40	49	676.85	1488	162.59	1487	165.51	1312
313	深圳市博源经济研究基金会	80.40	49	249.82	2412	297.80	1103	195.49	1203
314	深圳市福州商会公益事业基金会	80.40	49	73.16	3032	53.07	1979	55.00	1990

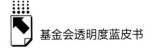

续表

序号	基金名称	FTI 2015（分）	FTI 2015全国排名	2013 年底净资产（万元）	2013 年底净资产排名	2013 年度捐赠收入（万元）	2013 年度捐赠收入排名	2013 年度公益事业支出（万元）	2013 年度公益事业支出排名
315	深圳市景安精神关爱基金会	80.40	49	100.07	3018	120.00	1619	100.00	1615
316	深圳市俊才教育基金会	80.40	49	206.05	2633	40.36	2070	22.57	2424
317	温州大学教育发展基金会	80.40	49	2301.34	621	725.15	648	72.97	1819
318	浙江省舟山市东海教育基金会	80.40	49	696.28	1468	81.80	1813	87.19	1708
319	东阳市社会治安综合治理基金会	80.00	50	310.70	2238	—	—	2.40	2824
320	青田县人民教育基金会	80.00	50	1476.57	889	731.20	646	499.20	700
321	瑞安市人民教育基金会	80.00	50	12980.45	129	221.91	1249	875.01	475
322	上海美丽心灵社区公益基金会	80.00	50	216.91	2554	64.16	1903	87.23	1707
323	香江社会救助基金会	80.00	50	3176.22	481	2409.77	256	723.38	550
324	新昌县人民教育基金会	80.00	50	538.37	1703	517.00	787	674.39	582
325	浙江矾都慈善基金会	80.00	50	181.66	2922	—	—	19.19	2502
326	浙江全山石艺术基金会	80.00	50	1691.80	797	—	—	290.41	978
327	浙江省金融教育基金会	80.00	50	2037.88	687	569.00	756	120.83	1501
328	浙江宜尔阳光教育基金会	80.00	50	257.67	2379	—	—	22.50	2425
329	浙江中信金通教育基金会	80.00	50	488.43	1817	—	—	39.81	2192
330	阿里巴巴公益基金会	79.60	51	5099.61	331	1405.60	385	1404.42	325
331	杭州市关心下一代基金会	79.60	51	724.67	1429	50.00	2002	113.56	1540
332	湖南省郴州市教育基金会	79.60	51	2126.26	657	571.47	749	567.89	651
333	遂昌县人民教育基金会	79.60	51	520.34	1742	289.99	1110	260.75	1033
334	浙江华汇建设美好生活基金会	79.60	51	214.31	2568	51.46	1991	45.50	2099
335	浙江圣奥慈善基金会	79.60	51	1118.04	1088	0.30	2538	531.22	679

续表

序号	基金会名称	FTI 2015（分）	FTI 2015 全国排名	2013 年底 净资产 （万元）	2013 年底 净资产 排名	2013 年度 捐赠收入 （万元）	2013 年度 捐赠收入 排名	2013 年度 公益事业 支出（万元）	2013 年度 公益事业 支出排名
336	深圳市捷顺乐善扶贫基金会	79.20	52	217.83	2548	81.00	1818	36.90	2229
337	深圳市桃源社区发展基金会	79.20	52	2116.66	662	704.77	662	83.95	1730
338	张家界市武陵源区教育基金会	79.20	52	949.83	1237	150.52	1521	155.24	1346
339	北京航空航天大学教育基金会	78.80	53	49602.51	24	16282.04	29	4026.31	106
340	苍南县人民教育基金会	78.80	53	1566.86	844	390.17	949	829.71	492
341	慈溪市人民教育基金会	78.80	53	980.63	1207	53.31	1974	149.48	1373
342	贵州省同心光彩事业基金会	78.80	53	416.61	1996	368.49	983	412.18	796
343	杭州市下城区老年基金会	78.80	53	715.43	1439	13.37	2330	83.88	1731
344	杭州市余杭区见义勇为奖励基金会	78.80	53	458.26	1880	1.13	2507	41.83	2160
345	杭州市余杭区老年基金会	78.80	53	1355.55	943	—	—	81.65	1744
346	江苏经贸职业技术学院教育发展基金会	78.80	53	580.39	1635	420.35	890	464.24	738
347	兰溪市教育基金会	78.80	53	1221.60	1010	2430.70	254	2161.06	219
348	慈溪华茂教育基金会	78.80	53	10000.57	186	755.40	627	1886.32	249
349	宁波市见义勇为基金会	78.80	53	493.96	1808	—	—	43.00	2143
350	宁波市江东区人民教育基金会	78.80	53	856.21	1314	—	—	118.77	1510
351	宁波市老年福利基金会	78.80	53	406.69	2029	—	—	12.00	2668
352	绍兴县小百花越剧基金会	78.80	53	174.50	2932	—	—	18.00	2536
353	云和县人民教育基金会	78.80	53	577.81	1640	137.36	1561	172.10	1288
354	浙江省义乌市教育基金会	78.80	53	532.83	1717	101.00	1719	2164.05	218
355	浙江泰顺司前新农村发展基金会	78.80	53	16.52	3058	—	—	11.63	2674
356	浙江萤火虫慈善基金会	78.80	53	122.96	2994	—	—	10.88	2683

续表

序号	基金会名称	FTI 2015（分）	FTI 2015全国排名	2013年底净资产（万元）	2013年底净资产排名	2013年度捐赠收入（万元）	2013年度捐赠收入排名	2013年度公益事业支出（万元）	2013年度公益事业支出排名
357	中国医学基金会	78.80	53	1022.91	1162	2244.20	270	2050.60	233
358	广西红十字基金会	78.40	54	2783.76	541	1598.63	350	1649.51	280
359	乐清市社会组织发展基金会	78.40	54	465.75	1860	—	—	30.97	2310
360	宁波舜大慈善基金会	78.40	54	1796.98	772	—	—	42.00	2156
361	上海民建扶帮公益基金会	78.40	54	1482.41	885	1377.75	391	979.13	438
362	浙江省华福慈善基金会	78.40	54	156.74	2957	10.36	2360	19.70	2495
363	浙江省宗文慈善基金会	78.40	54	3862.81	420	188.40	1421	321.30	925
364	中国科技馆发展基金会	78.40	54	3130.23	489	800.00	601	621.52	614
365	中国预防性病艾滋病基金会	78.40	54	3061.02	494	879.73	559	1403.02	326
366	北京百度公益基金会	78.03	55	2113.12	665	1882.91	314	2082.54	227
367	福建省残疾人福利基金会	78.00	56	2556.53	577	1795.13	327	2318.08	201
368	广东省肇庆学院教育发展基金会	78.00	56	604.33	1602	184.89	1430	80.58	1757
369	绍兴市上虞区人民教育基金会	78.00	56	709.37	1447	328.53	1037	329.20	919
370	深圳市妈妈食堂关爱基金会	78.00	56	5.77	3068	149.78	1525	145.86	1386
371	无锡城市职业技术学院教育发展基金会	78.00	56	2900.51	522	841.61	576	305.55	959
372	中国企业管理科学基金会	78.00	56	2614.25	567	74.00	1856	380.18	852
373	诸暨市农民教育发展基金会	78.00	56	453.57	1896	—	—	25.00	2389
374	上海科普教育发展基金会	77.86	57	9166.48	201	242.15	1200	755.85	535
375	湖南省妇女儿童发展基金会	77.60	58	1153.59	1060	279.35	1124	223.81	1127
376	平阳县人民教育基金会	77.60	58	2967.21	512	0.48	2529	114.80	1529
377	上海东华大学教育发展基金会	77.60	58	2860.22	528	1192.47	444	954.79	447

续表

序号	基金会名称	FTI 2015（分）	FTI 2015 全国排名	2013 年底净资产（万元）	2013 年底净资产排名	2013 年度捐赠收入（万元）	2013 年度捐赠收入排名	2013 年度公益事业支出（万元）	2013 年度公益事业支出排名
378	重庆市金平法学教育基金会	77.60	58	395.10	2095	104.01	1697	55.80	1980
379	金华市永远的荣光艺术教育基金会	77.20	59	1322.58	958	354.30	1000	102.30	1596
380	宁波诺丁汉大学教育发展基金会	77.20	59	2702.80	553	104.73	1691	134.26	1433
381	宁波市镇海区富的教育基金会	77.20	59	1354.77	944	159.00	1504	43.09	2140
382	温州市温商慈善基金会	77.20	59	205.62	2639	71.02	1869	70.46	1851
383	浙江吃亏是福慈善基金会	77.20	59	470.67	1842	54.75	1970	45.58	2096
384	浙江富通感恩慈善基金会	77.20	59	1837.16	757	—	—	305.79	958
385	浙江富中教育集团教育发展基金会	77.20	59	10127.95	181	94.00	1768	819.20	501
386	浙江家禾慈善基金会	77.20	59	101.55	3012	—	—	319.57	931
387	浙江健怡慈善基金会	77.20	59	116.69	3002	269.36	1140	179.12	1262
388	浙江省弘毅公益基金会	77.20	59	15.38	3060	59.06	1941	44.06	2127
389	浙江省南海实验学校伟兴教育发展基金会	77.20	59	542.05	1697	35.04	2109	41.32	2173
390	浙江省三立慈善基金会	77.20	59	355.92	2155	115.86	1632	168.12	1305
391	浙江省舟山中浪慈善基金会	77.20	59	2004.84	704	38.86	2088	161.35	1325
392	浙江省盛威普世慈善基金会	77.20	59	650.14	1525	164.71	1480	77.60	1776
393	浙江师范大学教育基金会	77.20	59	1072.78	1122	946.58	529	74.50	1807
394	浙江颐源教育基金会	77.20	59	979.15	1210	—	—	74.00	1812
395	重庆市教育发展基金会	77.20	59	5628.65	297	1261.16	420	1602.03	287
396	哈尔滨工业大学教育发展基金会	76.80	60	13707.70	120	9093.49	58	3972.45	108
397	宁波市镇海区人民教育基金会	76.80	60	4751.59	357	—	—	37.86	2214
398	上海韩哲一教育扶贫基金会	76.80	60	521.95	1736	152.70	1519	142.90	1399

续表

序号	基金会名称	FTI 2015（分）	FTI 2015 全国排名	2013 年底净资产（万元）	2013 年底净资产排名	2013 年度捐赠收入（万元）	2013 年度捐赠收入排名	2013 年度公益事业支出（万元）	2013 年度公益事业支出排名
399	上海浦东新区社会发展基金会	76.80	60	6996.27	255	1543.07	359	1531.66	300
400	深圳大运留学基金会	76.80	60	20588.82	70	—	—	266.57	1020
401	深圳市雅昌艺术基金会	76.80	60	199.45	2840	53.00	1981	36.44	2234
402	深圳市远见教育发展基金会	76.80	60	103.55	3008	33.20	2126	70.25	1854
403	天津市青少年发展基金会	76.80	60	623.80	1569	822.46	588	711.91	560
404	中华社会救助基金会	76.80	60	2997.67	505	4121.68	149	3181.41	133
405	浙江省扶贫基金会	76.75	61	1226.66	1009	618.87	716	680.36	577
406	温州金州永强慈善基金会	76.67	62	512.06	1756	117.36	1628	122.68	1493
407	陕西省红十字基金会	76.40	63	2809.51	535	1157.56	453	1191.03	383
408	深圳市同维爱心公益基金会	76.40	63	202.10	2687	322.10	1047	265.49	1022
409	张家港市党员关爱暨帮扶困难群众基金会	76.40	63	10752.58	164	1142.28	462	1006.34	429
410	西北工业大学教育基金会	76.00	64	19005.83	84	5376.97	107	5500.75	81
411	中国出生缺陷干预救助基金会	76.00	64	1150.71	1063	1067.63	490	1045.71	417
412	中华同心温暖工程基金会	76.00	64	3517.86	453	3205.38	192	2025.03	236
413	大连慈善基金会	75.60	65	5733.29	296	6737.03	81	13148.67	27
414	林则徐基金会	75.60	65	615.70	1578	62.00	1916	204.24	1177
415	深圳市侨商关爱基金会	75.60	65	373.97	2121	275.56	1128	101.76	1600
416	深圳市社会公益基金会	75.60	65	1090.32	1108	609.18	720	821.51	499
417	武汉理工大学教育发展基金会	75.60	65	1461.21	895	713.03	654	495.22	706
418	浙江省发展侨务事业基金会	75.45	66	307.31	2249	30.00	2162	23.66	2411
419	宝鸡市残疾人福利基金会	75.20	67	773.09	1391	185.85	1426	226.88	1118

续表

序号	基金会名称	FTI 2015（分）	FTI 2015 全国排名	2013年底 净资产（万元）	2013年底 净资产 排名	2013年度 捐赠收入（万元）	2013年度 捐赠收入 排名	2013年度 公益事业 支出（万元）	2013年度 公益事业 支出排名
420	云南教育基金会	75.20	67	3276.38	470	1588.97	352	1643.46	281
421	杭州市农业技术推广基金会	74.99	68	1593.83	829	—	—	397.96	815
422	缙云县人民教育基金会	74.99	68	1775.36	776	492.50	817	1738.90	270
423	上海市华侨事业发展基金会	74.80	69	676.30	1489	1208.96	437	1462.32	311
424	云南省扶贫基金会	74.80	69	1734.13	790	839.63	580	772.49	527
425	浙江宏达教育基金会	74.80	69	414.16	2004	361.43	991	183.68	1246
426	浙江省广济慈善基金会	74.80	69	171.05	2939	—	—	287.05	987
427	浙江省职工送温暖基金会	74.80	69	1130.12	1076	—	—	35.20	2250
428	青海省教育发展基金会	74.77	70	713.18	1441	1688.90	338	1832.57	256
429	广西壹方慈善基金会	74.40	71	246.00	2422	161.56	1489	106.02	1583
430	淮安增力爱心基金会	74.40	71	355.78	2156	78.70	1831	44.68	2114
431	金华市外国语学校教育发展基金会	74.40	71	218.25	2544	1294.70	409	1300.00	355
432	宁夏燕宝慈善基金会	74.40	71	795.60	1365	10324.44	49	9750.04	44
433	上海市青少年发展基金会	74.40	71	13352.37	122	14344.37	37	1827.22	259
434	上海市人口福利基金会	74.40	71	1239.56	1003	759.04	625	591.39	636
435	深圳市神州通慈善基金会	74.40	71	201.28	2709	168.33	1472	146.00	1384
436	中国老龄事业发展基金会	74.40	71	11809.83	142	9294.60	55	5246.95	83
437	济源市宝之源慈善基金会	74.37	72	206.18	2631	18.00	2275	17.72	2544
438	宁波市江北区人民教育基金会	74.27	73	2127.57	656	50.00	1999	56.93	1969
439	新疆生产建设兵团青少年发展基金会	74.05	74	—	—	935.39	533	1180.82	387
440	安徽省青少年发展基金会	74.00	75	4402.54	377	2952.74	210	2434.02	187

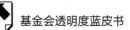

续表

序号	基金名称	FTI 2015（分）	FTI 2015 全国排名	2013 年底 净资产（万元）	2013 年底 净资产 排名	2013 年度 捐赠收入（万元）	2013 年度 捐赠收入 排名	2013 年度 公益事业 支出（万元）	2013 年度 公益事业 支出排名
441	岱山县人民教育基金会	74.00	75	719.52	1434	561.32	760	222.99	1130
442	广东省人口基金会	74.00	75	1567.70	843	841.48	578	1099.07	404
443	江苏陶欣伯助学基金会	74.00	75	33484.63	38	28044.20	17	1467.44	309
444	上海华东理工大学教育发展基金会	74.00	75	1312.62	964	829.35	584	578.69	647
445	中国医药卫生事业发展基金会	74.00	75	10452.54	174	1000.01	513	2234.49	208
446	湖州市见义勇为基金会	73.68	76	976.01	1214	—	—	61.40	1924
447	海安县慈善基金会	73.60	77	5030.50	340	888.08	554	718.73	557
448	上海市安济医疗救助基金会	73.60	77	1763.88	781	598.74	730	269.34	1013
449	中华健康快车基金会	73.60	77	7079.91	252	5365.42	109	2050.57	234
450	安徽双赢慈善基金会	73.20	78	250.39	2411	110.83	1660	70.80	1846
451	深圳市千禧之星慈善基金会	73.20	78	57.76	3043	—	—	20.00	2489
452	四川电子科技大学教育发展基金会	73.20	78	6335.69	276	3118.29	197	2825.73	153
453	重庆市青年创新创业基金会	73.20	78	1086.81	1110	1350.00	398	1733.12	271
454	浙江雪窦慈光慈善基金会	73.10	79	688.27	1479	33.34	2125	52.82	2011
455	广东省北京大学珠海校区教育发展基金会	72.80	80	302.55	2266	101.80	1713	18.61	2515
456	青海省青少年发展基金会	72.80	80	2193.37	643	1950.10	304	1969.51	242
457	新疆维吾尔自治区青少年发展基金会	72.80	80	1367.69	935	1143.21	461	1328.41	343
458	湖南青年创业就业基金会	72.40	81	1919.64	736	1309.00	407	1205.71	378
459	苏州大学文正学院教育发展基金会	72.40	81	1741.21	786	4301.00	143	3000.00	137
460	北京华北电力大学教育基金会	72.11	82	3345.30	465	1651.23	341	1151.36	395
461	神华公益基金会	72.07	83	71905.38	15	570.00	754	22949.40	17

续表

序号	基金会名称	FTI 2015（分）	FTI 2015全国排名	2013年底净资产（万元）	2013年底净资产排名	2013年度捐赠收入（万元）	2013年度捐赠收入排名	2013年度公益事业支出（万元）	2013年度公益事业支出排名
462	北京弘毅慈善基金会	72.00	84	327.55	2202	190.10	1416	144.00	1394
463	深圳市马洪经济研究发展基金会	72.00	84	287.77	2310	—	—	41.68	2164
464	深圳市禾树豪纪念慈善基金会	72.00	84	50.06	3046	485.11	822	438.80	764
465	深圳市转动热情自行车体育基金会	72.00	84	214.92	2565	80.70	1819	50.86	2027
466	中国海油海洋环境与生态保护公益基金会	72.00	84	52613.92	21	5516.23	101	5973.24	72
467	北华大学教育基金会	71.60	85	632.40	1557	360.35	992	268.56	1017
468	闽都中小银行教育发展基金会	71.60	85	3956.84	412	—	—	380.00	853
469	山东省乐安慈孝公益基金会	71.60	85	1852.86	752	245.70	1191	174.74	1277
470	苏州市吴江区党员关爱暨帮扶困难群众基金会	71.60	85	8927.52	205	1647.07	342	804.45	510
471	中国华侨公益基金会	71.60	85	10561.06	171	6105.16	88	4474.35	94
472	重庆华爱心基金会	71.60	85	554.40	1680	199.51	1392	268.63	1016
473	浙江省老年事业发展基金会	71.56	86	1827.02	764	225.06	1242	486.52	713
474	浙江省见义勇为基金会	71.35	87	1287.63	977	50.22	1996	58.61	1953
475	北京慈弘慈善基金会	71.20	88	375.26	2119	626.92	710	532.79	678
476	苏州市党员关爱暨帮扶困难群众基金会	71.20	88	18796.38	85	3016.15	205	2542.05	172
477	孙冶方经济科学基金会	71.20	88	2426.60	598	962.00	525	252.71	1055
478	吴阶平医学基金会	71.20	88	4534.20	365	4197.38	148	4842.63	89
479	浙江省惠民慈善基金会	71.15	89	245.21	2428	—	—	54.16	2001
480	启东市慈善基金会	70.94	90	5406.41	310	1581.25	354	1453.19	315
481	宁夏妇女儿童发展基金会	70.84	91	1152.89	1062	324.92	1041	333.26	910
482	河北进德公益基金会	70.80	92	1129.65	1077	1259.52	423	948.27	452

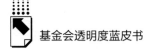
续表

序号	基金会名称	FTI 2015（分）	FTI 2015 全国排名	2013 年底 净资产（万元）	2013 年底 净资产 排名	2013 年度 捐赠收入（万元）	2013 年度 捐赠收入 排名	2013 年度 公益事业 支出（万元）	2013 年度 公益事业 支出排名
483	河南省中原文化建设发展基金会	70.80	92	403.79	2043	140.86	1546	142.83	1400
484	深圳市警察基金会	70.80	92	20520.75	71	1594.58	351	1604.09	286
485	四川大学教育基金会	70.80	92	12301.52	138	3884.00	159	996.18	434
486	天津外国语大学教育发展基金会	70.80	92	634.02	1554	239.60	1213	230.00	1106
487	杭州市老龄事业发展基金会	70.78	93	1829.14	762	169.00	1470	275.98	999
488	北京岐黄中医药文化发展基金会	70.40	94	467.11	1856	16.00	2300	71.46	1839
489	广州市科技进步基金会	70.40	94	10498.12	173	—	—	257.28	1044
490	山东财经大学教育基金会	70.40	94	2624.19	563	702.00	666	225.13	1122
491	宁夏青少年发展基金会	70.11	95	1770.48	779	2826.44	218	2462.64	182
492	东莞市东莞理工学院教育发展基金会	70.00	96	7129.09	250	569.85	755	273.25	1002
493	厦门市教育基金会	70.00	96	19159.38	83	5295.20	112	4622.65	91
494	上海复旦大学教育发展基金会	70.00	96	26420.29	52	5700.10	99	4812.42	90
495	中国文物保护基金会	70.00	96	1890.38	743	1022.86	507	644.68	600
496	北京市中国人民大学教育基金会	69.86	97	48157.17	25	11086.30	43	9191.03	47
497	湖南省扶贫基金会	69.73	98	167.27	2945	165.00	1478	220.89	1133
498	北京韩红爱心慈善基金会	69.69	99	2450.45	595	4040.43	153	1826.32	260
499	河南省天鹅基金会	69.60	100	215.90	2562	59.28	1940	50.80	2028
500	揭阳市大学生发展基金会	69.60	100	1428.73	910	813.02	593	542.00	669
501	内蒙古师范大学教育发展基金会	69.60	100	1972.79	720	314.89	1053	146.43	1382
502	上海特殊关爱基金会	69.60	100	1320.47	959	170.03	1464	215.61	1145
503	亿利公益基金会	69.60	100	2035.59	690	1202.00	438	862.35	479

续表

序号	基金会名称	FTI 2015（分）	FTI 2015 全国排名	2013 年底净资产（万元）	2013 年底净资产排名	2013 年度捐赠收入（万元）	2013 年度捐赠收入排名	2013 年度公益事业支出（万元）	2013 年度公益事业支出排名
504	北京市农发扶贫基金会	69.20	101	563.75	1668	30.99	2140	67.49	1877
505	湖南省长沙洗心禅寺慈善基金会	69.20	101	284.55	2319	485.85	821	448.98	750
506	浙江文达教育基金会	68.83	102	82.22	3028	100.00	1748	91.34	1674
507	中国文学艺术基金会	68.83	102	10078.36	184	4514.76	137	11254.93	35
508	杭州市人民教育基金会	68.80	103	905.14	1273	—	—	21.49	2447
509	上海立信会计学院潘序伦教育发展基金会	68.80	103	206.27	2629	25.62	2190	20.00	2474
510	中央财经大学教育基金会	68.80	103	10919.83	157	1028.15	505	1154.86	394
511	湖北工业大学教育发展基金会	68.00	104	1511.77	870	423.74	885	111.67	1548
512	湖北省妇女儿童发展基金会	68.00	104	2539.43	580	258.67	1161	333.37	909
513	上海恩德公益基金会	68.00	104	568.44	1662	400.10	926	106.42	1579
514	上海盛立公益基金会	68.00	104	271.21	2343	55.17	1963	27.80	2350
515	上海市老年基金会	68.00	104	37375.88	35	5962.02	91	9604.88	45
516	上海市体育发展基金会	68.00	104	42890.19	31	1892.54	312	2447.26	184
517	浙江滴水慈善基金会	68.00	104	1343.57	950	404.83	915	404.72	801
518	浙江省常山县教育基金会	68.00	104	505.37	1774	132.51	1578	57.11	1965
519	杭州市图书馆事业发展基金会	67.80	105	805.75	1356	34.53	2116	50.94	2026
520	河仁慈善基金会	67.60	106	173549.72	6	—	—	12741.87	31
521	辽宁省沈阳农业大学教育基金会	67.60	106	1765.33	780	679.67	681	93.99	1655
522	厦门市老年基金会	67.60	106	9571.66	193	437.62	871	604.63	627
523	中国国际文化交流基金会	67.60	106	5357.44	315	1514.28	364	1118.05	401
524	重庆市华岩文教基金会	67.60	106	1928.57	732	1528.23	363	877.47	472

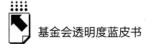
续表

序号	基金会名称	FTI 2015（分）	FTI 2015全国排名	2013年底净资产（万元）	2013年底净资产排名	2013年度捐赠收入（万元）	2013年度捐赠收入排名	2013年度公益事业支出（万元）	2013年度公益事业支出排名
525	常德市教师奖励基金会	67.20	107	2720.22	549	256.48	1165	148.03	1378
526	广东省南方基金慈善基金会	67.20	107	648.80	1528	2.00	2496	208.82	1160
527	南京工业职业技术学院教育发展基金会	67.20	107	1493.68	880	262.82	1156	1600.89	288
528	山西省晋商文化基金会	67.20	107	6826.48	258	300.00	1088	89.71	1687
529	四川省城乡统筹发展基金会	67.20	107	435.48	1946	102.87	1705	84.96	1724
530	贵州省妇女儿童发展基金会	67.06	108	1852.63	753	2868.42	216	1691.74	276
531	深圳市青少年发展基金会	67.01	109	2111.07	666	980.34	524	1487.34	306
532	北京绿化基金会	66.80	110	1123.53	1083	458.18	847	534.82	676
533	杭州市温商慈善基金会	66.80	110	1015.56	1170	30.80	2142	150.00	1366
534	上海发展研究基金会	66.80	110	1575.41	841	89.00	1794	135.26	1427
535	长安大学教育基金会	66.80	110	580.48	1634	198.90	1393	306.83	956
536	中国法律援助基金会	66.67	111	16068.50	102	3252.70	185	12618.05	32
537	北京仁泽公益基金会	66.40	112	2131.81	655	4314.31	142	2599.68	164
538	成都市教育基金会	66.40	112	4922.53	350	811.40	595	540.79	671
539	广东省广州中医药大学教育发展基金会	66.40	112	1833.73	760	1476.00	369	48.25	2062
540	衡东县教育基金会	66.40	112	640.52	1542	8.82	2394	62.17	1916
541	南京审计学院教育发展基金会	66.40	112	21410.84	67	5825.98	96	2452.44	183
542	四川省隆昌教育基金会	66.40	112	1502.74	875	802.28	599	445.90	755
543	广州市残疾人福利基金会	66.20	113	4015.84	405	288.38	1113	172.14	1287
544	广东星海音乐学院教育发展基金会	66.00	114	230.73	2477	10.00	2374	30.70	2314
545	湖北大学教育发展基金会	66.00	114	1940.49	729	357.98	996	244.31	1076

续表

序号	基金会名称	FTI 2015（分）	FTI 2015 全国排名	2013 年底净资产（万元）	2013 年底净资产排名	2013 年度捐赠收入（万元）	2013 年度捐赠收入排名	2013 年度公益事业支出（万元）	2013 年度公益事业支出排名
546	辽宁省大连海洋大学教育发展基金会	66.00	114	305.86	2254	62.80	1913	29.42	2334
547	南京师范大学教育发展基金会	66.00	114	19308.92	81	3862.38	160	1457.97	313
548	上海郑梧公文化研究基金会	66.00	114	375.81	2118	—	—	35.00	2255
549	深圳市欣旺达慈善基金会	66.00	114	97.98	3021	—	—	20.00	2488
550	中国肝炎防治基金会	66.00	114	3920.14	414	2793.01	220	2861.16	149
551	中国光彩事业基金会	66.00	114	26053.38	53	16978.71	28	10418.39	40
552	北京世纪慈善事业基金会	65.63	115	1299.70	970	712.75	655	693.29	572
553	广州市教育基金会	65.60	116	18143.47	88	71.17	1868	382.61	843
554	河南省善福缘老龄基金会	65.60	116	101.29	3013	190.92	1415	220.72	1134
555	黑龙江省东北石油大学教育发展基金会	65.60	116	265.74	2355	68.90	1882	113.36	1542
556	湖南省龙阳助学基金会	65.60	116	216.34	2559	103.40	1702	54.20	1999
557	吉林师范大学助学基金会	65.60	116	462.61	1867	318.10	1050	70.18	1855
558	汕头市公益基金会	65.60	116	1593.49	830	515.82	788	644.84	599
559	上海浦发公益基金会	65.60	116	2939.67	518	117.90	1626	240.24	1086
560	上海师范大学教育发展基金会	65.60	116	1559.99	847	647.28	699	300.63	965
561	上海淑德公益基金会	65.60	116	255.88	2386	60.00	1934	5.05	2777
562	天津南开大学教育基金会	65.60	116	5177.31	324	2170.98	275	1775.49	265
563	武汉工程大学教育发展基金会	65.60	116	427.49	1967	83.20	1809	61.90	1918
564	长沙市青少年发展基金会	65.60	116	1477.72	888	1639.29	345	1307.88	349
565	中国牙病防治基金会	65.60	116	812.60	1352	125.80	1597	233.31	1099
566	中南民族大学教育发展基金会	65.60	116	586.44	1627	153.28	1517	81.28	1747

续表

序号	基金会名称	FTI 2015（分）	FTI 2015 全国排名	2013 年底净资产（万元）	2013 年底净资产排名	2013 年度捐赠收入（万元）	2013 年度捐赠收入排名	2013 年度公益事业支出（万元）	2013 年度公益事业支出排名
567	北京中国石油大学教育基金会	65.20	117	1360.78	940	768.24	624	162.23	1320
568	德阳市教育基金会	65.20	117	1192.68	1031	187.76	1423	363.67	873
569	广东省广东实验中学教育基金会	65.20	117	1245.57	1001	492.60	816	268.88	1015
570	广东省陆叶慈善基金会	65.20	117	294.35	2294	180.98	1437	103.23	1591
571	广东圣保堂肿瘤慈善基金会	65.20	117	200.20	2772	17.18	2287	17.07	2561
572	辽宁省辽宁工程技术大学教育基金会	65.20	117	1070.23	1123	191.10	1413	139.50	1412
573	南京工程学院教育发展基金会	65.20	117	23425.27	61	2648.13	229	3888.01	110
574	南通市老区扶贫基金会	65.20	117	3832.04	423	139.16	1556	394.37	820
575	上海百马慈善基金会	65.20	117	197.33	2856	50.00	2021	23.62	2412
576	上海思麦公益基金会	65.20	117	235.38	2462	145.91	1534	97.70	1626
577	上海兴华教育扶贫基金会	65.20	117	6109.82	281	1317.99	401	418.41	787
578	首都师范大学教育基金会	65.20	117	904.98	1274	419.89	892	71.18	1843
579	中国马克思主义研究基金会	65.20	117	5530.85	304	690.00	675	425.32	781
580	河南大学教育发展基金会	65.08	118	3734.66	433	547.24	773	641.82	601
581	上海市华东师范大学教育发展基金会	65.00	119	14044.64	114	5078.90	117	875.32	474
582	上海理工大学教育发展基金会	64.99	120	2004.72	705	309.18	1067	187.16	1226
583	深圳市教育发展基金会	64.97	121	12565.81	134	675.01	685	1064.58	413
584	广东省怀仁慈善基金会	64.80	122	250.92	2406	200.10	1320	173.41	1281
585	广东省末庆龄龄基金会	64.80	122	1404.01	923	608.71	721	443.41	760
586	广西拥军优属基金会	64.80	122	360.81	2142	2.16	2487	20.05	2473
587	河南省慈鑫福利基金会	64.80	122	208.14	2612	38.19	2090	19.49	2499

续表

序号	基金会名称	FTI 2015（分）	FTI 2015 全国排名	2013 年底净资产（万元）	2013 年底净资产排名	2013 年度捐赠收入（万元）	2013 年度捐赠收入排名	2013 年度公益事业支出（万元）	2013 年度公益事业支出排名
588	昆明市春蕾少年儿童基金会	64.80	122	847.41	1320	240.99	1207	184.42	1240
589	李可染艺术基金会	64.80	122	2135.43	653	202.00	1308	165.69	1311
590	泉州师范学院教育发展基金会	64.80	122	1059.56	1132	779.74	618	24.30	2398
591	上海民生公益基金会	64.80	122	2650.21	559	306.07	1072	253.66	1053
592	四川省威远县教育基金会	64.80	122	1706.77	795	654.00	695	393.63	822
593	天津中国民航大学教育发展基金会	64.80	122	2979.51	510	349.79	1009	304.32	962
594	新疆维吾尔自治区见义勇为基金会	64.80	122	1134.08	1073	144.41	1538	139.15	1413
595	阴法唐西藏教育基金会	64.80	122	994.38	1200	26.15	2186	64.75	1903
596	云南西双版纳纳帕雨林保护基金会	64.80	122	790.22	1375	37.78	2094	53.95	2003
597	长春师范大学教育基金会	64.80	122	1872.29	747	61.93	1920	168.83	1301
598	中华见义勇为基金会	64.80	122	11762.65	144	1714.08	334	1587.79	289
599	山西省晋中市扶贫基金会	64.66	123	785.03	1379	21.00	2220	67.34	1878
600	北京市惠民医药卫生事业发展基金会	64.64	124	1234.79	1006	1240.00	427	351.72	885
601	深圳市华会所生态环保基金会	64.47	125	989.05	1203	1227.11	433	243.70	1079
602	北京华育助学基金会	64.40	126	1031.25	1155	58.45	1944	395.99	817
603	北京屈正爱心基金会	64.40	126	300.59	2272	226.24	1241	207.26	1167
604	广东省残疾人公益基金会	64.40	126	495.58	1806	601.40	724	670.41	584
605	广东省慈阳慈善基金会	64.40	126	269.29	2348	72.10	1862	50.56	2029
606	贵州省黔东南州见义勇为基金会	64.40	126	816.92	1348	0.30	2535	7.07	2748
607	海南省李惠智教育基金会	64.40	126	148.95	2967	15.00	2318	12.79	2656
608	河北省职工互助基金会	64.40	126	604.88	1600	63.01	1910	203.88	1178

续表

序号	基金会名称	FTI 2015（分）	FTI 2015 全国排名	2013 年底净资产（万元）	2013 年底净资产排名	2013 年度捐赠收入（万元）	2013 年度捐赠收入排名	2013 年度公益事业支出（万元）	2013 年度公益事业支出排名
609	河南省民营企业信用发展基金会	64.40	126	228.29	2487	120.00	1616	100.25	1608
610	山西省孝义市扶贫基金会	64.40	126	1475.16	890	182.20	1435	217.63	1139
611	上海海事大学教育发展基金会	64.40	126	397.04	2089	248.98	1184	55.00	1988
612	天津市联合助学基金会	64.40	126	446.33	1919	119.72	1620	320.34	928
613	深圳市阳光心理健康基金会	64.01	127	614.39	1581	—	—	296.45	973
614	北京成龙慈善基金会	64.00	128	1237.03	1004	2507.46	243	2919.06	142
615	广西协力扶助基金会	64.00	128	599.17	1609	705.37	661	582.40	643
616	湖南省湘西自治州教育基金会	64.00	128	1510.50	872	51.64	1989	46.85	2083
617	华侨茶业发展研究基金会	64.00	128	2477.62	590	90.67	1783	236.70	1095
618	内蒙古民族教育发展基金会	64.00	128	432.24	1957	104.00	1699	117.00	1518
619	上海明德公益基金会	64.00	128	173.99	2933	5.73	2426	20.60	2460
620	上海民帮困互助基金会	64.00	128	11843.11	141	4832.92	125	4606.55	92
621	天津市睿苑教育发展基金会	64.00	128	1482.40	886	339.62	1019	75.37	1804
622	伊金霍洛旗扶贫基金会	64.00	128	603.04	1604	25.00	2196	45.07	2106
623	中国民航科普基金会	64.00	128	5326.54	317	30.00	2148	752.84	537
624	河北省红十字基金会	63.94	129	1575.71	839	1529.05	362	1225.11	371
625	安徽师范大学教育基金会	63.60	130	1856.58	750	236.14	1220	150.10	1364
626	河南省荆浩艺术公益基金会	63.60	130	199.45	2841	—	—	18.60	2516
627	辽宁省青少年发展基金会	63.60	130	1155.79	1057	803.26	598	804.53	509
628	泉州市教育基金会	63.60	130	3035.98	499	135.77	1568	379.35	854
629	天津宝坻桑梓助学基金会	63.60	130	8600.49	218	3466.25	175	288.45	983

续表

序号	基金会名称	FTI 2015（分）	FTI 2015 全国排名	2013 年底 净资产（万元）	2013 年底 净资产 排名	2013 年度 捐赠收入（万元）	2013 年度 捐赠收入 排名	2013 年度 公益事业 支出（万元）	2013 年度 公益事业 支出排名
630	天津市青年创业就业基金会	63.60	130	769.82	1395	509.01	792	478.22	724
631	云南省绿色环境基金会	63.60	130	704.34	1454	313.41	1058	528.00	683
632	长江大学教育发展基金会	63.60	130	2664.56	556	784.90	614	177.54	1265
633	上海市医药卫生发展基金会	63.45	131	4034.13	402	2477.08	249	737.93	542
634	广州市青少年发展基金会	63.36	132	4012.18	407	3124.13	196	2483.84	180
635	北京科技大学教育发展基金会	63.20	133	4065.98	400	1830.59	322	420.40	784
636	北京林业大学教育基金会	63.20	133	2244.39	637	1311.92	404	1398.59	328
637	北流见义勇为慈善基金会	63.20	133	396.96	2090	362.58	990	251.66	1058
638	陈嘉庚科学奖基金会	63.20	133	4263.42	385	500.00	805	343.81	895
639	河北华耐同心公益基金会	63.20	133	301.90	2269	211.00	1282	37.30	2224
640	河南省黄河文化基金会	63.20	133	427.29	1968	44.66	2046	51.90	2018
641	河南省阳光助老基金会	63.20	133	400.48	2061	17.62	2283	43.56	2131
642	河南足球事业发展基金会	63.20	133	625.12	1565	5273.58	113	5029.12	88
643	江西省残疾人福利基金会	63.20	133	928.99	1257	998.95	520	432.76	772
644	南京财经大学教育发展基金会	63.20	133	13791.92	118	95.55	1763	1384.14	330
645	瑞安市公安民警救助奖励基金会	63.20	133	1201.37	1025	1007.50	511	447.35	753
646	厦门大学教育发展基金会	63.20	133	31135.60	42	12582.51	39	2882.92	147
647	厦门市妇女儿童发展基金会	63.20	133	2000.51	709	245.36	1192	174.85	1276
648	山东省教育基金会	63.20	133	11239.16	151	6743.26	80	6061.29	70
649	上海财经大学教育发展基金会	63.20	133	6756.54	263	1794.65	328	556.37	659
650	上海汇添富公益基金会	63.20	133	2028.53	692	440.72	864	258.21	1040

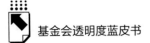
续表

序号	基金会名称	FTI 2015（分）	FTI 2015 全国排名	2013 年底净资产（万元）	2013 年底净资产排名	2013 年度捐赠收入（万元）	2013 年度捐赠收入排名	2013 年度公益事业公益支出（万元）	2013 年度公益事业公益支出排名
651	上海市建国社会公益基金会	63.20	133	4161.80	393	4.85	2445	504.59	696
652	上海曙光中医药研究发展基金会	63.20	133	341.91	2179	218.25	1260	96.20	1647
653	上海同济高廷耀环保科技发展基金会	63.20	133	473.11	1838	57.00	1947	75.30	1806
654	上海夏征农民族文化教育发展基金会	63.20	133	341.12	2181	265.73	1149	207.53	1163
655	苏州和合文化基金会	63.20	133	372.67	2124	169.60	1469	66.92	1883
656	武汉白鱀豚保护基金会	63.20	133	639.53	1546	129.62	1591	92.30	1666
657	新疆溢达杨元龙教育基金会	63.20	133	312.83	2233	249.68	1181	186.48	1229
658	四川省扶贫基金会	62.94	134	9965.09	187	9241.99	57	2718.40	157
659	北京彩虹桥慈善基金会	62.80	135	276.78	2335	111.95	1654	47.13	2078
660	北京妇女儿童发展基金会	62.80	135	1290.60	975	1714.38	333	1550.26	296
661	北京长林公益基金会	62.80	135	245.79	2424	56.00	1957	37.13	2228
662	成都市老龄事业发展基金会	62.80	135	701.10	1462	40.15	2074	133.67	1436
663	都江堰友爱教育基金会	62.80	135	469.68	1847	34.53	2117	107.95	1573
664	福建省扶贫基金会	62.80	135	1049.21	1141	537.50	779	580.00	645
665	广东省广东外语外贸大学教育发展基金会	62.80	135	2131.93	654	1084.20	483	175.34	1273
666	广东省教育基金会	62.80	135	4658.09	360	671.96	687	849.65	487
667	广东省盈峰慈善基金会	62.80	135	308.93	2244	23.48	2208	201.78	1188
668	贵州省见义勇为基金会	62.80	135	923.08	1262	10.28	2361	130.30	1452
669	哈尔滨商业大学教育发展基金会	62.80	135	705.49	1453	2.64	2480	49.75	2045
670	河南省关心下一代基金会	62.80	135	1069.00	1125	560.00	763	549.28	667
671	衡阳市教育基金会	62.80	135	1797.11	771	214.34	1272	144.80	1389

续表

序号	基金会名称	FTI 2015（分）	FTI 2015全国排名	2013 年底净资产（万元）	2013 年底净资产排名	2013 年度捐赠收入（万元）	2013 年度捐赠收入排名	2013 年度公益事业支出（万元）	2013 年度公益事业支出排名
672	湖北省国中医药公益基金会	62.80	135	245.60	2425	—	—	24.00	2406
673	江苏省法律援助基金会	62.80	135	7971.77	230	385.00	955	589.62	638
674	江苏中远助学帮老基金会	62.80	135	191.80	2889	110.30	1664	87.00	1711
675	南昌市青少年发展基金会	62.80	135	404.84	2039	—	—	—	—
676	青岛农业大学教育发展基金会	62.80	135	283.08	2324	114.80	1640	54.80	1993
677	厦门大学陈安国际法学发展基金会	62.80	135	200.06	2789	15.94	2304	16.00	2600
678	山东农业大学教育发展基金会	62.80	135	1183.78	1040	429.91	878	138.95	1414
679	上海水资源保护基金会	62.80	135	636.23	1550	401.15	924	163.96	1315
680	上海文化发展基金会	62.80	135	25848.24	54	2388.40	258	9827.90	42
681	上海中华职业教育温暖工程基金会	62.80	135	361.48	2141	8.84	2393	40.34	2180
682	什邡市教育基金会	62.80	135	1079.62	1115	861.12	563	637.49	603
683	韬奋基金会	62.80	135	5344.93	316	5615.73	100	2391.88	192
684	天津市残疾人福利基金会	62.80	135	1436.51	905	1929.85	307	2335.87	198
685	西安交通大学教育基金会	62.80	135	8681.48	213	2058.55	290	1511.02	304
686	延边大学教育基金会	62.80	135	1922.10	735	805.69	597	1324.22	344
687	云南省见义勇为基金会	62.80	135	10094.60	182	114.54	1641	551.93	662
688	云南省杨善洲绿化基金会	62.80	135	933.87	1250	86.49	1797	676.01	579
689	中国保护黄河基金会	62.80	135	3695.88	437	300.21	1086	231.20	1104
690	中国敦煌石窟保护研究基金会	62.80	135	2554.23	578	571.44	750	308.48	954
691	中华全国体育基金会	62.80	135	86266.42	11	6303.51	85	2304.44	203
692	株洲市教育基金会	62.80	135	2092.14	673	288.41	1112	342.71	898

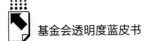
续表

序号	基金会名称	FTI 2015（分）	FTI 2015 全国排名	2013 年底净资产（万元）	2013 年底净资产排名	2013 年度捐赠收入（万元）	2013 年度捐赠收入排名	2013 年度公益事业支出（万元）	2013 年度公益事业支出排名
693	广东省青少年发展基金会	62.62	136	9240.23	198	5317.33	111	4284.79	101
694	北京协和医学院教育基金会	62.40	137	624.03	1567	186.80	1425	133.43	1438
695	福建省郭文梯教育基金会	62.40	137	1175.54	1045	147.00	1532	212.00	1156
696	哈尔滨工程大学教育发展基金会	62.40	137	4284.38	384	3046.79	203	488.18	712
697	黑龙江炼先地震工程学基金会	62.40	137	664.33	1500	1.80	2500	11.36	2676
698	湖北博灵誉许学基金会	62.40	137	201.28	2710	335.82	1025	334.84	907
699	湖南省湘潭大学教育基金会	62.40	137	2763.49	545	796.35	607	275.37	1000
700	山东英才学院教育发展基金会	62.40	137	441.24	1936	419.20	893	346.53	892
701	上海华杰仁爱基金会	62.40	137	283.61	2321	65.00	1898	56.18	1975
702	上海木兰教育基金会	62.40	137	265.60	2356	0.40	2531	25.20	2385
703	深圳市绿色基金会	62.40	137	1453.46	898	391.58	946	2179.38	215
704	深圳市新闻人才基金	62.40	137	624.00	1568	—	—	26.21	2367
705	武汉大学韩德培法学基金会	62.40	137	224.23	2511	10.45	2358	15.00	2631
706	湘乡市教育发展基金会	62.40	137	1074.20	1121	146.45	1533	198.75	1199
707	云南省俊发教育扶贫基金会	62.40	137	366.93	2135	320.59	1048	254.19	1051
708	中国孔子基金会	62.40	137	5848.43	292	455.71	850	443.78	759
709	中国少年儿童文化艺术基金会	62.40	137	817.13	1346	387.38	953	378.78	855
710	中国少数民族文化艺术基金会	62.40	137	991.74	1202	956.84	527	1011.30	427
711	中华社会文化发展基金会	62.08	137	2616.51	565	1701.20	336	1740.49	269
712	武汉大学教育发展基金会	62.08	138	13213.86	126	9373.74	54	6105.82	69
713	北京大学教育基金会	62.00	139	299037.15	2	139584.18	3	20936.60	18

续表

序号	基金会名称	FTI 2015 (分)	FTI 2015 全国排名	2013 年底 净资产 (万元)	2013 年底 净资产 排名	2013 年度 捐赠收入 (万元)	2013 年度 捐赠收入 排名	2013 年度 公益事业 支出(万元)	2013 年度 公益事业 支出排名
714	北京惠兰医学基金会	62.00	139	203.23	2664	17.99	2278	17.99	2537
715	北京文化发展基金会	62.00	139	1667.21	805	810.68	596	796.46	514
716	北京阳光老年健康基金会	62.00	139	212.36	2581	129.22	1592	124.55	1483
717	复旦管理学奖励基金	62.00	139	10797.49	162	—	—	436.74	766
718	广西国海扶贫助学基金会	62.00	139	304.08	2260	—	—	30.39	2318
719	河北省残疾人创业基金会	62.00	139	200.93	2722	34.70	2115	25.11	2386
720	江苏中南慈善基金会	62.00	139	—	—	1374.56	393	2355.39	195
721	山东省残疾人福利基金会	62.00	139	2870.79	527	1450.85	374	1412.05	323
722	山西省煤炭职业技术教育发展基金会	62.00	139	6095.05	282	—	—	130.71	1450
723	云南中美二战国际友谊基金会	62.00	139	22.82	3056	—	—	1000.00	432
724	中国交响乐发展基金	62.00	139	524.35	1729	123.42	1603	730.06	547
725	北京化工大学教育基金	61.60	140	6696.34	265	5387.00	106	432.46	773
726	北京美新路公益基金会	61.60	140	212.65	2577	47.32	2028	42.76	2147
727	福建省见义勇为基金会	61.60	140	2895.71	523	844.92	569	710.22	562
728	广东华南农村扶贫基金会	61.60	140	325.72	2207	171.12	1462	131.76	1445
729	广东省中山大学教育发展基金会	61.60	140	15737.41	104	5972.02	89	5859.10	73
730	湖南省郴州市嘉禾县教育基金会	61.60	140	—	—	283.67	1118	271.31	1010
731	济南市残疾人福利基金	61.60	140	1691.75	798	721.34	651	626.41	610
732	江苏宏德文化出版基金	61.60	140	115.49	3004	100.00	1746	69.46	1864
733	南京农业大学教育发展基金会	61.60	140	6486.12	272	375.72	969	340.91	900
734	宁波市慈湖中学教育发展基金会	61.60	140	480.19	1828	64.83	1901	72.35	1827

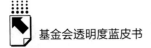
续表

序号	基金会名称	FTI 2015（分）	FTI 2015 全国排名	2013 年底净资产（万元）	2013 年底净资产排名	2013 年度捐赠收入（万元）	2013 年度捐赠收入排名	2013 年度公益事业支出（万元）	2013 年度公益事业支出排名
735	宁乡县教育基金会	61.60	140	3341.14	466	654.62	694	587.30	639
736	平阳县社会治安综合治理基金会	61.60	140	401.30	2056	31.00	2139	61.80	1919
737	青岛科技大学教育发展基金会	61.60	140	536.61	1708	507.26	794	230.86	1105
738	如皋市慈善基金会	61.60	140	5037.47	338	3670.22	165	3756.04	114
739	山西省汾酒集团公益基金会	61.60	140	1741.57	785	619.54	715	856.60	481
740	陕西美术事业发展基金会	61.60	140	826.32	1338	300.00	1091	528.28	682
741	陕西省社会公益基金会	61.60	140	388.30	2100	—	—	31.00	2309
742	汕头市潮南区公益基金会	61.60	140	970.06	1220	3252.13	186	2807.56	154
743	上海向阳公益基金会	61.60	140	336.00	2188	55.00	1966	28.50	2340
744	四川省青少年发展基金会	61.60	140	45928.51	27	8459.86	64	4434.51	95
745	天津桃李源文化基金会	61.60	140	3262.34	473	165.00	1477	2956.27	141
746	烟台市枫林公益基金会	61.60	140	164.66	2952	—	—	34.31	2266
747	云南省温暖工程慈善基金会	61.60	140	576.02	1644	4.47	2452	93.15	1659
748	浙江嘉兴南湖国际教育基金会	61.60	140	608.39	1593	363.28	988	111.00	1556
749	中国下一代教育基金会	61.60	140	9792.34	189	10609.88	44	8141.86	53
750	重庆宣传文化发展基金会	61.60	140	750.23	1408	323.54	1045	320.60	927
751	中华文学基金会	61.44	141	839.60	1326	454.53	852	1060.02	415
752	吉林大学教育基金会	61.43	142	6761.93	262	2636.76	232	913.23	462
753	福州大学教育发展基金会	61.20	143	2954.40	516	1738.25	331	898.54	465
754	广东省潮汕星河奖基金会	61.20	143	7918.75	232	185.00	1428	522.06	687
755	广东省广发证券社会公益基金会	61.20	143	4141.71	395	401.02	925	329.48	917

续表

序号	基金会名称	FTI 2015（分）	FTI 2015 全国排名	2013 年底净资产（万元）	2013 年底净资产排名	2013 年度捐赠收入（万元）	2013 年度捐赠收入排名	2013 年度公益事业支出（万元）	2013 年度公益事业支出排名
756	广东省汕头大学教育基金会	61.20	143	14880.47	110	10297.82	50	10273.86	41
757	广东省顺德职业技术学院教育发展基金会	61.20	143	286.10	2312	313.27	1059	237.35	1093
758	贵州省青少年发展基金会	61.20	143	3797.42	430	15158.38	34	20278.60	19
759	哈尔滨理工大学教育发展基金会	61.20	143	209.69	2603	31.11	2138	24.05	2400
760	海仓慈善基金会	61.20	143	5001.95	345	410.00	905	402.40	807
761	湖南省佛慈基金会	61.20	143	1130.31	1075	422.95	887	245.15	1074
762	吉林大学唐敖庆教育基金会	61.20	143	714.64	1440	15.00	2310	62.00	1917
763	江苏秉龙慈善基金会	61.20	143	1578.77	835	—	—	173.81	1280
764	江阴市朱蒋巷帮扶基金会	61.20	143	981.24	1206	25.14	2194	80.95	1753
765	辽宁光达优抚爱心基金会	61.20	143	233.53	2471	117.00	1629	146.78	1381
766	南安市李德茂教育基金会	61.20	143	252.25	2396	45.00	2042	59.79	1942
767	山东省武训教育基金会	61.20	143	219.38	2539	411.80	902	723.02	551
768	上海金山卫镇为民大病大病帮扶基金会	61.20	143	508.37	1767	—	—	38.00	2212
769	上海新建桥老龄事业发展基金会	61.20	143	501.51	1788	107.67	1679	35.27	2248
770	天津市景华公益基金会	61.20	143	741.01	1420	30.64	2144	418.29	788
771	浙江千训爱心慈善基金会	61.20	143	813.07	1351	1242.15	426	1024.49	425
772	中国煤矿文化宣传基金会	61.20	143	1154.31	1059	20.00	2238	135.13	1428
773	秦楗县教育基金会	61.18	144	781.08	1381	236.93	1216	71.73	1836
774	河南省残疾人福利基金会	61.12	145	2356.42	612	2391.22	257	2901.34	145
775	河北慈善联合基金会	60.88	146	430.67	1959	132.57	1577	93.08	1660
776	阿拉善生态基金会	60.80	147	2012.89	700	915.01	540	352.70	884

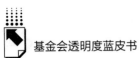

基金会透明度蓝皮书

续表

序号	基金会名称	FTI 2015（分）	FTI 2015 全国排名	2013 年底净资产（万元）	2013 年底净资产排名	2013 年度捐赠收入（万元）	2013 年度捐赠收入排名	2013 年度公益事业支出（万元）	2013 年度公益事业支出排名
777	安徽省中小学幼儿教师奖励基金会	60.80	147	877.01	1296	130.05	1585	69.94	1861
778	北京市红十字基金会	60.80	147	3651.57	441	10352.55	47	10494.69	39
779	常州市武进区见义勇为基金会	60.80	147	6798.43	261	—	—	206.22	1170
780	福建省发展体育事业基金会	60.80	147	—	—	91.51	1778	135.02	1429
781	河南省光彩事业基金会	60.80	147	4471.15	372	7388.67	72	12618.04	33
782	湖北省信义兄弟农民工帮扶基金会	60.80	147	400.46	2062	77.39	1839	44.74	2113
783	湖北省宜昌一中教育发展基金会	60.80	147	705.71	1452	172.80	1457	145.44	1387
784	湖南大学教育基金会	60.80	147	4863.80	352	2182.23	274	1180.45	388
785	湖南新农村文化建设基金会	60.80	147	579.82	1637	100.10	1723	202.56	1183
786	吉林省老龄事业发展基金会	60.80	147	1819.17	767	203.44	1303	953.21	448
787	江苏师范大学教育发展基金会	60.80	147	3333.74	467	2447.40	252	2601.06	163
788	江苏远东慈善基金会	60.80	147	206.87	2625	1829.33	323	27.45	2354
789	江苏卓越国际交流教育基金会	60.80	147	621.33	1573	—	—	39.61	2196
790	江西师范大学教育发展基金会	60.80	147	1907.93	739	1557.50	357	770.37	529
791	辽宁省大连海事大学博联助学基金会	60.80	147	522.38	1735	166.12	1475	68.14	1873
792	宁夏吴忠慈善基金会	60.80	147	1241.16	1002	96.89	1759	311.14	947
793	宁夏盐池教育发展基金会	60.80	147	1596.06	828	200.00	1323	337.65	902
794	山东省中国海洋大学教育基金会	60.80	147	1253.52	995	496.44	814	455.60	745
795	山西省德盛昌慈善基金会	60.80	147	193.48	2880	111.51	1656	110.98	1557
796	沈阳市职工爱心慈善基金会	60.80	147	3621.61	445	1097.22	479	895.19	468
797	台州市老年事业发展基金会	60.80	147	1460.01	896	80.44	1822	162.76	1318

184

续表

序号	基金会名称	FTI 2015（分）	FTI 2015全国排名	2013年底净资产（万元）	2013年底净资产排名	2013年度捐赠收入（万元）	2013年度捐赠收入排名	2013年度公益事业支出（万元）	2013年度公益事业支出排名
798	天津市杨兆兰慈善基金会	60.80	147	228.36	2486	1.89	2499	30.45	2317
799	温州市叶康松慈善基金会	60.80	147	217.51	2549	20.00	2251	72.15	1828
800	武汉闽一多基金会	60.80	147	1161.71	1055	90.00	1789	96.52	1640
801	新沂市慈善基金会	60.80	147	974.17	1216	768.92	623	680.46	576
802	长春理工大学教育基金会	60.80	147	1535.65	855	240.01	1209	116.94	1519
803	浙江泰隆慈善基金会	60.80	147	151.53	2964	123.65	1602	136.04	1425
804	中华国际科学交流基金会	60.80	147	844.43	1322	902.00	547	773.77	526
805	上海汽车工业教育基金会	60.63	148	3704.56	436	—	—	168.67	1302
806	北京环球时报公益基金会	60.40	149	201.17	2714	131.52	1581	130.50	1451
807	北京市王忠诚医学基金会	60.40	149	887.90	1290	118.60	1623	137.19	1418
808	成都信息工程学院科技教育基金会	60.40	149	285.61	2314	56.61	1952	28.36	2342
809	富阳市见义勇为基金会	60.40	149	562.03	1669	0.30	2536	28.54	2339
810	广东省茂华慈善基金会	60.40	149	715.47	1438	9.76	2382	127.93	1466
811	广东省南澳岛扶贫助学基金会	60.40	149	118.84	2998	11.10	2349	57.71	1962
812	湖南省炎帝陵基金会	60.40	149	639.98	1543	100.00	1731	48.11	2063
813	华中农业大学教育发展基金会	60.40	149	2660.47	558	1470.23	371	213.08	1152
814	南通大学教育发展基金会	60.40	149	5794.47	294	5941.48	92	5762.39	76
815	内蒙古防沙治沙基金会	60.40	149	568.99	1655	—	—	10.00	2703
816	内蒙古蒙古族文化遗产保护与发展基金会	60.40	149	195.85	2864	—	—	8.19	2727
817	内蒙古自治区扶贫基金会	60.40	149	328.14	2200	1155.40	456	1194.80	382
818	陕西省宋庆龄基金会	60.40	149	4022.66	404	29.39	2170	110.65	1560

续表

序号	基金会名称	FTI 2015（分）	FTI 2015 全国排名	2013 年底净资产（万元）	2013 年底净资产排名	2013 年度捐赠收入（万元）	2013 年度捐赠收入排名	2013 年度公益事业支出（万元）	2013 年度公益事业支出排名
819	上海复大公益基金会	60.40	149	612.51	1585	41.68	2062	71.00	1844
820	上海汤臣慈善基金会	60.40	149	324.94	2209	270.00	1139	47.50	2069
821	绍兴市见义勇为基金会	60.40	149	1012.59	1178	125.90	1595	92.82	1662
822	四川省光华教育发展基金会	60.40	149	4952.86	348	1126.63	468	767.42	530
823	四川省志愿服务基金会	60.40	149	1985.15	715	813.63	591	453.70	748
824	天津市南开菁英教育基金会	60.40	149	433.67	1952	—	—	47.19	2077
825	潍坊市铭仁文化发展基金会	60.40	149	211.12	2592	18.48	2270	18.48	2519
826	武汉市社会组织发展基金会	60.40	149	516.46	1748	161.43	1490	95.11	1651
827	余姚市人民教育基金会	60.40	149	1105.67	1099	105.46	1686	416.55	789
828	浙江省革命老区发展基金会	60.40	149	1133.73	1074	268.28	1144	248.25	1066
829	中国听力医学发展基金会	60.40	149	1336.23	951	326.52	1038	382.62	842
830	北京市法律援助基金会	60.36	150	1450.63	899	912.85	544	686.53	574
831	巴彦淖尔市人民教育基金会	60.00	151	1068.30	1127	137.20	1563	193.26	1207
832	北京国际音乐节艺术基金会	60.00	151	1103.10	1102	—	—	4250.25	102
833	福建省明定教育基金会	60.00	151	200.46	2744	—	—	18.50	2518
834	福建中医药大学教育发展基金会	60.00	151	647.65	1533	66.35	1889	202.23	1185
835	贵州省老龄事业发展基金会	60.00	151	405.28	2035	93.00	1775	87.56	1705
836	河南省南阳张仲景基金会	60.00	151	2171.22	648	4322.45	141	2859.80	150
837	湖南省娄底市慈善基金会	60.00	151	2259.59	632	414.24	898	186.38	1231
838	湖南潇湘晨报公益基金会	60.00	151	1044.28	1146	154.37	1515	31.80	2301
839	江苏博爱助残基金会	60.00	151	56.68	3044	—	—	2.90	2815

续表

序号	基金会名称	FTI 2015（分）	FTI 2015 全国排名	2013 年底 净资产（万元）	2013 年底 净资产 排名	2013 年度 捐赠收入（万元）	2013 年度 捐赠收入 排名	2013 年度 公益事业 支出（万元）	2013 年度 公益事业 支出排名
840	江苏元林慈善基金会	60.00	151	31952.00	41	25000.00	22	19078.27	20
841	南京邮电大学教育发展基金会	60.00	151	4512.42	369	2514.14	242	2630.51	161
842	内蒙古自治区青少年发展基金会	60.00	151	2618.30	564	1085.60	482	1347.60	341
843	曲阜师范大学孔子教育基金会	60.00	151	135.26	2982	—	—	31.70	2302
844	上海电力学院教育发展基金会	60.00	151	1170.78	1049	113.25	1649	118.21	1514
845	上海东方爱心基金会	60.00	151	151.75	2963	—	—	120.00	1506
846	上海外国语大学教育发展基金会	60.00	151	1216.54	1015	438.90	869	361.81	875
847	王振滔慈善基金会	60.00	151	2012.35	702	1700.00	337	1691.84	275
848	中华农业科教基金会	60.00	151	16483.16	100	29.68	2166	856.81	480
849	周培源基金会	60.00	151	1307.89	967	357.65	997	100.02	1611
850	浙江大学宁波理工学院教育发展基金会	59.90	152	935.39	1247	144.88	1537	144.63	1390
851	中国华文教育基金会	59.77	153	7307.92	245	5716.66	98	4337.72	97
852	广东省华光慈善基金会	59.61	154	103.43	3009	0.60	2523	18.63	2514
853	中国生物多样性保护与绿色发展基金会	59.61	154	2377.76	610	299.00	1101	332.15	915
854	北京精瑞人居发展基金会	59.60	155	224.69	2508	324.24	1044	312.50	943
855	北京邮航生社会发展基金会	59.60	155	225.88	2503	71.00	1870	43.02	2142
856	福建福海文教基金会	59.60	155	237.62	2456	28.74	2175	36.28	2237
857	广东省环境保护基金会	59.60	155	1025.85	1159	713.67	653	225.41	1120
858	广东省岭南教育慈善基金会	59.60	155	226.34	2500	220.43	1252	187.55	1223
859	广东省青年创业就业基金会	59.60	155	87.72	3025	115.81	1633	100.58	1606
860	河北省青年教育基金会	59.60	155	239.04	2450	52.60	1983	53.00	2010

续表

序号	基金名称	FTI 2015（分）	FTI 2015 全国排名	2013年底净资产（万元）	2013年底净资产排名	2013年度捐赠收入（万元）	2013年度捐赠收入排名	2013年度公益事业支出（万元）	2013年度公益事业支出排名
861	黑龙江省妇女儿童基金会	59.60	155	517.86	1744	555.63	766	608.72	624
862	黄冈市青少年发展基金会	59.60	155	461.72	1871	621.22	713	505.53	694
863	吉林省人口福利基金会	59.60	155	438.81	1938	149.27	1527	541.75	670
864	江苏大学教育发展基金会	59.60	155	18020.49	89	1576.31	355	7321.36	58
865	江苏宏大青年人才发展基金会	59.60	155	794.07	1368	—	—	72.00	1830
866	内蒙古弘业光彩事业扶困助学基金会	59.60	155	566.92	1664	40.34	2071	77.02	1783
867	上海市残疾人福利基金会	59.60	155	1443.07	903	1367.55	394	1100.67	403
868	上海市自然与健康基金会	59.60	155	720.94	1431	4.83	2446	87.23	1706
869	上海唐君远教育基金会	59.60	155	17523.72	92	518.30	786	1478.53	307
870	深圳市弘法寺慈善功德基金会	59.60	155	497.63	1801	556.96	765	218.37	1138
871	天津市海河文化发展基金会	59.60	155	430.57	1960	264.33	1154	228.98	1109
872	中国传媒大学南广学院教育发展基金会	59.60	155	11893.38	140	3008.28	206	252.01	1057
873	北京光彩公益基金会	59.53	156	1618.45	818	184.96	1429	582.87	641
874	宁波工程学院教育发展基金会	59.29	157	647.33	1534	398.25	935	257.12	1045
875	北京市美疆助学基金会	59.28	158	5120.74	327	302.41	1079	305.50	960
876	扬州市禹振飞慈善基金会	59.23	159	2990.41	508	—	—	240.00	1087
877	北京工商大学教育基金会	59.20	160	484.16	1824	130.93	1583	141.61	1403
878	北京市搜候中国城市文化基金会	59.20	160	664.21	1501	900.00	549	1172.31	392
879	东南大学成贤学院教育发展基金会	59.20	160	6053.89	283	901.98	548	553.10	661
880	广东省顺丰慈善基金会	59.20	160	496.02	1804	1267.13	417	983.98	437
881	广西华侨爱心基金会	59.20	160	556.07	1678	490.03	818	395.45	818

续表

序号	基金会名称	FTI 2015（分）	FTI 2015 全国排名	2013 年底净资产（万元）	2013 年底净资产排名	2013 年度捐赠收入（万元）	2013 年度捐赠收入排名	2013 年度公益事业支出（万元）	2013 年度公益事业支出排名
882	广西民族教育发展基金会	59.20	160	12784.79	132	1145.55	460	1860.59	251
883	贵州省体育发展基金会	59.20	160	1076.51	1117	404.60	916	47.38	2074
884	吉林省青少年发展基金会	59.20	160	1312.90	963	1398.45	388	1435.05	319
885	宁夏国龙慈善基金会	59.20	160	281.27	2329	120.98	1606	136.12	1424
886	山东省友芳公益基金会	59.20	160	323.84	2213	352.38	1001	37.31	2223
887	山西省创业就业基金会	59.20	160	1235.40	1005	—	—	181.67	1255
888	陕西省残疾人福利基金会	59.20	160	2871.93	526	843.15	574	772.46	528
889	上海七弦古琴文化发展基金会	59.20	160	403.09	2049	30.00	2157	35.54	2247
890	上海市中小学幼儿教师奖励基金会	59.20	160	8953.40	203	24.81	2201	616.52	619
891	绍兴市人民教育基金会	59.20	160	2537.10	581	550.46	770	1042.36	419
892	四川共缘教育基金会	59.20	160	299.14	2283	25.00	2198	25.50	2380
893	泗阳林中凤凰教育基金会	59.20	160	1366.77	937	675.01	684	52.80	2012
894	文成县陈伯远教育基金会	59.20	160	1002.88	1185	—	—	40.03	2184
895	文成县人民教育基金会	59.20	160	520.95	1738	113.00	1651	84.00	1729
896	浙江工业大学教育基金会	59.20	160	1648.07	812	1485.68	367	139.99	1408
897	中国志愿服务基金会	59.20	160	10816.84	161	7598.41	70	7816.15	55
898	重庆市法律援助基金会	59.20	160	451.75	1904	78.15	1834	127.88	1468
899	广东省易方达教育基金会	59.06	161	10331.73	178	223.30	1246	872.24	476
900	安徽省老年基金会	58.80	162	628.87	1562	195.60	1401	73.62	1815
901	安徽张恺冶中文化教育基金会	58.80	162	228.17	2489	75.00	1851	18.06	2527
902	北京吴英恺医学发展基金会	58.80	162	530.28	1720	465.14	837	167.20	1308

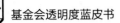
续表

序号	基金名称	FTI 2015（分）	FTI 2015 全国排名	2013 年底净资产（万元）	2013 年底净资产排名	2013 年度捐赠收入（万元）	2013 年度捐赠收入排名	2013 年度公益事业支出（万元）	2013 年度公益事业支出排名
903	大连市教育基金会	58.80	162	1430.72	908	1051.00	497	775.15	525
904	广州市禁毒基金会	58.80	162	4071.60	399	—	—	227.37	1114
905	桂林市仁济慈善基金会	58.80	162	2353.30	614	20.00	2234	217.18	1140
906	河南省爱心基金会	58.80	162	190.99	2894	67.12	1887	49.41	2047
907	河南省金爱爱心教育基金会	58.80	162	534.45	1712	5.00	2438	128.60	1461
908	湖南胡杨助学公益基金会	58.80	162	2117.50	661	—	—	114.80	1530
909	济南市见义勇为基金会	58.80	162	1190.78	1032	—	—	47.36	2075
910	江苏恒力慈善基金会	58.80	162	956.65	1233	—	—	35.00	2254
911	江苏捷安特自行车文体基金会	58.80	162	234.60	2466	110.00	1670	107.22	1576
912	江苏太平洋科技工教育基金会	58.80	162	298.55	2286	49.50	2024	40.14	2183
913	开明慈善基金会	58.80	162	2566.99	572	745.61	638	215.76	1144
914	凯风公益基金会	58.80	162	5019.16	341	3550.00	170	432.12	774
915	辽宁省辽宁石油化工大学教育发展基金会	58.80	162	285.33	2316	53.11	1978	69.53	1863
916	辽源市见义勇为基金会	58.80	162	1026.44	1158	9.02	2387	121.24	1498
917	山东省石油大学教育发展基金会	58.80	162	7042.03	253	1723.55	332	560.31	655
918	北京宏昆慈善基金会	58.67	163	1013.51	1174	306.97	1070	360.74	877
919	广西妇女儿童发展基金会	58.52	164	661.46	1508	338.96	1021	259.16	1036
920	广东省中艺文化发展基金会	58.41	165	202.57	2674	120.00	1618	93.18	1658
921	舟山市人民教育基金会	58.41	165	4381.96	378	2087.14	283	236.62	1097
922	北京力生心血管健康基金会	58.40	166	1214.01	1018	1887.53	313	1833.87	255
923	北京蔚蓝公益基金会	58.40	166	200.21	2770	1426.58	379	1422.71	321

续表

序号	基金名称	FTI 2015（分）	FTI 2015 全国排名	2013 年底净资产（万元）	2013 年底净资产排名	2013 年度捐赠收入（万元）	2013 年度捐赠收入排名	2013 年度公益事业支出（万元）	2013 年度公益事业支出排名
924	北京阳光知识产权与法律发展基金会	58.40	166	274.64	2336	121.09	1605	97.46	1629
925	北京艺能爱心基金会	58.40	166	250.64	2409	169.80	1467	100.73	1605
926	福建江夏慈善基金会	58.40	166	4952.62	349	1017.60	510	1414.38	322
927	福建卢嘉锡科学教育基金会	58.40	166	525.57	1726	14.00	2327	43.44	2134
928	福建运盛青年基金会	58.40	166	349.24	2166	—	—	35.15	2251
929	赣州市青少年发展基金会	58.40	166	816.01	1349	630.69	706	507.21	693
930	广东省从化中学教育基金会	58.40	166	206.17	2632	1.08	2509	19.70	2496
931	广东省国际生命科学基金会	58.40	166	354.14	2157	365.80	986	200.00	1194
932	贵州省青年志愿服务基金会	58.40	166	470.41	1844	272.39	1133	205.04	1174
933	河南省超越助教基金会	58.40	166	4633.56	361	—	—	470.05	729
934	河南省黄帝故里建设基金会	58.40	166	409.81	2017	172.76	1458	271.53	1009
935	河南省青少年发展基金会	58.40	166	3325.70	468	2691.43	225	2310.11	202
936	河南省张清丰敬老助老基金会	58.40	166	218.82	2542	35.31	2105	16.02	2599
937	湖北工程学院教育发展基金会	58.40	166	1180.71	1042	1118.39	472	241.16	1084
938	湖北省青年创业就业基金会	58.40	166	598.68	1610	281.60	1121	297.54	972
939	湖北省吴兆麟基金会	58.40	166	224.33	2509	23.10	2211	24.15	2399
940	湖南省文化艺术基金会	58.40	166	4515.12	368	629.50	708	287.44	986
941	湖南省张家界市教育基金会	58.40	166	966.43	1223	241.18	1205	87.14	1710
942	江苏新潮仁爱基金会	58.40	166	3208.55	478	412.65	900	245.96	1070
943	江西省萍乡城北地产教育基金会	58.40	166	190.88	2896	—	—	41.70	2163
944	乐山市教育基金会	58.40	166	5413.37	309	4029.23	154	2146.00	222

续表

序号	基金会名称	FTI 2015（分）	FTI 2015 全国排名	2013年底净资产（万元）	2013年底净资产排名	2013年度捐赠收入（万元）	2013年度捐赠收入排名	2013年度公益事业支出（万元）	2013年度公益事业支出排名
945	李四光地质科学奖基金会	58.40	166	3130.29	488	21.10	2219	361.53	876
946	聊城市陈光教育基金会	58.40	166	194.15	2875	—	—	13.13	2649
947	内蒙古草原文化保护发展基金会	58.40	166	2031.51	691	790.12	609	1711.68	273
948	宁夏本念公益基金会	58.40	166	12.31	3065	52.24	1988	42.74	2148
949	山东省见义勇为基金会	58.40	166	1248.00	998	202.00	1309	37.85	2215
950	山东省青少年发展基金会	58.40	166	3982.96	409	2650.42	228	2397.40	190
951	陕西省荣禾老年基金会	58.40	166	216.42	2558	45.00	2043	17.00	2563
952	陕西省农业发展基金会	58.40	166	307.37	2248	2.60	2481	46.20	2090
953	汕头市潮阳区公益基金会	58.40	166	2098.34	670	10465.10	45	9771.03	43
954	四川美丰教育基金会	58.40	166	608.45	1592	3.00	2470	54.50	1996
955	四川省青年科技基金会	58.40	166	455.77	1887	60.00	1933	64.59	1905
956	万科公益基金会	58.40	166	10828.52	160	466.03	835	1731.03	272
957	永州市教师奖励基金会	58.40	166	1127.75	1079	193.84	1407	90.87	1677
958	云南省妇女儿童发展基金会	58.40	166	960.75	1228	297.18	1105	201.91	1186
959	长春市教育基金会	58.40	166	194.87	2874	93.74	1771	95.90	1649
960	中国艺术节基金会	58.40	166	208.13	2613	190.00	1417	278.96	995
961	重庆市急救医疗教助基金会	58.40	166	493.70	1809	5.25	2430	71.44	1840
962	珠海市扶贫基金会	58.40	166	3645.39	442	2647.62	230	1214.50	373
963	广东省迪慈善基金会	58.35	167	203.21	2665	722.24	650	712.59	559
964	北京市戈友公益援助基金会	58.30	168	426.16	1972	218.33	1259	128.89	1459
965	广东省志愿者事业发展基金会	58.26	169	1609.37	822	1343.79	399	485.12	716

续表

序号	基金会名称	FTI 2015 (分)	FTI 2015 全国排名	2013 年底净资产 (万元)	2013 年底净资产排名	2013 年度捐赠收入 (万元)	2013 年度捐赠收入排名	2013 年度公益事业支出 (万元)	2013 年度公益事业支出排名
966	广东省华南理工大学教育发展基金会	58.21	170	17772.92	91	4581.62	134	1744.64	268
967	上海中欧国际工商学院教育发展基金会	58.05	171	7939.09	231	2929.22	212	1469.65	308
968	安徽省中宣教育基金会	58.00	172	199.05	2846	7.60	2407	7.60	2741
969	北京友好传承文化基金会	58.00	172	150.54	2965	246.32	1188	113.77	1537
970	广东省大成慈善基金会	58.00	172	3103.44	491	3.61	2464	333.24	912
971	湖南省新闻出版发展基金会	58.00	172	2095.02	671	—	—	90.23	1681
972	吉林省中东爱心基金会	58.00	172	245.15	2429	40.40	2069	78.38	1771
973	内蒙古自治区残疾人福利基金会	58.00	172	1095.25	1105	172.05	1460	351.07	886
974	陕西省国际文化交流基金会	58.00	172	474.93	1835	8.00	2403	213.74	1150
975	上海汽车工业科技发展基金会	58.00	172	32919.16	39	1280.37	411	310.00	949
976	沈阳市残疾人福利基金会	58.00	172	710.55	1445	551.00	769	1371.98	332
977	首都文明工程基金会	58.00	172	1599.24	825	15.00	2312	498.62	702
978	四川省治理流沙化基金会	58.00	172	420.15	1983	0.09	2543	44.29	2122
979	中国博士后科学基金会	58.00	172	27183.18	51	591.64	735	79451.86	4
980	中国国际问题研究基金会	58.00	172	1927.81	733	78.07	1835	783.34	520
981	重庆市协信公益基金会	58.00	172	223.24	2517	—	—	66.77	1885
982	河南省拥军优属基金会	57.91	173	1067.51	1129	—	—	170.14	1294
983	宝钢教育基金	57.90	174	6402.50	274	—	—	1233.09	367
984	北京国珍爱心基金会	57.90	174	480.86	1827	317.97	1051	365.88	867
985	广东省岭南文化艺术促进基金会	57.82	175	9183.02	200	—	—	1303.39	354
986	中卫市公益慈善基金会	57.79	176	2664.21	557	423.66	886	579.50	646

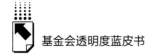

续表

序号	基金会名称	FTI 2015（分）	FTI 2015全国排名	2013 年底净资产（万元）	2013 年底净资产排名	2013 年度捐赠收入（万元）	2013 年度捐赠收入排名	2013 年度公益事业支出（万元）	2013 年度公益事业支出排名
987	江苏省发展体育基金会	57.72	177	11211.03	152	4342.44	139	2596.84	167
988	广西见义勇为基金会	57.66	178	2566.03	573	1430.58	377	436.85	765
989	北京宋庄艺术发展基金会	57.60	179	402.26	2051	—	—	150.80	1359
990	广东省柯麟医学教育基金会	57.60	179	1972.05	721	120.58	1607	129.20	1455
991	广东省鹏城拥军优抚基金会	57.60	179	200.47	2741	102.50	1708	107.66	1575
992	广东省深圳市郭春园中医发展基金会	57.60	179	241.55	2438	37.70	2095	23.94	2407
993	广州市平慈善基金会	57.60	179	200.90	2723	45.00	2044	53.27	2008
994	杭州市拱墅区人民教育基金会	57.60	179	480.95	1826	—	—	1.50	2838
995	黑龙江省大庆市妇女儿童基金会	57.60	179	378.35	2115	266.31	1148	89.61	1689
996	湖南省湖湘文化基金会	57.60	179	313.01	2231	93.86	1769	54.31	1998
997	湖南省浏阳市第一中学教育基金会	57.60	179	858.12	1312	176.74	1451	207.24	1168
998	湖南省永兴县教育基金会	57.60	179	1562.04	846	748.93	634	675.84	580
999	吉林省青年创业就业基金会	57.60	179	164.56	2953	40.00	2082	320.00	929
1000	绵阳市涪城区益生爱基金会	57.60	179	201.29	2708	69.98	1879	75.62	1800
1001	南航"十分"关爱基金会	57.60	179	2736.49	547	508.29	793	711.12	561
1002	南京理工大学紫金教育发展基金会	57.60	179	—	—	211.00	1283	239.07	1088
1003	邳州市慈善基金会	57.60	179	1188.70	1036	811.80	594	480.21	721
1004	云南君仁博爱基金会	57.60	179	77.32	3030	45.74	2037	60.12	1933
1005	中国治理荒漠化基金会	57.60	179	254.52	2389	930.00	536	696.61	571
1006	重庆西南政法大学教育基金会	57.60	179	719.20	1436	120.00	1613	49.97	2042
1007	诸暨市人民教育基金会	57.60	179	5383.47	313	2608.38	234	850.09	485

续表

序号	基金会名称	FTI 2015（分）	FTI 2015 全国排名	2013 年底净资产（万元）	2013 年底净资产排名	2013 年度捐赠收入（万元）	2013 年度捐赠收入排名	2013 年度公益事业支出（万元）	2013 年度公益事业支出排名
1008	北京水源保护基金会	57.59	180	793.62	1369	682.79	678	666.02	585
1009	江苏省青少年发展基金会	57.35	181	—	—	1944.31	305	991.17	436
1010	永州市慈善基金会	57.27	182	1083.62	1113	701.39	667	577.35	648
1011	北京金融街慈善基金会	57.20	183	622.50	1570	389.59	951	382.96	841
1012	北京苹果果善基金会	57.20	183	2804.64	536	746.33	637	796.28	515
1013	北京瑞普华老年救助基金会	57.20	183	165.88	2950	8.00	2405	39.95	2190
1014	北京幽兰文化基金会	57.20	183	1188.51	1037	100.00	1728	299.36	970
1015	福建喜盈门慈善基金会	57.20	183	200.69	2730	247.00	1186	139.50	1411
1016	广东省振兴科技基金会	57.20	183	4455.51	375	—	—	110.80	1559
1017	广西和正慈善基金会	57.20	183	246.18	2421	104.49	1695	88.16	1698
1018	海门徐有库文教基金会	57.20	183	899.60	1278	61.60	1923	111.63	1549
1019	河南大学教育发展基金会	57.20	183	3811.47	425	4291.51	144	3597.39	116
1020	湖南省资兴市教育基金会	57.20	183	1429.13	909	273.45	1130	220.31	1136
1021	南安市仓镇教育发展基金会	57.20	183	369.40	2133	656.20	693	784.87	517
1022	厦门中山医院基金会	57.20	183	1254.53	993	203.50	1301	126.19	1476
1023	山西省通力达司法救济基金会	57.20	183	219.66	2538	58.97	1943	36.74	2231
1024	上海交响乐团文化发展基金会	57.20	183	6354.97	275	1056.00	495	411.91	797
1025	四川省教育基金会	57.20	183	15472.77	106	2935.09	211	1784.64	263
1026	天津市福老基金会	57.20	183	2389.77	606	24.00	2204	44.81	2112
1027	威盛信望爱公益基金会	57.20	183	3157.50	485	1238.79	428	1451.09	316
1028	岳阳市特困家庭大病医疗慈善救助基金会	57.20	183	8892.72	206	2995.21	208	463.50	740

续表

序号	基金会名称	FTI 2015（分）	FTI 2015 全国排名	2013 年底净资产（万元）	2013 年底净资产排名	2013 年度捐赠收入（万元）	2013 年度捐赠收入排名	2013 年度公益事业支出（万元）	2013 年度公益事业支出排名
1029	云南土恒教育基金会	57.20	183	208.58	2610	209.03	1289	82.33	1738
1030	长春工程学院教育基金会	57.20	183	223.60	2514	52.30	1986	45.30	2101
1031	中国经济改革研究基金会	57.14	184	3019.17	501	249.30	1182	92.33	1665
1032	上海现代服务业发展研究基金会	57.07	185	2530.49	582	887.97	555	600.10	629
1033	上海市卫生系统青年人才奖励基金会	57.00	186	586.74	1626	65.50	1895	100.30	1607
1034	北京四中校友促进教育基金会	56.83	187	4152.24	394	848.67	566	390.03	829
1035	北京师范大学教育基金会	56.81	188	39726.95	34	17228.52	27	7248.01	60
1036	安徽省教育基金会	56.80	189	8213.26	224	382.67	958	626.05	612
1037	北京夕阳秀中老年文化事业发展基金会	56.80	189	200.16	2777	174.34	1455	169.14	1300
1038	福建省同心慈善基金会	56.80	189	414.38	2002	350.92	1005	139.83	1409
1039	江苏华夏慈善基金会	56.80	189	216.63	2556	9.65	2383	18.65	2513
1040	南通泰慕士爱心基金会	56.80	189	198.18	2851	25.62	2189	20.21	2469
1041	萨马兰奇体育发展基金会	56.80	189	1828.43	763	932.50	535	1107.56	402
1042	陕西省黄土地陕北民歌发展基金会	56.80	189	330.00	2196	—	—	293.73	976
1043	四川省妇女发展基金会	56.80	189	823.42	1341	7178.03	76	7029.88	62
1044	苏州心怡帮困助学基金会	56.80	189	409.34	2020	20.00	2245	44.32	2120
1045	徐州工程学院教育发展基金会	56.80	189	837.87	1328	37.80	2093	18.70	2511
1046	深圳市华强公益基金会	56.64	190	839.73	1325	1000.00	519	656.48	591
1047	中国关心下一代健康体育基金会	56.61	191	1032.69	1153	506.05	798	558.97	657
1048	浙江千手慈善基金会	56.60	192	309.00	2243	138.47	1557	162.40	1319
1049	杭州市陈伯淘体育发展基金会	56.56	193	218.16	2545	70.00	1878	57.02	1966

续表

序号	基金会名称	FTI 2015（分）	FTI 2015全国排名	2013年底净资产（万元）	2013年底净资产排名	2013年度捐赠收入（万元）	2013年度捐赠收入排名	2013年度公益事业支出（万元）	2013年度公益事业支出排名
1050	南通市通州区慈善基金会	56.49	194	5308.81	318	844.70	572	948.39	450
1051	安徽国祯爱心慈善基金会	56.40	195	225.31	2506	209.38	1288	259.44	1035
1052	北京爱它动物保护公益基金会	56.40	195	230.85	2476	674.75	686	628.02	609
1053	北京奥运城市发展基金会	56.40	195	3910.96	416	890.00	553	826.36	493
1054	北京中国矿业大学教育基金会	56.40	195	506.22	1772	215.00	1267	126.41	1475
1055	福建张天福茶叶发展基金会	56.40	195	318.68	2224	26.13	2187	25.31	2384
1056	广东省潮剧发展与改革基金会	56.40	195	3908.17	417	433.86	873	175.73	1270
1057	广州市见义勇为基金会	56.40	195	11034.30	154	200.12	1319	454.78	747
1058	贵州省春晖行动发展基金会	56.40	195	543.11	1696	440.53	865	424.63	782
1059	湖南省宜章县教育基金会	56.40	195	1136.23	1072	226.85	1238	248.31	1065
1060	吉林省交通助老基金会	56.40	195	201.21	2711	36.00	2102	16.14	2592
1061	江苏铁军文化发展基金会	56.40	195	524.21	1730	20.10	2231	45.00	2109
1062	南京特殊教育职业技术学院教育发展基金会	56.40	195	606.76	1597	98.72	1752	106.10	1582
1063	青海省格萨尔公益基金会	56.40	195	256.08	2385	1.43	2505	1.36	2842
1064	山东省青年创业就业基金会	56.40	195	656.22	1513	145.12	1536	354.00	881
1065	陕西省唐大明宫遗址文物保护基金会	56.40	195	897.97	1280	35.00	2110	59.56	1943
1066	沈阳市教育基金会	56.40	195	1658.44	808	1740.30	330	1506.71	305
1067	四川省贫困地区人才培育研究基金会	56.40	195	461.95	1869	104.54	1693	88.12	1699
1068	天津市华夏器官移植救助基金会	56.40	195	8461.92	219	988.98	521	805.11	507
1069	田汉基金会	56.40	195	146.06	2970	50.00	2022	28.86	2336
1070	温州市实验中学教育发展基金会	56.40	195	1360.86	939	54.86	1969	87.94	1702

续表

序号	基金会名称	FTI 2015（分）	FTI 2015 全国排名	2013 年底 净资产（万元）	2013 年底 净资产 排名	2013 年度 捐赠收入（万元）	2013 年度 捐赠收入 排名	2013 年度 公益事业 支出（万元）	2013 年度 公益事业 支出排名
1071	无锡市见义勇为基金会	56.40	195	3253.33	474	40.00	2076	169.98	1298
1072	云南民族文化发展基金会	56.40	195	828.03	1337	302.91	1076	486.34	714
1073	浙江青田之家公益基金会	56.40	195	2202.62	642	370.00	981	175.62	1271
1074	北京新发展慈善基金会	56.35	196	203.96	2652	22.08	2213	17.00	2564
1075	福建省邓子基教育基金会	56.17	197	1483.23	884	12.60	2338	267.29	1019
1076	江苏长江平民教育基金会	56.01	198	775.55	1389	203.07	1304	80.33	1759
1077	无锡市滨湖区慈善基金会	56.01	198	6629.60	268	3431.28	177	2330.66	199
1078	安徽省残疾人福利基金会	56.00	199	1535.01	857	5.00	2435	191.25	1214
1079	安徽省人口基金会	56.00	199	9749.71	191	8865.00	59	6122.68	68
1080	北京春晖博爱儿童救助公益基金会	56.00	199	374.96	2120	1185.36	446	965.02	442
1081	北京光华设计发展基金会	56.00	199	412.69	2010	342.75	1014	464.49	737
1082	北京济生痛痛医学基金会	56.00	199	306.86	2251	99.30	1750	123.00	1491
1083	北京詹天佑土木工程科学技术发展基金会	56.00	199	3807.98	429	557.20	764	273.20	1004
1084	北京志愿服务基金会	56.00	199	—	—	—	—	1310.74	347
1085	大庆市残疾人福利基金会	56.00	199	646.51	1537	35.00	2112	245.93	1071
1086	东风公益基金会	56.00	199	6037.54	284	3363.21	178	2346.54	196
1087	福建省石竹慈善基金会	56.00	199	370.22	2131	472.41	829	905.30	463
1088	广西荣和爱心基金会	56.00	199	655.87	1515	—	—	93.88	1656
1089	辽宁省东北财经大学教育基金会	56.00	199	268.32	2349	14.29	2325	22.90	2420
1090	南通市慈善基金会	56.00	199	3241.14	476	—	—	183.69	1245
1091	苏州科技学院教育发展基金会	56.00	199	5066.99	334	742.88	639	5812.40	75

续表

序号	基金会名称	FTI 2015 （分）	FTI 2015 全国排名	2013 年底 净资产 （万元）	2013 年底 净资产 排名	2013 年度 捐赠收入 （万元）	2013 年度 捐赠收入 排名	2013 年度 公益事业 支出（万元）	2013 年度 公益事业 支出排名
1092	盐城师范学院教育发展基金会	56.00	199	5051.17	337	2054.51	291	428.20	779
1093	四川西南交通大学扬华教育基金会	55.98	200	7158.15	249	3062.48	200	3476.16	122
1094	湖南省体育发展基金会	55.95	201	1590.13	831	885.00	556	895.76	467
1095	北京外国语大学教育基金会	55.88	202	3067.62	493	—	—	363.93	872
1096	广西残疾人福利基金会	55.72	203	654.76	1517	242.94	1199	316.15	936
1097	北京故宫文物保护基金会	55.60	204	1110.30	1098	200.00	1324	91.58	1671
1098	福建省老龄事业发展基金会	55.60	204	594.39	1615	210.00	1285	51.60	2021
1099	福建省农爱工程慈善基金会	55.60	204	203.10	2667	50.00	2019	43.47	2132
1100	广东省蓝态幸福文化公益基金会	55.60	204	326.72	2203	377.49	967	245.85	1072
1101	广东省利海绿色基金会	55.60	204	17.10	3057	279.71	1123	307.22	955
1102	河南省博研助学基金会	55.60	204	111.20	3006	—	—	23.40	2414
1103	河南省儿童希望救助基金会	55.60	204	429.43	1964	646.14	700	612.12	621
1104	青海省残疾人福利基金会	55.60	204	645.15	1539	339.34	1020	127.28	1472
1105	天津方放秘书学公文写作学研究基金会	55.60	204	270.12	2345	26.50	2184	30.34	2319
1106	天津市妇女儿童发展基金会	55.60	204	986.56	1204	299.51	1100	364.41	870
1107	云南三益文化国防基金会	55.60	204	381.81	2110	112.02	1653	118.78	1509
1108	云南省医疗扶贫基金会	55.60	204	1008.18	1181	7326.69	74	6397.05	65
1109	辽宁爱之光盲育基金会	55.56	205	1190.21	1034	391.15	947	327.88	922
1110	营口市鲅鱼圈区慈善基金会	55.48	206	1054.44	1137	359.47	995	404.70	802
1111	武汉市残疾人福利基金会	55.47	207	570.49	1652	342.29	1016	434.24	768
1112	中科院研究生教育基金会	55.23	208	13399.24	121	1315.67	402	1026.83	424

续表

序号	基金会名称	FTI 2015（分）	FTI 2015 全国排名	2013 年底净资产（万元）	2013 年底净资产排名	2013 年度捐赠收入（万元）	2013 年度捐赠收入排名	2013 年度公益事业支出（万元）	2013 年度公益事业支出排名
1113	安徽省国际文化艺术发展基金会	55.20	209	164.68	2951	17.00	2290	17.00	2566
1114	北京国际城市论坛基金会	55.20	209	355.97	2153	125.00	1599	200.71	1191
1115	北京市李稻英医学基金会	55.20	209	295.99	2291	8.00	2404	140.83	1404
1116	北京太阳谷慈善基金会	55.20	209	517.07	1746	45.09	2041	41.38	2169
1117	成都市青少年发展基金会	55.20	209	611.49	1586	62.33	1914	58.67	1952
1118	东北师大附中教育发展基金会	55.20	209	1461.84	892	960.00	526	216.42	1142
1119	广东省华美教育慈善基金会	55.20	209	2827.87	532	—	—	243.27	1081
1120	国家电网公益基金会	55.20	209	10954.97	155	850.00	565	850.00	486
1121	刘天华阿炳中国民族音乐基金会	55.20	209	1814.85	768	118.50	1624	185.90	1232
1122	内蒙古鄂尔多斯市扶贫基金会	55.20	209	479.46	1830	29.00	2173	144.31	1393
1123	山东省南山老龄事业发展基金会	55.20	209	228.80	2485	5479.91	102	5049.59	87
1124	上海复星公益基金会	55.20	209	1003.71	1184	2284.62	268	1772.09	266
1125	四川孔子教育基金会	55.20	209	418.36	1989	310.58	1063	91.80	1669
1126	四川省国电大渡河爱心帮扶基金会	55.20	209	2410.71	600	—	—	1068.20	410
1127	盐城明友林慈善基金会	55.20	209	—	—	0.60	2522	70.00	1859
1128	永康市人民教育基金会	55.20	209	440.61	1937	923.46	539	660.48	588
1129	云南省董勤成公益发展基金会	55.20	209	204.75	2645	100.00	1743	16.60	2579
1130	浙江省必达爱心慈善发展基金会	55.20	209	192.86	2883	17.65	2282	23.30	2416
1131	浙江省实方慈善基金会	55.20	209	997.77	1196	0.90	2518	80.04	1761
1132	浙江同一慈善基金会	55.20	209	132.13	2986	—	—	41.32	2171
1133	北京医学奖励基金会	55.19	210	2403.85	604	4975.73	121	3417.50	124

续表

序号	基金会名称	FTI 2015（分）	FTI 2015 全国排名	2013 年底 净资产（万元）	2013 年底 净资产 排名	2013 年度 捐赠收入（万元）	2013 年度 捐赠收入 排名	2013 年度 公益事业 支出（万元）	2013 年度 公益事业 支出排名
1134	四川省关心下一代基金会	55.07	211	2575.57	571	734.34	643	880.51	470
1135	广东省源本善慈善基金会	55.00	212	1117.70	1089	663.95	691	64.32	1907
1136	深圳市红树林湿地保护基金会	54.92	213	571.33	1651	59.95	1936	184.42	1239
1137	北京市第八十中学校友促进教育基金会	54.91	214	1839.34	756	846.76	567	150.94	1358
1138	南安市黄良庵慈善基金会	54.90	215	413.22	2008	158.01	1506	64.45	1906
1139	湖南省宁乡一中教育基金会	54.88	216	883.80	1293	184.76	1431	70.66	1848
1140	北京科学教育发展基金会	54.80	217	4531.52	366	4586.50	132	2759.60	155
1141	北京市董辅礽经济科学发展基金会	54.80	217	227.55	2494	115.00	1637	152.54	1354
1142	北京市紧急救援基金会	54.80	217	428.49	1966	1076.45	487	1314.93	345
1143	河北省京海明珠慈善基金会	54.80	217	2285.79	625	1100.00	477	162.02	1321
1144	河南理工大学教育发展基金会	54.80	217	447.49	1916	84.75	1806	1531.15	301
1145	河南省青年创业就业基金会	54.80	217	933.93	1249	571.00	752	702.68	568
1146	民福社会福利研究基金会	54.80	217	2000.00	710	—	—	60.03	1934
1147	山东省人口关爱基金会	54.80	217	1544.48	853	2643.28	231	2444.77	185
1148	山西省程海庆教育基金会	54.80	217	383.91	2106	—	—	55.86	1979
1149	徐州市慈善基金会	54.80	217	17963.46	90	4543.06	136	2587.56	169
1150	北京邮电大学教育基金会	54.79	218	3043.11	497	308.98	1068	333.82	908
1151	首都见义勇为基金会	54.73	219	3559.15	449	468.36	833	556.37	658
1152	广东省怀心慈善基金会	54.71	220	1508.61	874	2576.29	238	1448.45	318
1153	上海阮仪三城市遗产保护基金会	54.71	220	288.67	2305	101.75	1714	60.96	1928
1154	江苏大同博爱基金会	54.54	221	193.51	2879	61.96	1919	61.57	1922

201

续表

序号	基金会名称	FTI 2015（分）	FTI 2015 全国排名	2013 年底 净资产（万元）	2013 年底 净资产 排名	2013 年度 捐赠收入（万元）	2013 年度 捐赠收入 排名	2013 年度 公益事业 支出（万元）	2013 年度 公益事业 支出排名
1155	湖南省中南林业科技大学教育基金会	54.49	222	490.48	1812	7.50	2408	45.24	2103
1156	北京志远功臣夫爱基金会	54.43	223	504.09	1776	628.85	709	301.86	963
1157	四川省儿童少年基金会	54.42	224	1246.02	1000	883.66	557	654.86	592
1158	安徽韩再芬黄梅艺术基金会	54.40	225	1678.54	804	45.34	2038	130.71	1449
1159	北京高占祥文化艺术基金会	54.40	225	484.74	1822	748.64	636	452.80	749
1160	大连市祥残疾人福利基金会	54.40	225	853.48	1319	605.82	723	662.59	586
1161	福建宏利基金会	54.40	225	213.15	2573	46.00	2034	34.51	2260
1162	贵州省青年创业就业基金会	54.40	225	537.00	1706	252.43	1168	227.57	1112
1163	河北省秋华教育基金会	54.40	225	199.00	2847	—	—	18.00	2535
1164	河南省慈善助老基金会	54.40	225	214.21	2570	41.22	2067	36.40	2236
1165	河南省见义勇为基金会	54.40	225	2404.58	602	200.00	1321	167.97	1306
1166	河南中原大佛基金会	54.40	225	1320.38	960	579.19	744	496.17	704
1167	江苏软件产业人才发展基金会	54.40	225	434.09	1950	—	—	346.95	891
1168	江西省农村信用社百福慈善基金会	54.40	225	19786.76	79	—	—	1268.01	362
1169	陆河县振兴教育基金会	54.40	225	655.45	1516	425.00	883	391.91	826
1170	宁夏黄河银行助学基金会	54.40	225	1681.65	803	844.85	570	651.90	593
1171	山西省太原市临县商会助学基金会	54.40	225	191.08	2893	35.10	2108	40.50	2177
1172	上海文学发展基金会	54.40	225	1615.85	820	78.90	1830	91.34	1673
1173	四川圣爱特殊儿童援助基金会	54.40	225	120.52	2996	24.82	2200	18.30	2523
1174	新乡市教育基金会	54.40	225	883.76	1294	191.00	1414	170.50	1292
1175	益阳市教育基金会	54.40	225	2046.91	684	690.49	674	261.90	1029

续表

序号	基金名称	FTI 2015（分）	FTI 2015全国排名	2013年底净资产（万元）	2013年底净资产排名	2013年度捐赠收入（万元）	2013年度捐赠收入排名	2013年度公益事业支出（万元）	2013年度公益事业支出排名
1176	永恒慈善基金会	54.40	225	2012.36	701	115.00	1636	115.00	1526
1177	援助西藏发展基金会	54.40	225	1295.65	971	1171.96	447	1206.01	377
1178	中国拥军优属基金会	54.40	225	861.86	1307	1919.65	308	1866.64	250
1179	广东省南山医学发展基金会	54.37	226	998.43	1195	544.83	774	42.42	2154
1180	广东省中泰慈善基金会	54.30	227	192.05	2886	—	—	8.00	2735
1181	上海市应昌期围棋教育基金会	54.26	228	1206.22	1022	10.00	2368	775.41	524
1182	湖南省汉寿县第一中学教育基金会	54.23	229	572.39	1649	127.65	1594	47.90	2065
1183	深圳市雅图文化教育慈善基金会	54.12	230	307.86	2247	170.00	1466	41.92	2159
1184	北京安公益基金会	54.00	231	1759.76	782	300.00	1090	150.04	1365
1185	北京龙门慈善基金会	54.00	231	201.88	2693	47.00	2029	47.73	2067
1186	北京市育英学校校友促进教育基金会	54.00	231	307.25	2250	138.40	1558	100.79	1603
1187	中国保护消费者基金会	54.00	231	1004.50	1183	—	—	263.59	1025
1188	上海交通大学教育发展基金会	53.92	232	67922.89	19	15485.40	33	7732.32	57
1189	上海同济大学教育发展基金会	53.62	233	14012.96	116	6915.73	79	5116.57	85
1190	北京市希望公益基金会	53.60	234	577.93	1639	382.46	959	382.22	846
1191	北京长江药学发展基金会	53.60	234	288.29	2308	74.00	1857	34.90	2257
1192	大连市妇女儿童发展基金会	53.60	234	833.36	1331	459.62	845	383.10	839
1193	福建福光基金会	53.60	234	473.31	1837	81.28	1816	185.45	1234
1194	广东省唯品会慈善基金会	53.60	234	298.81	2285	350.87	1006	280.57	993
1195	广东省钻石世家慈善基金会	53.60	234	201.10	2718	18.00	2277	18.10	2525
1196	贵州省励业帮扶基金会	53.60	234	748.71	1409	245.99	1189	298.36	971

续表

序号	基金会名称	FTI 2015（分）	FTI 2015 全国排名	2013 年底净资产（万元）	2013 年底净资产排名	2013 年度捐赠收入（万元）	2013 年度捐赠收入排名	2013 年度公益事业支出（万元）	2013 年度公益事业支出排名
1197	河北省老年事业发展基金会	53.60	234	414.45	2001	52.81	1982	77.38	1779
1198	河北省邢钢慈善基金会	53.60	234	201.33	2706	19.00	2268	17.96	2538
1199	湖南省安仁县教育基金会	53.60	234	744.85	1414	239.87	1212	114.52	1533
1200	怀化市教育基金会	53.60	234	1062.63	1131	132.06	1580	63.59	1909
1201	南京金鹰国际慈济基金会	53.60	234	1693.23	796	—	—	148.50	1376
1202	南阳油田中小学教师奖励基金会	53.60	234	208.72	2609	81.94	1812	80.03	1762
1203	汕头市潮阳实验学校教育基金会	53.60	234	2391.20	605	1642.79	343	800.21	513
1204	上海市卢湾区教育基金会	53.60	234	1048.45	1142	21.95	2214	155.87	1345
1205	上海市拥军优属基金会	53.60	234	66923.69	20	8258.40	67	2889.26	146
1206	上海市甬协公益基金会	53.60	234	593.85	1616	64.24	1902	65.35	1897
1207	四川资阳五月阳光教育基金会	53.60	234	489.78	1813	18.45	2271	18.45	2520
1208	温州市农业技术推广基金会	53.60	234	403.37	2044	—	—	180.10	1260
1209	新疆汇嘉十分孝心基金会	53.60	234	322.98	2215	197.16	1398	85.56	1722
1210	岳阳市云溪区慈善基金会	53.60	234	456.40	1884	73.31	1859	68.56	1869
1211	浙江孤山慈善基金会	53.60	234	1420.45	914	—	—	125.40	1477
1212	中国法学交流基金会	53.60	234	1382.53	931	285.67	1116	745.79	541
1213	重庆市彭水教育基金会	53.60	234	601.98	1606	461.40	842	400.82	809
1214	珠海市禁毒基金会	53.60	234	2123.09	658	275.00	1129	529.80	680
1215	漳州市见义勇为基金会	53.42	235	1511.15	871	—	—	156.69	1341
1216	广东省吴小兰慈善基金会	53.41	236	610.15	1588	586.78	740	217.08	1141
1217	广东省百川慈善基金会	53.34	237	207.53	2620	276.36	1127	288.40	984

续表

序号	基金名称	FTI 2015（分）	FTI 2015 全国排名	2013 年底净资产（万元）	2013 年底净资产排名	2013 年度捐赠收入（万元）	2013 年度捐赠收入排名	2013 年度公益事业支出（万元）	2013 年度公益事业支出排名
1218	浙江省新浙商创业创新基金会	53.30	238	168.69	2941	5.00	2444	20.00	2484
1219	温州市永乐科技奖励医疗教助基金会	53.23	239	389.96	2098	40.55	2068	116.41	1521
1220	北京教育科学研究优秀成果奖励基金会	53.20	240	242.20	2436	40.00	2079	47.49	2070
1221	北京市华夏医疗保健基金会	53.20	240	200.08	2786	47.40	2027	47.40	2073
1222	人保慈善基金会	53.19	241	6708.91	264	—	—	2259.75	206
1223	天津市赵以成医学科学基金会	53.12	242	448.63	1913	284.00	1117	137.34	1417
1224	黑龙江省佳木斯大学教育发展基金会	53.03	243	469.49	1848	28.00	2179	27.70	2351
1225	上海市青浦区教育基金会	52.93	244	2447.05	596	237.30	1215	538.54	674
1226	鞍山市教育基金会	52.91	245	651.30	1521	36.27	2099	41.98	2157
1227	福建省闽南文化发展基金会	52.80	246	1201.88	1024	530.96	781	168.34	1304
1228	广东省科学探险基金会	52.80	246	200.86	2727	98.32	1753	92.14	1667
1229	河北省撒可富教育基金会	52.80	246	1780.46	775	—	—	153.10	1352
1230	河南牧野文化基金会	52.80	246	211.29	2590	40.00	2080	21.95	2442
1231	河南省兴达爱心基金会	52.80	246	221.55	2524	111.44	1657	89.92	1686
1232	湖南省吉首大学教育基金会	52.80	246	337.71	2185	114.10	1644	76.37	1791
1233	湖南省徐特立教育基金会	52.80	246	283.29	2322	76.60	1841	10.35	2692
1234	吉林省志愿服务发展基金会	52.80	246	312.54	2235	143.00	1542	40.00	2186
1235	宁夏麦丽燕基金会	52.80	246	514.06	1754	142.97	1543	78.15	1773
1236	上海公安金盾基金会	52.80	246	17447.09	95	3300.00	180	899.93	464
1237	上海民生艺术基金会	52.80	246	88067.28	10	45200.00	11	3768.00	113
1238	上海世界华民族艺术瑰宝回归基金会	52.80	246	200.35	2752	115.80	1634	16.30	2587

续表

序号	基金名称	FTI 2015（分）	FTI 2015全国排名	2013 年底净资产（万元）	2013 年底净资产排名	2013 年度捐赠收入（万元）	2013 年度捐赠收入排名	2013 年度公益事业支出（万元）	2013 年度公益事业支出排名
1239	上海市奉贤区建设工程科学技术发展基金会	52.80	246	2250.63	633	80.00	1823	206.16	1171
1240	上海市闵行区中小幼教师奖励基金会	52.80	246	1270.70	985	114.00	1646	147.82	1379
1241	上海市青年创业就业基金会	52.80	246	2114.54	664	165.10	1476	71.47	1838
1242	上海市徐汇区教育基金会	52.80	246	2244.46	636	585.18	741	444.77	756
1243	上海市职工帮困基金会	52.80	246	7862.00	233	340.40	1018	3204.54	132
1244	上海简宝航社会公益基金会	52.80	246	746.76	1412	417.79	896	505.45	695
1245	苏州市青少年发展基金会	52.80	246	741.30	1419	201.68	1314	124.40	1486
1246	成都公和社区发展基金会	52.77	247	129.03	2988	56.84	1950	140.79	1405
1247	广东省华南师范大学教育发展基金会	52.65	248	3287.80	469	4595.04	131	2435.38	186
1248	四川省红十字基金会	52.48	249	754.37	1406	481.86	824	418.44	786
1249	北京市黄胄美术基金会	52.44	250	958.94	1231	35.60	2104	128.92	1458
1250	上海市大学生科技创业基金会	52.43	251	95782.27	8	209.94	1287	2175.67	216
1251	北京华彩扶贫助学慈善基金会	52.40	252	203.59	2657	540.00	778	535.64	675
1252	北京协和医学教育基金会	52.40	252	746.34	1413	10.40	2359	63.21	1912
1253	北京景山教育基金会	52.13	253	—	—	1383.00	390	832.29	490
1254	河南省平煤医疗风险救助教育基金会	52.01	254	245.51	2426	36.47	2098	24.44	2396
1255	南通高等师范学校教育发展基金会	52.00	255	104.40	3007	1222.00	435	1139.00	397
1256	上海市嘉定区教育奖励基金会	52.00	255	2511.48	585	107.91	1677	267.68	1018
1257	新疆维吾尔自治区自然生态保护基金会	52.00	255	126.47	2989	—	—	81.36	1745
1258	南通市见义勇为基金会	51.96	256	1683.70	802	267.00	1145	59.08	1949
1259	辽宁省教育基金会	51.77	257	2504.34	587	378.95	966	428.80	778

续表

序号	基金会名称	FTI 2015（分）	FTI 2015全国排名	2013 年底净资产（万元）	2013 年底净资产排名	2013 年度捐赠收入（万元）	2013 年度捐赠收入排名	2013 年度公益事业支出（万元）	2013 年度公益事业支出排名
1260	贵州省教育发展基金会	51.75	258	2310.93	619	2500.25	244	812.18	504
1261	北京金榜题名慈善基金会	51.64	259	211.49	2587	33.95	2123	18.00	2532
1262	江苏省仁医基金会	51.59	260	1572.59	842	634.70	702	272.48	1005
1263	黑龙江省残疾人福利基金会	51.53	261	1278.49	983	1269.90	415	766.18	531
1264	孙中山基金会	51.53	261	5116.72	328	4822.25	126	150.67	1361
1265	四川自贡市教育基金会	51.52	262	5175.11	325	4003.15	155	2302.43	204
1266	中国公安民警英烈基金会	51.45	263	20172.10	73	2888.18	215	2245.54	207
1267	东莞市残疾人福利基金会	51.38	264	1842.71	754	157.70	1507	227.19	1115
1268	河北省见义勇为基金会	51.35	265	1513.82	868	110.10	1665	100.77	1604
1269	陕西省西安市老龄事业发展基金会	51.35	265	1512.01	869	152.00	1520	253.59	1054
1270	哈尔滨市残疾人福利基金会	51.27	266	1302.56	969	1627.23	347	1800.11	262
1271	浙江省黄幸慈善基金会	51.22	267	674.86	1491	—	—	97.11	1633
1272	安徽省刘少雄博爱基金会	51.20	268	208.36	2611	39.57	2084	44.25	2124
1273	安徽省相准公益基金会	51.20	268	258.07	2375	—	—	16.80	2577
1274	北京市华夏中医药发展基金会	51.20	268	134.22	2983	0.35	2533	0.30	2871
1275	北京兴大助学基金会	51.20	268	4468.18	373	0.67	2521	756.16	534
1276	福建海西青年创业基金会	51.20	268	672.49	1495	185.52	1427	735.06	544
1277	福建省王清海职业教育基金会	51.20	268	608.16	1594	—	—	49.69	2046
1278	福建省消防事业发展基金会	51.20	268	247.93	2417	71.35	1867	34.50	2262
1279	赣州市红十字博爱基金会	51.20	268	2515.38	584	183.72	1433	594.74	635
1280	河北省东海爱心助学基金会	51.20	268	202.18	2683	16.20	2295	16.20	2591

续表

序号	基金会名称	FTI 2015（分）	FTI 2015 全国排名	2013 年底 净资产（万元）	2013 年底 净资产 排名	2013 年度 捐赠收入（万元）	2013 年度 捐赠收入 排名	2013 年度 公益事业 支出（万元）	2013 年度 公益事业 支出排名
1281	河南省公安民警英烈基金会	51.20	268	3957.68	411	1079.69	485	720.50	555
1282	黑龙江垦区一成水稻科技奖励基金会	51.20	268	379.58	2113	—	—	33.23	2281
1283	湖南省郴州市苏仙区教育基金会	51.20	268	1287.41	978	202.78	1306	187.48	1224
1284	纪念苏天·横河仪器仪表人才发展基金会	51.20	268	433.37	1954	—	—	105.18	1587
1285	晋江市侨声中学教育发展基金会	51.20	268	398.65	2085	158.70	1505	130.71	1448
1286	辽宁省辽宁工业大学教育基金会	51.20	268	514.84	1752	34.14	2121	42.45	2153
1287	马海德基金会	51.20	268	501.39	1789	29.42	2169	39.90	2191
1288	山西省潞安扶贫助学基金会	51.20	268	1652.25	809	172.00	1461	223.13	1129
1289	山西省阳光教育基金会	51.20	268	403.12	2048	—	—	3.00	2812
1290	上海汉庭社会公益基金会	51.20	268	454.30	1891	290.30	1109	44.24	2125
1291	上海联和新泰战略研究与发展基金会	51.20	268	13221.73	125	10000.00	52	61.00	1927
1292	上海市宝山区教育发展基金会	51.20	268	622.03	1571	50.00	2005	86.43	1713
1293	上海市促进科技成果转化基金会	51.20	268	3670.52	440	7.00	2411	336.63	903
1294	上海市黄浦区教育基金会	51.20	268	6808.45	259	—	—	633.63	606
1295	上海市普陀区教育奖励基金会	51.20	268	963.02	1226	200.00	1325	45.44	2100
1296	上海视觉艺术学院教育发展基金会	51.20	268	8368.91	223	8009.91	68	143.80	1395
1297	上海天下文化发展基金会	51.20	268	350.65	2165	3.00	2473	35.00	2253
1298	上海新泰高新技术研究与发展基金会	51.20	268	4011.27	408	—	—	130.00	1453
1299	上海长江出版交流基金会	51.20	268	693.58	1470	98.00	1755	115.00	1527
1300	乌兰浩特市城乡困难群众大病医疗救助基金会	51.20	268	1351.11	945	2.00	2495	133.17	1440
1301	中国国际战略研究基金会	51.20	268	2336.33	617	—	—	156.89	1340

续表

序号	基金会名称	FTI 2015（分）	FTI 2015 全国排名	2013 年底净资产（万元）	2013 年底净资产排名	2013 年度捐赠收入（万元）	2013 年度捐赠收入排名	2013 年度公益事业支出（万元）	2013 年度公益事业支出排名
1302	中国禁毒基金会	51.20	268	9923.99	188	1472.05	370	1185.24	386
1303	中国京剧艺术基金会	51.20	268	2709.10	552	4.01	2455	436.13	767
1304	中国健康促进基金会	50.84	269	5590.04	300	4860.85	123	4294.48	100
1305	西安电子科技大学教育基金会	50.83	270	937.02	1243	862.93	562	262.41	1028
1306	北京长策经济研究基金会	50.75	271	300.21	2278	20.00	2247	76.50	1789
1307	深圳市归侨侨眷福利基金会	50.75	271	642.64	1541	69.00	1881	97.10	1634
1308	上海市儿童基金会	50.53	272	2092.29	672	451.91	856	319.89	930
1309	江苏省残疾人福利基金会	50.47	273	6318.54	277	2315.76	266	2550.73	171
1310	四川广安中学教育发展基金会	50.45	274	252.34	2394	5.68	2428	35.87	2240
1311	安徽省古籍整理出版基金会	50.44	275	400.69	2058	5.00	2439	33.72	2273
1312	哈尔滨市南岗区残疾人福利基金会	50.44	275	438.03	1940	29.50	2168	62.95	1914
1313	安徽省安庆一中教育发展基金会	50.40	276	258.12	2374	31.40	2135	30.79	2312
1314	安溪县刘鸿基教育公益基金会	50.40	276	395.76	2094	—	—	34.20	2268
1315	包头市宝隆爱心公益基金会	50.40	276	398.26	2086	—	—	7.10	2747
1316	北京复兴大国学文化基金会	50.40	276	251.53	2402	20.69	2226	20.69	2459
1317	北京启明星辰慈善公益基金会	50.40	276	63.31	3041	114.24	1643	161.83	1322
1318	北京人大附中教育基金会	50.40	276	1444.86	902	600.00	728	96.25	1644
1319	北京市华侨事业基金会	50.40	276	696.12	1469	180.14	1440	81.00	1752
1320	北京市金杜公益基金会	50.40	276	523.88	1731	103.87	1700	108.53	1571
1321	常州罗溪南港机慈善基金会	50.40	276	370.52	2130	—	—	30.65	2315
1322	成都理工大学教育发展基金会	50.40	276	213.52	2571	45.86	2035	44.00	2128

续表

序号	基金会名称	FTI 2015（分）	FTI 2015 全国排名	2013 年底 净资产（万元）	2013 年底 净资产 排名	2013 年度 捐赠收入（万元）	2013 年度 捐赠收入 排名	2013 年度 公益事业 支出（万元）	2013 年度 公益事业 支出排名
1323	赤峰绿化基金会	50.40	276	1427.68	911	90.42	1784	67.49	1876
1324	鄂尔多斯市成吉思汗基金会	50.40	276	252.01	2397	1.00	2517	21.87	2443
1325	福建省教育考试发展基金会	50.40	276	399.92	2076	—	—	37.30	2225
1326	福建省亚通助学助残基金会	50.40	276	208.89	2607	27.75	2180	17.11	2559
1327	福建省逸仙教育基金会	50.40	276	728.16	1427	16.13	2296	60.00	1938
1328	福建医科大学教育发展基金会	50.40	276	221.65	2523	119.71	1621	44.43	2117
1329	福建益闽干部教育基金会	50.40	276	257.88	2378	100.00	1738	72.43	1825
1330	广东省桂贤善基金会	50.40	276	200.20	2771	17.68	2281	16.97	2571
1331	广东省甲中慈善基金会	50.40	276	251.08	2404	445.30	859	404.32	806
1332	广东省君华公益基金会	50.40	276	199.21	2843	63.00	1912	63.00	1913
1333	广东省新兴县北英慈善基金会	50.40	276	1126.17	1080	44.80	2045	1202.93	379
1334	广西帮帮忙教育扶贫基金会	50.40	276	263.12	2363	61.55	1924	165.92	1310
1335	广西省廖荣纳基金会	50.40	276	212.59	2578	55.94	1958	43.06	2141
1336	广州市人口福利基金会	50.40	276	1413.86	918	15.00	2308	55.53	1983
1337	广州市职工济难基金会	50.40	276	14338.02	112	195.05	1402	2741.61	156
1338	贵州省安顺市见义勇为基金会	50.40	276	765.03	1402	71.53	1866	20.59	2461
1339	贵州省扶贫基金会	50.40	276	489.02	1816	330.10	1032	245.63	1073
1340	贵州省六盘水市老年基金会	50.40	276	795.53	1366	20.00	2242	65.65	1896
1341	河北省静远教育基金会	50.40	276	203.18	2666	2.00	2497	100.00	1618
1342	河南省本源人文公益基金会	50.40	276	1032.16	1154	300.80	1084	124.65	1481
1343	河南省羚锐老区扶贫帮困基金会	50.40	276	166.00	2949	371.10	976	371.16	859

续表

序号	基金会名称	FTI 2015（分）	FTI 2015 全国排名	2013 年底净资产（万元）	2013 年底净资产排名	2013 年度捐赠收入（万元）	2013 年度捐赠收入排名	2013 年度公益事业支出（万元）	2013 年度公益事业支出排名
1344	黑龙江飞鹤乳业有限公司助学基金会	50.40	276	992.65	1201	800.00	605	22.05	2438
1345	湖北省刘道玉教育基金会	50.40	276	587.51	1625	18.49	2269	55.50	1984
1346	湖北省全洲慈善公益基金会	50.40	276	262.60	2364	50.00	2011	96.30	1643
1347	湖北省湿地保护基金会	50.40	276	568.97	1658	—	—	124.29	1487
1348	湖北省兴发之星教师奖励基金会	50.40	276	1932.35	731	120.00	1612	106.40	1580
1349	湖北省自强教育基金会	50.40	276	239.53	2446	30.00	2163	24.00	2403
1350	湖南科技大学教育发展基金会	50.40	276	249.35	2414	7.00	2412	21.21	2453
1351	湖南省基督教爱德信德基金会	50.40	276	216.65	2555	283.11	1119	264.60	1023
1352	湖南省九嶷山舜帝陵基金会	50.40	276	2614.04	568	758.78	626	524.34	686
1353	湖南省龙山县教育基金会	50.40	276	701.70	1460	114.04	1645	105.31	1585
1354	湖南省铭成公益基金会	50.40	276	1893.32	742	2.41	2483	31.83	2300
1355	湖南正阳大学生创业基金会	50.40	276	226.83	2498	35.00	2114	32.00	2297
1356	惠州市协和医疗救助基金会	50.40	276	358.96	2146	56.84	1949	17.00	2562
1357	吉林省春雨仁爱基金会	50.40	276	68.99	3035	—	—	70.44	1852
1358	吉林省荒漠化治理基金会	50.40	276	1172.43	1046	241.67	1201	244.33	1075
1359	吉林省教育基金会	50.40	276	3605.28	448	1410.00	382	1197.29	381
1360	吉林省人才开发基金会	50.40	276	4025.61	403	—	—	1129.03	400
1361	江苏海澜教育发展基金会	50.40	276	9638.35	192	—	—	831.00	491
1362	江苏教育传媒基金会	50.40	276	228.19	2488	11.00	2352	6.31	2760
1363	江苏牛尾英才助学基金会	50.40	276	156.13	2958			10.50	2689
1364	江苏省海门市中学教育发展基金会	50.40	276	2955.08	515	928.50	537	154.40	1350

续表

序号	基金名称	FTI 2015（分）	FTI 2015 全国排名	2013 年底 净资产（万元）	2013 年底 净资产 排名	2013 年度 捐赠收入（万元）	2013 年度 捐赠收入 排名	2013 年度 公益事业 支出（万元）	2013 年度 公益事业 支出排名
1365	江苏省美德基金会	50.40	276	1639.17	816	86.41	1798	46.10	2092
1366	江苏省泰州中学教育发展基金会	50.40	276	3243.31	475	1019.50	508	955.29	446
1367	江苏兴达爱心基金会	50.40	276	884.53	1292	255.00	1167	31.11	2308
1368	江西省检察人员救助基金会	50.40	276	319.68	2222	30.00	2161	11.50	2675
1369	江西泰豪动漫职业学院教育基金会	50.40	276	575.72	1645	1.10	2508	81.97	1740
1370	辽宁省兴隆大家庭大病救助基金会	50.40	276	221.07	2528	100.00	1740	83.86	1732
1371	南安市芙蓉基金会	50.40	276	5127.92	326	1.51	2501	457.14	741
1372	南通理治教育发展基金会	50.40	276	309.69	2241	10.00	2373	24.66	2393
1373	内蒙古李琳公益慈善基金会	50.40	276	186.03	2912	—	—	2.96	2814
1374	内蒙古林来嶙慈善事业发展基金会	50.40	276	524.58	1728	—	—	54.66	1994
1375	内蒙古蒙古学百科全书基金会	50.40	276	1122.95	1085	—	—	256.37	1047
1376	内蒙古民萌北方生态研究基金会	50.40	276	399.55	2082	1.02	2510	33.45	2275
1377	内蒙古西蒙公益基金会	50.40	276	891.83	1284	—	—	2.00	2829
1378	平顶山市人民教育基金会	50.40	276	506.71	1771	105.05	1688	146.30	1383
1379	青海省贫困学生助学基金会	50.40	276	240.58	2443	—	—	80.00	1764
1380	厦门集友陈嘉庚教育基金会	50.40	276	655.99	1514	156.01	1512	54.48	1997
1381	厦门眼科中心光明基金会	50.40	276	201.34	2705	390.00	950	392.08	825
1382	山东省公安民警优抚基金会	50.40	276	5611.52	298	753.70	629	332.17	914
1383	山西省华安扶贫基金会	50.40	276	238.64	2451	—	—	495.54	705
1384	陕西国运教育慈善基金会	50.40	276	79.73	3029	19.10	2265	9.53	2710
1385	陕西荣华慈善基金会	50.40	276	−67.57	3084	6.01	2420	205.43	1173

续表

序号	基金会名称	FTI 2015（分）	FTI 2015全国排名	2013 年底净资产（万元）	2013 年底净资产排名	2013 年度捐赠收入（万元）	2013 年度捐赠收入排名	2013 年度公益事业支出（万元）	2013 年度公益事业支出排名
1386	上海市科普基金会	50.40	276	509.39	1765	10.00	2371	32.30	2293
1387	上海喜玛拉雅文化艺术基金会	50.40	276	31.64	3053	445.00	861	609.30	623
1388	石狮市蔡辉煌教育基金会	50.40	276	222.76	2519	—	—	71.87	1831
1389	石狮市蔡友玉教育基金会	50.40	276	399.81	2078	62.00	1918	37.64	2218
1390	双流县教育基金会	50.40	276	758.94	1404	20.20	2229	96.07	1648
1391	四川西华师范大学教育发展基金会	50.40	276	287.60	2311	93.80	1770	26.16	2369
1392	四川西南石油大学教育发展基金会	50.40	276	424.55	1975	128.05	1593	115.85	1523
1393	天津市冬朋助学基金会	50.40	276	234.06	2468	20.00	2248	19.20	2501
1394	武汉大学马克昌法学基金会	50.40	276	385.05	2103	233.31	1224	76.03	1796
1395	扬州市翔宇妇女儿童基金会	50.40	276	330.35	2195	114.25	1642	55.90	1977
1396	宜兴振球慈善基金会	50.40	276	583.58	1631	25.00	2197	53.40	2007
1397	云南省法律援助基金会	50.40	276	933.47	1253	2.99	2478	82.58	1737
1398	云南省关心下一代基金会	50.40	276	381.81	2111	—	—	27.92	2349
1399	中国矿业大学教育发展基金会	50.40	276	6189.79	280	1467.14	372	1536.80	299
1400	海南南海研究基金会	50.28	277	341.92	2178	70.00	1875	58.73	1951
1401	重庆市残疾人福利基金会	50.07	278	3187.27	480	3087.34	198	2020.34	238
1402	桐乡市人民教育基金会	50.05	279	787.39	1378	335.33	1026	367.00	865
1403	山东省老龄事业发展基金会	50.02	280	720.33	1433	262.46	1157	224.89	1124
1404	中国电影基金会	50.01	281	873.73	1300	381.35	961	386.62	835
1405	深圳市腾邦慈善基金会	49.90	282	257.47	2380	444.49	862	404.44	805
1406	山西省姚莫中国学教育基金会	49.89	283	960.26	1229	324.25	1043	86.68	1712

续表

序号	基金名称	FTI 2015 （分）	FTI 2015 全国排名	2013 年底净资产（万元）	2013 年底净资产排名	2013 年度捐赠收入（万元）	2013 年度捐赠收入排名	2013 年度公益事业支出（万元）	2013 年度公益事业支出排名
1407	北京中国抗日战争史研究暨和平教育基金会	49.86	284	294.53	2293	—	—	38.52	2207
1408	上海颜德馨中医药基金会	49.82	285	624.52	1566	60.00	1932	49.26	2050
1409	北京远洋之帆公益基金会	49.81	286	1093.84	1106	1535.46	360	657.42	589
1410	广东省执信教育发展基金会	49.74	287	732.32	1423	184.12	1432	131.51	1446
1411	北京茅以升科技教育基金会	49.72	288	2184.82	645	198.15	1394	289.63	980
1412	广州市羊城志愿服务基金会	49.70	289	445.69	1921	620.00	714	646.18	596
1413	辽宁省沈阳师范大学教育基金会	49.66	290	525.51	1727	31.39	2136	43.09	2139
1414	安徽梦都慈善基金会	49.60	291	202.10	2686	—	—	20.00	2487
1415	安徽省爱心联盟慈善基金会	49.60	291	206.04	2634	57.16	1946	46.97	2081
1416	安徽省陶行知慈善助学基金会	49.60	291	421.50	1979	65.69	1892	44.26	2123*
1417	安徽省文化艺术基金会	49.60	291	1171.10	1047	800.00	604	20.00	2476
1418	安徽天徽慈善基金会	49.60	291	196.65	2861	10.00	2381	10.00	2702
1419	巴彦淖尔市临河区人民教育基金会	49.60	291	590.63	1623	407.88	912	329.98	916
1420	北京爱心万里公益基金会	49.60	291	588.71	1624	600.00	729	12.37	2662
1421	北京北方阳光文化慈善基金会	49.60	291	417.00	1995	85.74	1801	35.74	2242
1422	北京当代艺术基金会	49.60	291	408.27	2025	188.92	1420	13.62	2643
1423	北京郭应禄泌尿外科发展基金会	49.60	291	260.99	2368	2.11	2489	28.00	2345
1424	北京国际艺苑美术基金会	49.60	291	200.09	2783	16.00	2302	17.00	2567
1425	北京利星行慈善基金会	49.60	291	—	—	120.07	1610	114.53	1532
1426	北京民生文化艺术基金会	49.60	291	663.60	1503	8461.00	63	8655.00	49
1427	北京民族文化遗产保护基金会	49.60	291	274.24	2337	18.00	2274	37.76	2216

续表

序号	基金会名称	FTI 2015（分）	FTI 2015 全国排名	2013年底净资产（万元）	2013年底净资产排名	2013年度捐赠收入（万元）	2013年度捐赠收入排名	2013年度公益事业支出（万元）	2013年度公益事业支出排名
1428	北京青年创业就业基金会	49.60	291	1841.30	755	0.50	2524	157.14	1338
1429	北京人民艺术剧院发展基金会	49.60	291	1012.36	1179	60.00	1930	335.77	905
1430	北京市宪法学教育与法律文化基金会	49.60	291	263.84	2361	27.62	2181	30.27	2320
1431	北京市传统文化保护发展基金会	49.60	291	—	—	72.50	1860	65.73	1894
1432	北京市体育基金会	49.60	291	7478.42	242	2611.00	233	2158.51	221
1433	北京市吴秉铨徐病理学发展基金会	49.60	291	203.43	2660	11.00	2353	15.15	2620
1434	北京市戏曲艺术发展基金会	49.60	291	8644.50	215	70.00	1872	721.12	554
1435	北京市于若木慈善基金会	49.60	291	335.53	2189	37.43	2096	56.98	1967
1436	北京围棋基金会	49.60	291	1875.65	746	114.87	1639	100.01	1612
1437	北京文物保护基金会	49.60	291	652.14	1520	81.00	1817	91.00	1675
1438	北京晓星芭蕾艺术发展基金会	49.60	291	1170.93	1048	33.00	2129	275.22	1001
1439	北京怡海公益基金会	49.60	291	406.84	2028	243.95	1196	109.64	1564
1440	北京中金公益基金会	49.60	291	373.21	2123	395.99	937	268.96	1014
1441	北京中央美术学院教育发展基金会	49.60	291	550.85	1686	477.04	826	177.09	1266
1442	北京中艺艺术基金会	49.60	291	2047.14	683	300.00	1089	706.97	564
1443	本溪市公安民警救助基金会	49.60	291	1414.12	917	1139.33	464	311.16	946
1444	比亚迪慈善基金会	49.60	291	2248.17	634	255.20	1166	656.88	590
1445	常州公安大病特困救助基金会	49.60	291	2376.26	611	634.54	703	168.62	1303
1446	朝阳市公安民警救助基金会	49.60	291	436.10	1945	140.17	1550	465.85	734
1447	朝阳市人民法官救助基金会	49.60	291	502.98	1781	0.02	2550	12.50	2658
1448	成都市见义勇为基金会	49.60	291	453.95	1893	—	—	31.57	2304

续表

序号	基金名称	FTI 2015 (分)	FTI 2015 全国排名	2013 年底 净资产 (万元)	2013 年底 净资产 排名	2013 年度 捐赠收入 (万元)	2013 年度 捐赠收入 排名	2013 年度 公益事业 支出 (万元)	2013 年度 公益事业 支出排名
1449	崇州市绍生助学基金会	49.60	291	244.32	2432	110.30	1663	10.04	2694
1450	大连市永嘉防震减灾慈善基金会	49.60	291	533.91	1716	—	—	46.80	2084
1451	德康博爱基金会	49.60	291	5373.52	314	1148.08	458	1703.73	274
1452	东北师范大学教育基金会	49.60	291	796.13	1364	410.60	903	191.67	1213
1453	东莞市金胜教育发展基金会	49.60	291	214.26	2569	42.00	2060	41.75	2162
1454	东莞市医疗救济基金会	49.60	291	12943.35	130	300.07	1087	1288.50	358
1455	鄂尔多斯东联教育基金会	49.60	291	424.48	1976	—	—	47.24	2076
1456	鄂尔多斯东胜教育发展基金会	49.60	291	7084.58	251	131.49	1582	494.57	707
1457	福鼎市家景助学基金会	49.60	291	200.60	2736	100.00	1744	95.10	1652
1458	福建大丰文化基金会	49.60	291	1933.58	730	148.25	1530	336.44	904
1459	福建富闽基金会	49.60	291	21764.58	66	600.00	725	329.30	918
1460	福建闽西陈景河教育基金会	49.60	291	1156.98	1056	—	—	126.80	1473
1461	福建省黄仲咸教育基金会	49.60	291	20030.42	76	—	—	1039.54	420
1462	福建省龙岩市李新炎慈善基金会	49.60	291	10886.75	158	1119.10	471	805.06	508
1463	福建省潘振东教育基金会	49.60	291	2902.51	521	3.00	2468	256.00	1048
1464	福建省侨兴教育事业发展基金会	49.60	291	561.16	1673	86.18	1800	124.86	1480
1465	福建省泉州第五中学教育基金会	49.60	291	2109.57	667	1040.73	499	213.48	1151
1466	福建省泉州贤銮福利基金会	49.60	291	1518.02	863	—	—	112.54	1544
1467	富顺县育才教育基金会	49.60	291	271.77	2341	0.10	2542	27.62	2352
1468	广东省德馨慈善基金会	49.60	291	292.32	2298	667.13	690	354.10	879
1469	广东省广东工业大学教育发展基金会	49.60	291	336.83	2186	213.72	1275	160.89	1327

续表

序号	基金会名称	FTI 2015（分）	FTI 2015 全国排名	2013 年底净资产（万元）	2013 年底净资产排名	2013 年度捐赠收入（万元）	2013 年度捐赠收入排名	2013 年度公益事业支出（万元）	2013 年度公益事业支出排名
1470	广东省广东警官学院教育发展基金会	49.60	291	591.01	1621	1.20	2506	34.40	2264
1471	广东省广雅教育发展基金会	49.60	291	639.34	1547	297.48	1104	226.94	1117
1472	广东省海鸥文教基金会	49.60	291	199.73	2837	16.00	2303	25.99	2373
1473	广东省豪爵慈善基金会	49.60	291	1070.00	1124	—	—	502.00	697
1474	广东省合生珠江教育发展基金会	49.60	291	765.76	1400	2500.00	246	2995.90	138
1475	广东省鸿光心脏医疗救助基金会	49.60	291	185.14	2916	—	—	3.72	2798
1476	广东省建陶慈善基金会	49.60	291	414.83	1999	17.42	2284	70.00	1858
1477	广东省金秋慈善基金会	49.60	291	800.10	1362	45.29	2040	187.86	1221
1478	广东省金匙救助基金会	49.60	291	1079.22	1116	410.00	906	156.00	1344
1479	广东省困难职工帮扶基金会	49.60	291	1907.03	740	453.00	854	161.00	1326
1480	广东省利贞慈善基金会	49.60	291	200.14	2778	34.24	2119	40.50	2178
1481	广东省明医医疗慈善基金会	49.60	291	1729.22	791	1294.00	410	99.51	1620
1482	广东省农工商职业技术学院教育发展基金会	49.60	291	225.99	2502	48.98	2026	37.69	2217
1483	广东省首善文化发展基金会	49.60	291	246.22	2420	33.00	2131	47.00	2079
1484	广东省珠江航运事业发展基金会	49.60	291	202.40	2680	—	—	27.33	2355
1485	广东省紫琳慈善基金会	49.60	291	3809.58	426	—	—	1233.04	368
1486	元市教育基金会	49.60	291	689.89	1473	314.38	1054	315.93	937
1487	广州市白云区科技进步基金会	49.60	291	596.78	1613	—	—	25.00	2388
1488	广州市春雨助学基金会	49.60	291	517.62	1745	40.30	2073	76.76	1785
1489	广州市促进文化艺术发展繁荣基金会	49.60	291	1441.93	904	100.00	1726	149.00	1374
1490	广州市番禺区教育基金会	49.60	291	25662.12	55	914.37	542	917.04	461

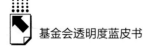

续表

序号	基金会名称	FTI 2015（分）	FTI 2015 全国排名	2013 年底净资产（万元）	2013 年底净资产排名	2013 年度捐赠收入（万元）	2013 年度捐赠收入排名	2013 年度公益事业支出（万元）	2013 年度公益事业支出排名
1491	广州市番禺区科学技术进步基金会	49.60	291	1650.60	811	2.00	2494	13.55	2644
1492	广州市公安民警基金会	49.60	291	11790.09	143	6475.02	84	2336.01	197
1493	广州市合力科普基金会	49.60	291	840.75	1324	76.72	—	76.72	1787
1494	广州市南山自然科学交流基金会	49.60	291	2139.18	652	44.25	2048	176.76	1268
1495	贵州省黔西南州见义勇为基金会	49.60	291	599.22	1608	—	—	8.70	2719
1496	贵州省人口福利基金会	49.60	291	12371.42	137	8583.65	61	1839.11	254
1497	贵州省遵义市见义勇为基金会	49.60	291	741.90	1417	114.39	—	114.39	1534
1498	哈尔滨市老年基金会	49.60	291	1020.00	1165	311.36	1062	281.53	992
1499	合肥市公安民警善基金会	49.60	291	9345.99	196	354.73	999	477.70	725
1500	河北省德仁慈善基金会	49.60	291	209.52	2604	50.00	2017	41.32	2172
1501	河北省海外同胞教育基金会	49.60	291	1084.93	1111	32.70	2132	87.19	1709
1502	河南省爱心助残基金会	49.60	291	200.36	2750	—	—	21.00	2457
1503	河南省康泰扶贫助困基金会	49.60	291	273.09	2338	—	—	24.00	2405
1504	河南省司马光教育基金会	49.60	291	135.92	2981	—	—	30.00	2330
1505	河南省嵩岳爱心基金会	49.60	291	252.26	2395	37.00	2097	23.79	2409
1506	河南省文化产业发展基金会	49.60	291	625.62	1564	130.00	1588	76.04	1795
1507	河南省新机救助基金会	49.60	291	270.72	2344	105.50	1685	46.96	2082
1508	河南省张海书法发展基金会	49.60	291	2945.18	517	432.00	876	183.90	1243
1509	河南省中原发展研究基金会	49.60	291	2104.55	669	1940.00	306	40.00	2185
1510	黑龙江省公安民警英烈基金会	49.60	291	2768.55	543	710.46	658	243.66	1080
1511	黑龙江省哈尔滨工业大学附属中学校教育发展基金会	49.60	291	1095.67	1104	1446.00	375	1393.36	329

续表

序号	基金会名称	FTI 2015（分）	FTI 2015全国排名	2013 年底净资产（万元）	2013 年底净资产排名	2013 年度捐赠收入（万元）	2013 年度捐赠收入排名	2013 年度公益事业支出（万元）	2013 年度公益事业支出排名
1512	黑龙江省亚布力（中国）企业家论坛发展研究基金会	49.60	291	1514.85	867	638.00	701	187.41	1225
1513	黑龙江中医药大学教育发展基金会	49.60	291	433.74	1951	155.00	1514	32.69	2286
1514	亨通慈善基金会	49.60	291	5036.00	339	1210.30	436	1367.09	336
1515	红河哈尼族彝族自治州见义勇为基金会	49.60	291	291.45	2300	—	—	14.00	2641
1516	呼和浩特市赛罕区新希望教育发展基金会	49.60	291	203.03	2669	12.00	2346	9.00	2716
1517	呼伦贝尔市扶贫基金会	49.60	291	414.70	2000	104.90	1689	104.90	1589
1518	胡文虎基金会（福建）	49.60	291	396.34	2092	244.39	1193	200.00	1195
1519	湖北省荆门聂绀弩诗词研究基金会	49.60	291	294.19	2295	120.10	1609	26.00	2372
1520	湖北省树海公益基金会	49.60	291	703.59	1455	214.40	1271	52.80	2013
1521	湖北省文化艺术发展基金会	49.60	291	−1.68	3077	—	—	1.00	2855
1522	湖北省炎帝神农故里建设基金会	49.60	291	1068.63	1126	60.00	1929	207.39	1166
1523	湖北省夷陵中学教育发展基金会	49.60	291	652.44	1519	—	—	64.08	1908
1524	湖北省长江证券公益慈善基金会	49.60	291	1952.53	724	0.32	2534	87.88	1703
1525	湖北西部生态健康基金会	49.60	291	190.96	2895	300.00	1097	98.42	1625
1526	湖南飞翔公益基金会	49.60	291	1746.40	784	—	—	150.00	1369
1527	湖南工学院教育基金会	49.60	291	296.94	2290	204.58	1297	325.32	924
1528	湖南商学院教育基金会	49.60	291	417.06	1994	15.00	2313	16.50	2584
1529	湖南省茶祖神农基金会	49.60	291	496.96	1803	101.15	1717	134.74	1431
1530	湖南省娄底市教育基金会	49.60	291	2996.86	506	157.20	1509	225.13	1123
1531	湖南省南华大学教育基金会	49.60	291	1058.13	1134	825.76	585	345.67	894
1532	湖南省长沙理工大学教育基金会	49.60	291	527.28	1724	135.50	1571	24.00	2402

续表

序号	基金会名称	FTI 2015 (分)	FTI 2015 全国排名	2013 年底 净资产 (万元)	2013 年底 净资产 排名	2013 年度 捐赠收入 (万元)	2013 年度 捐赠收入 排名	2013 年度 公益事业 支出(万元)	2013 年度 公益事业 支出排名
1533	湖南省长沙市光彩事业基金会	49.60	291	418.46	1988	523.10	784	310.88	948
1534	湖南省志愿服务基金会	49.60	291	464.25	1863	226.90	1237	269.97	1012
1535	湖南省株洲长鸿实验学校教育发展基金会	49.60	291	362.58	2139	156.85	1511	112.43	1545
1536	湖南文理学院教育发展基金会	49.60	291	285.96	2313	12.00	2344	26.85	2362
1537	花垣县教育基金会	49.60	291	1425.09	913	82.15	1810	136.61	1420
1538	华鼎国学研究基金会	49.60	291	3479.63	457	1163.00	450	198.79	1198
1539	淮安大众助保基金会	49.60	291	561.74	1671	—	—	380.77	850
1540	淮安市淮安区见义勇为基金会	49.60	291	803.94	1359	200.00	1326	5.20	2775
1541	淮安信息职业技术学院教育发展基金会	49.60	291	458.98	1879	54.59	1971	22.50	2427
1542	吉林康乃尔助学基金会	49.60	291	195.34	2870	235.00	1222	85.68	1721
1543	吉林省妇女儿童福利基金会	49.60	291	658.18	1511	252.13	1169	238.06	1090
1544	吉林省公安民警优抚基金会	49.60	291	491.82	1810	110.00	1668	150.11	1363
1545	吉林省见义勇为基金会	49.60	291	1576.02	838	170.50	1463	215.52	1146
1546	吉林省绿化基金会	49.60	291	442.29	1930	313.03	1060	250.71	1060
1547	吉林省神华社会救助基金会	49.60	291	192.99	2882	137.34	1562	177.61	1264
1548	吉林市公安民警优抚基金会	49.60	291	594.91	1614	20.00	2243	182.25	1251
1549	建湖县见义勇为基金会	49.60	291	831.76	1333	—	—	3.60	2801
1550	江汉大学教育发展基金会	49.60	291	920.32	1264	24.36	2202	84.78	1725
1551	江南大学太湖学院教育发展基金会	49.60	291	4322.52	381	462.00	841	389.96	830
1552	江苏费孝通教育基金会	49.60	291	417.27	1993	100.50	1720	57.80	1960
1553	江苏华佳关爱基金会	49.60	291	242.01	2437	1.01	2511	11.93	2670

续表

序号	基金名称	FTI 2015（分）	FTI 2015 全国排名	2013 年底净资产（万元）	2013 年底净资产排名	2013 年度捐赠收入（万元）	2013 年度捐赠收入排名	2013 年度公益事业支出（万元）	2013 年度公益事业支出排名
1554	江苏华科事业群慈爱基金会	49.60	291	746.88	1411	330.00	1034	76.88	1784
1555	江苏理工学院教育发展基金会	49.60	291	3725.10	435	2521.26	241	2001.13	240
1556	江苏农林职业技术学院教育发展基金会	49.60	291	1973.34	718	139.33	1554	234.05	1098
1557	江苏榕盛爱心基金会	49.60	291	336.29	2187	—	—	48.78	2056
1558	江苏省常州建设高等职业技术学校教育发展基金会	49.60	291	1949.85	725	822.19	589	1189.31	384
1559	江苏省关心下一代基金会	49.60	291	3445.25	461	679.06	682	327.96	921
1560	江苏省豪臻慈善基金会	49.60	291	1015.21	1172	110.00	1667	147.00	1380
1561	江苏省南京工程高等职业学校教育发展基金会	49.60	291	863.16	1306	294.90	1106	66.67	1887
1562	江苏省星美生育关怀基金会	49.60	291	155.32	2959	21.00	2221	6.72	2754
1563	江苏新英慈爱基金会	49.60	291	259.50	2373	418.10	895	414.08	791
1564	江苏省振达帮困助学基金会	49.60	291	308.04	2246	0.05	2546	30.83	2311
1565	江苏中外大学女校长教育发展基金会	49.60	291	568.98	1656	50.00	2006	67.17	1880
1566	江西科技学院基金会	49.60	291	214.70	2566	—	—	42.47	2152
1567	江西省公安民警英烈基金会	49.60	291	606.87	1596	4.50	2451	73.19	1817
1568	江西省庐山东林净土文化基金会	49.60	291	523.71	1732	4647.10	129	4328.97	98
1569	江阴北缪家爱心基金会	49.60	291	810.99	1353	277.90	1125	83.49	1734
1570	江阴市见义勇为基金会	49.60	291	2214.48	640	75.00	1850	19.50	2498
1571	江阴市陆桥社区关爱帮扶基金会	49.60	291	326.13	2205	—	—	32.40	2290
1572	江阴市新沟村慈爱基金会	49.60	291	305.08	2255	14.98	2319	15.49	2614
1573	金坛市见义勇为基金会	49.60	291	2559.97	576	—	—	81.14	1748
1574	晋江市陈埭民族中学教育基金会	49.60	291	2068.14	679	300.90	1083	528.84	681

续表

序号	基金会名称	FTI 2015（分）	FTI 2015 全国排名	2013 年底净资产（万元）	2013 年底净资产排名	2013 年度捐赠收入（万元）	2013 年度捐赠收入排名	2013 年度公益事业支出（万元）	2013 年度公益事业支出排名
1575	晋江市湖中安老人福利基金会	49.60	291	376.63	2117	100.00	1733	83.06	1735
1576	晋江市南侨中学教育基金会	49.60	291	316.03	2227	91.66	1777	44.66	2115
1577	晋江市英林中心小学教育基金会	49.60	291	437.01	1941	55.00	1965	39.11	2201
1578	晋江市紫峰中学教育基金会	49.60	291	223.82	2513	101.80	1712	118.68	1511
1579	九江市教育基金会	49.60	291	1333.65	952	1805.49	325	1136.71	398
1580	科左后旗扶贫助学基金会	49.60	291	220.53	2532	16.91	2291	26.01	2371
1581	昆明市见义勇为基金会	49.60	291	1124.48	1081	28.00	2178	68.38	1871
1582	昆山陈李香梅慈善基金会	49.60	291	69.80	3034	25.54	2192	58.32	1957
1583	连云港公安大病特困救助基金会	49.60	291	429.76	1963	46.30	2033	3.29	2804
1584	连云港经济技术开发区见义勇为基金会	49.60	291	575.34	1648	6.00	2421	1.81	2835
1585	连云港市见义勇为基金会	49.60	291	5106.50	330	—	—	66.54	1888
1586	连云港市连云慈善基金会	49.60	291	—	—	64.94	1900	20.00	2481
1587	连云港市连云区见义勇为基金会	49.60	291	521.41	1737	—	—	0.80	2859
1588	涟水县慈善基金会	49.60	291	547.96	1688	28.59	2176	25.01	2387
1589	辽宁省抚顺市爱心教育基金会	49.60	291	298.91	2284	42.34	2055	58.34	1956
1590	辽源市公安民警优抚基金会	49.60	291	1111.73	1095	1.00	2513	86.32	1715
1591	辽源市平安基金会	49.60	291	1308.73	966	—	—	149.89	1370
1592	临高县教育基金会	49.60	291	1074.71	1119	629.55	707	119.13	1508
1593	龙岩市新罗区林国仁教育基金会	49.60	291	976.77	1213	—	—	84.25	1727
1594	罗定市渭纶庭英教育基金会	49.60	291	209.84	2600	—	—	19.15	2503
1595	汨罗市教师奖励基金会	49.60	291	935.98	1246	98.17	1754	59.25	1948

续表

序号	基金会名称	FTI 2015（分）	FTI 2015 全国排名	2013 年底 净资产（万元）	2013 年底 净资产 排名	2013 年度 捐赠收入（万元）	2013 年度 捐赠收入 排名	2013 年度 公益事业 支出（万元）	2013 年度 公益事业 支出排名
1596	闽江学院教育发展基金会	49.60	291	245.90	2423	110.92	1658	102.02	1599
1597	南昌市教育基金会	49.60	291	10142.40	180	5455.53	103	3546.95	119
1598	南充市高坪区阳光助学基金会	49.60	291	416.03	1997	9.30	2385	29.92	2331
1599	南京大报恩寺文化发展基金会	49.60	291	420.70	1980	22.76	2212	8.20	2726
1600	南京海外工商管理专修学院教育基金会	49.60	291	339.64	2183	5.06	2432	31.83	2299
1601	南京金陵文化保护发展基金会	49.60	291	72732.71	14	40500.00	13	155.00	1349
1602	南京师范大学附属中学教育发展基金会	49.60	291	4166.37	392	2035.04	294	439.70	763
1603	南京市爱心援助特困职工基金会	49.60	291	1343.72	949	—	—	55.02	1986
1604	南京市中小学幼儿教育发展基金会	49.60	291	1446.23	901	110.00	1666	174.61	1278
1605	南京体育学院体育发展基金会	49.60	291	2118.69	660	419.00	894	249.40	1063
1606	南京外国语学校教育基金会	49.60	291	14982.14	109	1548.00	358	1166.80	393
1607	南京信息工程大学教育基金会	49.60	291	19217.56	82	105.80	1684	6527.37	64
1608	南京信息职业技术学院教育发展基金会	49.60	291	846.63	1321	304.04	1074	102.88	1595
1609	南京艺术学院教育发展基金会	49.60	291	1689.14	800	1567.50	356	137.50	1416
1610	南京中国药科大学教育发展基金会	49.60	291	905.76	1272	1163.33	449	948.30	451
1611	南京中医药大学教育发展基金会	49.60	291	15940.15	103	2680.01	226	1368.60	334
1612	南平市困难党员帮扶会	49.60	291	805.78	1355	148.00	1531	200.40	1192
1613	内蒙古电力公司扶贫济困基金会	49.60	291	621.56	1572	206.37	1292	120.45	1502
1614	内蒙古河套文化发展基金会	49.60	291	571.46	1650	30.70	2143	120.00	1504
1615	内蒙古民族青年文化艺术基金会	49.60	291	-80.09	3085	—	—	22.00	2441
1616	内蒙古青年创业就业基金会	49.60	291	603.96	1603	202.00	1310	218.77	1137

223

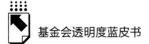

续表

序号	基金会名称	FTI 2015（分）	FTI 2015 全国排名	2013 年底净资产（万元）	2013 年底净资产排名	2013 年度捐赠收入（万元）	2013 年度捐赠收入排名	2013 年度公益事业支出（万元）	2013 年度公益事业支出排名
1617	内蒙古清格尔泰蒙古语言文化基金会	49.60	291	266.06	2353	50.05	1997	28.88	2335
1618	内蒙古天隆公益慈善基金会	49.60	291	973.99	1217	877.24	560	50.00	2036
1619	内蒙古永业公益基金会	49.60	291	11.86	3066	—	—	33.74	2272
1620	内蒙古云曙碧公益事业基金会	49.60	291	1465.32	891	175.10	1452	931.76	457
1621	内蒙古自治区儿童基金会	49.60	291	364.13	2137	44.19	2050	100.16	1610
1622	内蒙古自治区公安民警优抚基金会	49.60	291	1645.96	814	10.50	2357	364.14	871
1623	宁夏回族自治区关心下一代基金会	49.60	291	483.04	1825	70.97	1871	73.22	1816
1624	宁夏嘉峰慈善基金会	49.60	291	171.92	2938	4.59	2449	32.59	2289
1625	宁夏煤炭职工扶贫济困基金会	49.60	291	673.59	1493	731.79	645	921.15	459
1626	宁夏中宁县教育慈善发展基金会	49.60	291	995.07	1199	77.20	1840	278.18	997
1627	祁阳县昌世助学基金会	49.60	291	241.26	2441	18.11	2273	22.99	2419
1628	青岛滨海学院教育发展基金会	49.60	291	5988.74	286	1277.09	413	409.78	800
1629	青岛大学教育发展基金会	49.60	291	477.37	1833	270.56	1137	123.20	1490
1630	青岛市爱国健身公益基金会	49.60	291	119.89	2997	—	—	40.00	2189
1631	青岛市华泰公益基金会	49.60	291	217.25	2551	17.73	2280	16.14	2593
1632	青岛市天泰公益基金会	49.60	291	7332.91	244	407.23	914	212.67	1153
1633	泉州金安恒兴教育基金会	49.60	291	1001.77	1187	220.70	1251	70.00	1857
1634	三江学院教育发展基金会	49.60	291	5395.92	311	20.00	2233	494.28	709
1635	三亚市法律援助基金会	49.60	291	404.60	2041	—	—	10.01	2696
1636	厦门工商旅游学校助教育基金会	49.60	291	210.82	2594	12.54	2339	17.70	2545
1637	山东环境保护基金会	49.60	291	264.89	2359	49.79	2023	229.47	1107

续表

序号	基金会名称	FTI 2015（分）	FTI 2015 全国排名	2013 年底净资产（万元）	2013 年底净资产排名	2013 年度捐赠收入（万元）	2013 年度捐赠收入排名	2013 年度公益事业支出（万元）	2013 年度公益事业支出排名
1638	山东商业职业技术学院助学基金会	49.60	291	228.90	2483	16.22	2294	17.55	2550
1639	山东省企联企业管理科学基金会	49.60	291	356.89	2152	—	—	30.00	2329
1640	山东省青岛第二中学教育发展基金会	49.60	291	649.83	1526	432.70	875	144.50	1391
1641	山东省送温暖工程基金会	49.60	291	2774.34	542	0.02	2547	129.20	1456
1642	山东省东冶建成教育基金会	49.60	291	239.04	2449	—	—	17.40	2555
1643	山西省公安民警抚恤救助基金会	49.60	291	1219.71	1012	836.57	581	105.20	1586
1644	山西省合创爱心助困基金会	49.60	291	202.10	2685	14.20	2326	17.86	2541
1645	山西省平顺县申纪兰扶贫助教基金会	49.60	291	318.77	2223	3.50	2465	3.40	2803
1646	山西省人民教育基金会	49.60	291	2295.68	622	298.10	1102	365.09	868
1647	陕西大唐西市历史文化遗址保护基金会	49.60	291	409.01	2021	4.52	2450	32.36	2292
1648	陕西宏府慈善基金会	49.60	291	404.88	2038	192.06	1412	174.54	1279
1649	陕西省府谷县城乡居民大病医疗救助基金会	49.60	291	20654.72	69	—	—	1005.62	430
1650	陕西省老龄事业发展基金会	49.60	291	4518.61	367	344.02	1013	401.32	808
1651	陕西省天骄煤矿子弟助学基金会	49.60	291	2563.74	575	215.00	1266	158.45	1333
1652	陕西省西安残疾人福利基金会	49.60	291	1558.68	848	1234.77	430	129.36	1454
1653	陕西省易信慈善基金会	49.60	291	212.11	2584	0.20	2540	15.18	2619
1654	汕头市平东肖华松慈善基金会	49.60	291	338.03	2184	135.00	1574	43.45	2133
1655	上海市虹口区教育基金会	49.60	291	936.76	1245	—	—	20.51	2462
1656	上海市静安区教育基金会	49.60	291	1867.47	748	—	—	55.00	1987
1657	上海市闸北区教育基金会	49.60	291	1144.33	1069	—	—	42.86	2146
1658	上海市长宁区教育基金会	49.60	291	3043.07	498	277.75	1126	315.24	939

续表

序号	基金会名称	FTI 2015（分）	FTI 2015全国排名	2013 年底净资产（万元）	2013 年底净资产排名	2013 年度捐赠收入（万元）	2013 年度捐赠收入排名	2013 年度公益事业支出（万元）	2013 年度公益事业支出排名
1659	深圳市博时慈善基金会	49.60	291	417.28	1992	313.51	1056	315.36	938
1660	深圳市禁毒基金会	49.60	291	728.78	1425	15.00	2309	349.44	890
1661	石家庄市志愿服务基金会	49.60	291	772.19	1392	—	—	78.19	1772
1662	寿宁县健民卫生事业发展基金会	49.60	291	502.11	1784	67.50	1885	67.00	1882
1663	四川省见义勇为基金会	49.60	291	4817.19	355	100.00	1725	149.86	1371
1664	四川省社会科学学术基金会	49.60	291	1128.42	1078	—	—	27.00	2359
1665	四川省文化艺术发展基金会	49.60	291	1048.33	1143	39.30	2085	72.70	1821
1666	四川省新农村建设开发基金会	49.60	291	257.93	2376	78.52	1832	48.52	2059
1667	四川西部自然保护基金会	49.60	291	6571.21	270	2358.56	261	595.28	634
1668	四川音乐学院艺术发展基金会	49.60	291	304.51	2257	—	—	60.00	1939
1669	松原市公安民警优抚基金会	49.60	291	—	—	—	—	4.20	2785
1670	苏州工业园区慈善基金会	49.60	291	2461.91	593	3798.74	162	2468.53	181
1671	苏州市吴江区慈善基金会	49.60	291	8845.79	208	7563.88	71	8654.22	50
1672	苏州市职业大学教育发展基金会	49.60	291	4464.30	374	84.56	1807	539.91	673
1673	太平洋国际交流基金会	49.60	291	2482.30	589	1535.00	361	1185.33	385
1674	泰安市教育基金会	49.60	291	446.05	1920	106.00	1683	100.00	1616
1675	天合公益基金会	49.60	291	5765.72	295	20.00	2232	400.00	812
1676	天津市冯骥才民间文化基金会	49.60	291	1051.94	1140	50.00	2001	128.23	1463
1677	天津市宏志教育基金会	49.60	291	479.55	1829	51.02	1995	37.40	2222
1678	天津市教育发展基金会	49.60	291	8840.80	209	4326.90	140	2270.65	205
1679	天津市老年基金会	49.60	291	1484.90	883	136.27	1567	190.75	1217

续表

序号	基金会名称	FTI 2015（分）	FTI 2015 全国排名	2013 年底 净资产（万元）	2013 年底 净资产排名	2013 年度 捐赠收入（万元）	2013 年度 捐赠收入排名	2013 年度 公益事业支出（万元）	2013 年度 公益事业支出排名
1680	天津市南开中学教育基金会	49.60	291	8138.54	227	1095.70	481	753.77	536
1681	天津市人口福利基金会	49.60	291	547.57	1690	40.00	2077	82.29	1739
1682	天津市支持教育事业公益基金会	49.60	291	262.59	2365	50.00	2012	50.00	2035
1683	通化矿业集团扶贫济困基金会	49.60	291	452.90	1899	50.00	2008	41.56	2165
1684	乌兰夫基金会	49.60	291	9403.94	195	50.00	1998	333.18	913
1685	无锡公安大病特困救助基金会	49.60	291	12941.50	131	2500.00	245	1000.25	431
1686	无锡商业职业技术学院教育发展基金会	49.60	291	1044.08	1148	8.75	2395	90.53	1680
1687	无锡市太湖禁毒基金会	49.60	291	332.34	2193	215.00	1268	8.15	2728
1688	无锡太湖文化发展基金会	49.60	291	1211.80	1020	312.00	1061	111.10	1553
1689	芜湖慈善基金会	49.60	291	1552.46	849	137.00	1564	79.85	1765
1690	芜湖市爱心助学基金会	49.60	291	1261.93	990	130.30	1584	90.70	1678
1691	吴江青青帮困基金会	49.60	291	219.12	2540	—	—	60.00	1940
1692	武汉市见义勇为基金会	49.60	291	2858.38	530	351.90	1002	281.54	991
1693	武平县蓝启林慈善教育基金会	49.60	291	780.03	1383	—	—	71.84	1833
1694	湘潭县教育发展基金会	49.60	291	1957.56	723	1019.38	509	973.93	440
1695	新疆维吾尔自治区老龄事业发展基金会	49.60	291	469.04	1851	12.45	122	12.45	2661
1696	新余市教育基金会	49.60	291	2884.29	525	4921.68	122	3224.75	130
1697	宣城市见义勇为基金会	49.60	291	—	—	21.42	2216	8.60	2721
1698	盐城工业职业技术学院教育发展基金会	49.60	291	412.20	2011	16.37	2293	36.90	2230
1699	仰恩基金会	49.60	291	455.91	1886	—	—	40.00	2188
1700	伊金霍洛旗民族文化发展基金会	49.60	291	403.29	2045	38.00	2092	38.50	2208

续表

序号	基金会名称	FTI 2015（分）	FTI 2015 全国排名	2013 年底净资产（万元）	2013 年底净资产排名	2013 年度捐赠收入（万元）	2013 年度捐赠收入排名	2013 年度公益事业支出（万元）	2013 年度公益事业支出排名
1701	永安市第一中学教育基金会	49.60	291	399.72	2080	5.00	2440	48.00	2064
1702	云南滇池保护治理基金会	49.60	291	1738.62	787	8.00	2401	288.37	985
1703	云南蒲公英民族扶贫助学基金会	49.60	291	306.54	2252	1.00	2516	86.30	1716
1704	云南启晨生命生存生活教育基金会	49.60	291	187.93	2906	75.00	1852	41.98	2158
1705	云南省残疾人福利基金会	49.60	291	792.65	1371	201.82	1313	207.39	1165
1706	云南省老龄事业发展基金会	49.60	291	1517.63	865	632.20	704	628.60	608
1707	张家港市韩山福民基金会	49.60	291	355.95	2154	51.56	1990	35.02	2252
1708	张家港市巨桥惠民基金会	49.60	291	225.36	2504	43.10	2053	47.86	2066
1709	张家港市李巷益民基金会	49.60	291	444.97	1924	86.20	1799	180.53	1257
1710	张家港市农联爱心基金会	49.60	291	311.77	2236	63.30	1907	22.43	2430
1711	张家港市七里庙村利民基金会	49.60	291	357.52	2148	4.64	2448	78.68	1770
1712	张家港市闸上慈善基金会	49.60	291	186.42	2911	30.94	2141	115.61	1524
1713	漳州市李蒲河茶文化教育基金会	49.60	291	207.99	2617	17.00	2289	17.00	2565
1714	长春建筑学院教育基金会	49.60	291	201.79	2695	19.74	2262	18.66	2512
1715	长春市残疾人福利基金会	49.60	291	462.99	1865	364.08	987	388.30	832
1716	长沙市明德至善教育基金会	49.60	291	321.60	2218	2602.40	235	2385.50	193
1717	长沙市志愿服务基金会	49.60	291	1709.74	794	1423.75	380	118.28	1513
1718	中国科学技术大学教育基金会	49.60	291	22326.03	65	3066.54	199	1901.60	247
1719	重庆市丰都教育奖励扶助基金会	49.60	291	822.44	1342	80.68	1820	354.04	880
1720	重庆市卢作孚教育基金会	49.60	291	441.40	1935	—	—	121.05	1499
1721	重庆市麦子扶贫基金会	49.60	291	544.90	1694	45.30	2039	46.30	2089

续表

序号	基金会名称	FTI 2015（分）	FTI 2015 全国排名	2013 年底净资产（万元）	2013 年底净资产排名	2013 年度捐赠收入（万元）	2013 年度捐赠收入排名	2013 年度公益事业支出（万元）	2013 年度公益事业支出排名
1722	重庆市南川区教育基金会	49.60	291	223.52	2515	40.04	2075	22.00	2439
1723	重庆邮电大学教育基金会	49.60	291	768.80	1398	334.26	1028	67.52	1875
1724	淄博市见义勇为基金会	49.60	291	1461.59	893	—	—	58.18	1958
1725	南通市法律援助基金会	49.58	292	1329.88	954	—	—	39.61	2197
1726	江苏省老龄事业发展基金会	49.32	293	1433.26	906	197.55	1397	155.20	1347
1727	无锡灵山慈善基金会	49.29	294	-38.90	3081	1398.83	387	1082.89	407
1728	温州市瓯海区人民教育基金会	49.23	295	859.96	1310	1233.77	432	1061.43	414
1729	合肥火炬青年创业基金会	49.16	296	201.57	2701	2.00	2498	22.00	2440
1730	上海东方文化艺术基金会	49.14	297	461.05	1872	—	—	1380.88	331
1731	上海巴斯德健康研究基金会	49.07	298	237.68	2455	—	—	1618.35	282
1732	广东省环球公益基金会	49.04	299	511.80	1757	49.24	2025	57.79	1961
1733	湖南省岳阳县教育基金会	48.98	300	924.67	1260	561.29	761	317.68	934
1734	中国华夏文化遗产基金会	48.93	301	2022.66	696	677.08	683	846.83	488
1735	安徽省黄梅戏艺术发展基金会	48.81	302	646.94	1535	42.00	2059	90.58	1679
1736	阿坝州藏族羌族自治州教育基金会	48.80	303	1074.58	1120	518.58	785	76.70	1788
1737	安徽交通职业技术学院教育基金会	48.80	303	227.05	2496	5.51	2429	20.82	2458
1738	安徽省红十字基金会	48.80	303	1271.37	984	140.52	1548	124.97	1479
1739	安岳县教育基金会	48.80	303	561.04	1675	96.98	1758	97.24	1631
1740	包商银行公益基金会	48.80	303	5000.00	347	824.31	586	800.80	512
1741	包头市扶贫基金会	48.80	303	464.35	1862	93.48	1773	201.38	1189
1742	北方民族大学教育发展基金会	48.80	303	405.47	2034	82.00	1811	13.00	2651

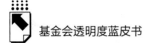
续表

序号	基金会名称	FTI 2015（分）	FTI 2015全国排名	2013 年底净资产（万元）	2013 年底净资产排名	2013 年度捐赠收入（万元）	2013 年度捐赠收入排名	2013 年度公益事业支出（万元）	2013 年度公益事业支出排名
1743	北海天宁慈善基金会	48.80	303	191.87	2887	2.16	2488	25.82	2375
1744	北京慧众慈善基金会	48.80	303	1291.82	973	66.60	1888	132.01	1444
1745	北京康万家慈善基金会	48.80	303	202.01	2689	36.00	2101	20.50	2463
1746	北京巧女公益基金	48.80	303	832.28	1332	657.05	692	123.72	1488
1747	北京球爱的天空慈善基金会	48.80	303	345.69	2172	194.98	1404	46.47	2086
1748	北京市发展怀务事业基金会	48.80	303	213.21	2572	—	—	12.29	2664
1749	北京新徽商慈善基金会	48.80	303	200.89	2725	214.10	1273	87.70	1704
1750	北京中国地质大学教育基金会	48.80	303	1114.87	1092	335.01	1027	237.80	1091
1751	北京紫檀文化基金会	48.80	303	288.48	2307	415.00	897	319.20	932
1752	本溪市教育基金会	48.80	303	1114.61	1093	41.59	2063	177.04	1267
1753	常熟市慈善基金会	48.80	303	10789.62	163	10422.55	46	2084.13	226
1754	常熟市党员关爱暨帮扶困难群众基金会	48.80	303	10616.52	167	841.11	579	700.38	570
1755	常熟振华孝心基金会	48.80	303	267.32	2350	4.20	2454	26.45	2366
1756	常州工程职业技术学院教育发展基金会	48.80	303	1581.57	834	139.30	1555	345.90	893
1757	常州市教育发展基金会	48.80	303	1734.29	789	541.31	777	381.18	848
1758	常州市体育发展基金会	48.80	303	1018.43	1167	180.00	1441	255.00	1050
1759	潮安县文里爱心基金会	48.80	303	472.81	1839	10.10	2362	38.30	2211
1760	成都市育汉教育基金会	48.80	303	122.09	2995	—	—	17.00	2569
1761	成都羊安慈志教育基金会	48.80	303	208.90	2606	40.00	2081	20.14	2470
1762	慈利县教育基金会	48.80	303	890.03	1287	314.35	1055	144.40	1392
1763	从化市见义勇为基金会	48.80	303	399.52	2083	—	—	0.64	2861

续表

序号	基金会名称	FTI 2015（分）	FTI 2015 全国排名	2013 年底净资产（万元）	2013 年底净资产排名	2013 年度捐赠收入（万元）	2013 年度捐赠收入排名	2013 年度公益事业支出（万元）	2013 年度公益事业支出排名
1764	达拉特旗人民教育基金会	48.80	303	547.92	1689	172.44	1459	180.81	1256
1765	大连市职工慈善基金会	48.80	303	953.09	1235	370.98	977	618.24	617
1766	丹东市公安民警救助基金会	48.80	303	369.13	2134	124.00	1601	190.56	1219
1767	丹东市双灵慈善基金会	48.80	303	208.86	2608	39.08	2087	36.60	2232
1768	丹阳市见义勇为基金会	48.80	303	1214.32	1017	5.20	2431	184.48	1238
1769	德州市见义勇为基金会	48.80	303	766.07	1399	—	—	35.55	2246
1770	东安县教育基金会	48.80	303	520.91	1739	181.79	1436	61.59	1920
1771	东莞市见义勇为基金会	48.80	303	8939.80	204	—	—	619.46	616
1772	东莞市教育基金会	48.80	303	2175.25	647	30.00	2151	113.63	1538
1773	东莞市沙田教育基金会	48.80	303	1000.96	1188	51.21	1992	24.02	2401
1774	东海县见义勇为基金会	48.80	303	449.65	1911	—	—	4.96	2780
1775	东台市慈善基金会	48.80	303	913.28	1268	592.19	734	349.49	889
1776	东台市阳光助残基金会	48.80	303	534.40	1713	159.56	1501	127.62	1471
1777	东营市见义勇为基金会	48.80	303	2141.14	651	—	—	26.93	2360
1778	洞口县教育基金会	48.80	303	649.37	1527	75.14	1847	96.23	1645
1779	鄂尔多斯市残疾人福利基金会	48.80	303	820.28	1343	—	—	109.66	1563
1780	鄂尔多斯市莲之心慈善基金会	48.80	303	300.49	2275	—	—	10.00	2705
1781	鄂托克旗教育基金会	48.80	303	861.45	1308	50.00	2009	70.90	1845
1782	鄂托克前旗教师奖励基金会	48.80	303	417.31	1991	140.00	1553	50.30	2034
1783	佛山市炽昌慈善基金会	48.80	303	74.05	3031	43.30	1749	99.88	2136
1784	佛山市金盾救助基金会	48.80	303	1116.66	1090	99.88	1749	498.73	701

续表

序号	基金会名称	FTI 2015（分）	FTI 2015全国排名	2013 年底净资产（万元）	2013 年底净资产排名	2013 年度捐赠收入（万元）	2013 年度捐赠收入排名	2013 年度公益事业支出（万元）	2013 年度公益事业支出排名
1785	佛山市顺德区教育基金会	48.80	303	15183.38	107	—	—	784.84	518
1786	福建陈燕平慈善基金会	48.80	303	380.05	2112	—	—	71.85	1832
1787	福建省公安民警英烈基金会	48.80	303	1291.58	974	261.95	1158	350.23	887
1788	福建省龙岩扶贫基金会	48.80	303	957.42	1232	20.00	2239	88.00	1701
1789	福建省龙岩市邱家宗慈善基金会	48.80	303	210.07	2598	42.00	2061	35.75	2241
1790	福建省平和广兆中学教育基金会	48.80	303	410.40	2016	78.50	1833	5.31	2774
1791	福建省商盟公益基金会	48.80	303	203.31	2663	14.60	2321	23.00	2417
1792	福建省上杭县杭川慈善基金会	48.80	303	209.79	2601	4.00	2458	17.40	2554
1793	福建省少数民族发展基金会	48.80	303	459.84	1874	188.00	1422	233.00	1100
1794	福建省石狮市户祖荫教育基金会	48.80	303	530.39	1719	19.50	2263	44.18	2126
1795	福建省夕阳红助老基金会	48.80	303	205.73	2635	20.00	2252	16.00	2604
1796	福建省志愿服务基金会	48.80	303	430.87	1958	427.24	880	433.86	769
1797	福建省中小学幼儿教师奖励基金会	48.80	303	1784.32	773	7.20	2410	61.24	1926
1798	福州市教育基金会	48.80	303	3014.88	502	2169.98	276	1430.59	320
1799	福州市人口福利基金会	48.80	303	2018.96	697	779.90	617	501.40	699
1800	抚顺市公安民警救助基金会	48.80	303	1201.04	1026	104.49	1694	820.18	500
1801	阜新市公安民警救助基金会	48.80	303	702.22	1459	60.00	1931	185.29	1235
1802	灌南县见义勇为基金会	48.80	303	423.01	1977	6.00	2423	21.13	2456
1803	灌云县见义勇为基金会	48.80	303	457.72	1882	54.95	1967	10.00	2699
1804	广东省保利地产和谐文化基金会	48.80	303	369.48	2132	163.12	1484	66.70	1886
1805	广东省潮商公益基金会	48.80	303	613.12	1583	1612.73	348	1827.57	258

续表

序号	基金会名称	FTI 2015（分）	FTI 2015 全国排名	2013 年底净资产（万元）	2013 年底净资产排名	2013 年度捐赠收入（万元）	2013 年度捐赠收入排名	2013 年度公益事业支出（万元）	2013 年度公益事业支出排名
1806	广东省陈绍常慈善基金会	48.80	303	216.56	2557	583.80	742	553.14	660
1807	广东省陈梅香慈善基金会	48.80	303	201.60	2700	60.00	1935	60.00	1936
1808	广东省公安民警医疗救助基金会	48.80	303	18245.31	86	—	—	54.10	2002
1809	广东省广州工商职业技术学院教育发展基金会	48.80	303	202.71	2671	2.47	2482	24.51	2395
1810	广东省华商慈善基金会	48.80	303	203.83	2653	—	—	2.50	2821
1811	广东省骏安慈善基金会	48.80	303	141.48	2975	—	—	13.00	2652
1812	广东省林若熹艺术基金会	48.80	303	166.00	2948	115.00	1638	10.04	2695
1813	广东省刘柏权慈善基金会	48.80	303	217.41	2550	328.87	1036	311.50	944
1814	广东省美丽关爱慈善基金会	48.80	303	222.64	2520	61.71	1922	59.45	1944
1815	广东省明楷慈善基金会	48.80	303	173.53	2937	—	—	8.00	2736
1816	广东省天意食锔保护基金会	48.80	303	201.97	2691	5.00	2441	10.36	2691
1817	广东省吴远慈善基金会	48.80	303	202.46	2676	76.00	1842	73.00	1818
1818	广东省雅居乐公益基金会	48.80	303	1036.49	1151	3922.00	158	3897.30	109
1819	广东省依依关爱儿童基金会	48.80	303	200.12	2781	32.11	2133	45.10	2105
1820	广西桂嘉汇青少年儿童救助基金会	48.80	303	792.80	1370	200.00	1327	173.10	1283
1821	广西老年基金会	48.80	303	688.84	1477	1.00	2514	88.65	1696
1822	广西民族大学教育基金会	48.80	303	509.42	1764	1444.31	376	1144.31	396
1823	广西社会和谐稳定发展基金会	48.80	303	1008.04	1182	330.71	1030	623.12	613
1824	广州市红棉文艺发展基金会	48.80	303	251.61	2401	20.96	2223	15.00	2630
1825	广州市花都区教育基金会	48.80	303	7573.20	239	39.71	2083	966.60	441
1826	广州市华侨文化发展基金会	48.80	303	413.92	2006	—	—	18.24	2524

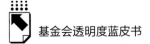

续表

序号	基金名称	FTI 2015（分）	FTI 2015 全国排名	2013 年底 净资产（万元）	2013 年底 净资产 排名	2013 年度 捐赠收入（万元）	2013 年度 捐赠收入 排名	2013 年度 公益事业 支出（万元）	2013 年度 公益事业 支出排名
1827	广州市振兴粤剧基金会	48.80	303	10616.60	166	1.00	2512	586.18	640
1828	贵州省残疾人福利基金会	48.80	303	612.81	1584	710.92	657	618.12	618
1829	贵州省六盘水市见义勇为基金会	48.80	303	1378.82	932	29.58	2167	49.85	2043
1830	哈尔滨医科大学发展基金会	48.80	303	3966.09	410	4215.00	146	2496.95	177
1831	海门市教育发展基金会	48.80	303	1942.13	727	1261.73	419	943.07	453
1832	海门文明村爱心基金会	48.80	303	266.45	2351	75.08	1848	20.00	2480
1833	海原县厚德慈善基金会	48.80	303	776.60	1388	9.00	2388	122.20	1495
1834	合肥市见义勇为奖励基金会	48.80	303	468.96	1852	70.00	1873	31.87	2298
1835	合肥市幸福瑶海公益慈善基金会	48.80	303	1153.16	1061	219.00	1257	77.30	1780
1836	河北省公安民警英烈基金会	48.80	303	1097.40	1103	245.81	1190	261.71	1030
1837	河北省关心下一代基金会	48.80	303	420.17	1982	35.00	2113	16.00	2603
1838	河北省禾台文化教育基金会	48.80	303	218.63	2543	30.61	2145	39.25	2199
1839	河北省隆普基泰利慈善基金会	48.80	303	148.91	2968	19.46	2264	70.61	1849
1840	河北省青年就业创业基金会	48.80	303	497.41	1802	50.00	2007	540.49	672
1841	河北省邢台残疾人福利基金会	48.80	303	450.49	1909	91.00	1782	71.40	1841
1842	河北石家庄二中教育发展基金会	48.80	303	231.11	2475	73.80	1858	53.85	2004
1843	河南省爱心事业基金会	48.80	303	790.75	1373	1042.85	498	706.58	565
1844	河南省宝桥助学基金会	48.80	303	353.63	2160	—	—	36.10	2238
1845	河南省香玉基金会	48.80	303	401.92	2054	11.00	2351	11.00	2680
1846	河南省丹阳助老基金会	48.80	303	200.25	2760	12.62	2337	16.25	2589
1847	河南省华康爱心教育基金会	48.80	303	313.68	2228	—	—	27.30	2356

续表

序号	基金会名称	FTI 2015（分）	FTI 2015 全国排名	2013 年底净资产（万元）	2013 年底净资产排名	2013 年度捐赠收入（万元）	2013 年度捐赠收入排名	2013 年度公益事业支出（万元）	2013 年度公益事业支出排名
1848	河南省华夏历史文明传承创新基金会	48.80	303	550.26	1687	—	—	50.00	2039
1849	河南省中原文物保护基金会	48.80	303	240.83	2442	71.56	1865	18.00	2530
1850	黑龙江省东北林业大学教育发展基金会	48.80	303	537.67	1704	210.84	1284	175.44	1272
1851	黑龙江省哈尔滨师范大学附属中学教育发展基金会	48.80	303	227.56	2493	10.00	2375	1.32	2843
1852	黑龙江省华侨经济文化基金会	48.80	303	62.17	3042	20.00	2257	6.00	2763
1853	黑龙江省青年创业就业基金会	48.80	303	636.99	1549	456.00	848	254.00	1052
1854	衡南县教育基金会	48.80	303	508.66	1766	46.68	2031	51.22	2023
1855	葫芦岛市公安警救助基金会	48.80	303	632.67	1556	40.32	2072	39.20	2200
1856	湖北省红安慧农公益基金会	48.80	303	3642.03	443	1870.34	316	249.14	1064
1857	湖北省体育基金会	48.80	303	322.22	2217	—	—	33.50	2274
1858	湖北省外出务工农民救助发展基金会	48.80	303	346.11	2170	20.00	2246	18.00	2534
1859	湖北省城市教育发展基金会	48.80	303	606.45	1598	1083.90	484	1357.25	339
1860	湖南慧源文化艺术发展基金会	48.80	303	202.14	2684	20.00	2254	16.50	2583
1861	湖南理工学院教育基金会	48.80	303	382.95	2108	135.28	1573	56.40	1972
1862	湖南省常德职业技术学院教育基金会	48.80	303	857.53	1313	79.50	1828	66.00	1892
1863	湖南省郴州市北湖区教育基金会	48.80	303	1269.35	986	385.88	954	352.73	883
1864	湖南省郴州市临武县教育基金会	48.80	303	1180.67	1043	345.73	1011	341.45	899
1865	湖南省楚源医学教育基金会	48.80	303	400.66	2059	25.05	2195	24.00	2404
1866	湖南省广益实验中学教育基金会	48.80	303	259.50	2372	96.00	1761	60.60	1930
1867	湖南省老龄事业发展基金会	48.80	303	468.50	1854	17.40	2286	51.89	2019
1868	湖南省耒阳市教育基金会	48.80	303	1198.02	1029	3.38	2466	91.66	1670

续表

序号	基金会名称	FTI 2015（分）	FTI 2015 全国排名	2013 年底净资产（万元）	2013 年底净资产排名	2013 年度捐赠收入（万元）	2013 年度捐赠收入排名	2013 年度公益事业支出（万元）	2013 年度公益事业支出排名
1869	湖南省临湘市教师奖励基金会	48.80	303	703.23	1456	72.24	1861	75.46	1802
1870	湖南省浏阳市淮川街道教育基金会	48.80	303	408.65	2022	111.87	1655	94.56	1653
1871	湖南省浏阳市特殊教育学校教育基金会	48.80	303	249.69	2413	23.63	2206	44.32	2121
1872	湖南省平江县教育基金会	48.80	303	1605.22	823	548.12	772	191.87	1211
1873	湖南省汝城县教育基金会	48.80	303	861.44	1309	193.94	1406	237.49	1092
1874	湖南省双峰县教育基金会	48.80	303	1058.50	1133	74.75	1853	186.47	1230
1875	湖南省温暖工程基金会	48.80	303	771.07	1394	445.00	860	221.40	1132
1876	湖南省湘南学院教育基金会	48.80	303	397.54	2088	496.70	813	299.57	969
1877	湖南宋祖英助学基金会	48.80	303	1598.52	826	—	—	134.00	1434
1878	湖南天龙慈善基金会	48.80	303	207.43	2622	80.00	1826	77.20	1782
1879	华阳慈善基金会	48.80	303	6015.05	285	19695.57	25	29943.33	13
1880	淮安市淮安区慈善基金会	48.80	303	2064.77	680	1030.23	503	942.80	454
1881	淮安市淮阴区见义勇为基金会	48.80	303	663.68	1502	107.63	1680	12.75	2657
1882	黄帝陵基金会	48.80	303	3397.72	463	101.46	1716	7.98	2738
1883	惠州市惠城区爱心教育发展基金会	48.80	303	1053.61	1139	23.32	2209	28.22	2343
1884	吉林省体育事业发展基金会	48.80	303	586.06	1628	100.00	1732	21.63	2446
1885	吉林省延边朝鲜族自治州老龄事业发展基金会	48.80	303	201.20	2712	50.00	2020	48.70	2057
1886	吉林省振国健康公益事业基金会	48.80	303	359.99	2144	—	—	40.88	2176
1887	吉林市白山发电厂爱心救助基金会	48.80	303	196.73	2860	12.30	2341	16.00	2607
1888	绩溪县教育基金会	48.80	303	404.98	2036	16.10	2297	10.80	2686
1889	健湖县教育基金会	48.80	303	859.64	1311	—	—	89.70	1688

续表

序号	基金会名称	FTI 2015（分）	FTI 2015 全国排名	2013 年底净资产（万元）	2013 年底净资产排名	2013 年度捐赠收入（万元）	2013 年度捐赠收入排名	2013 年度公益事业支出（万元）	2013 年度公益事业支出排名
1890	剑阁县教育基金会	48.80	303	741.84	1418	101.50	1715	101.29	1602
1891	江门市五邑怀乡文化基金会	48.80	303	887.69	1291	—	—	86.00	1718
1892	江苏金陵旅游教育发展基金会	48.80	303	585.69	1629	125.90	1596	100.00	1614
1893	江苏警官学院教育发展基金会	48.80	303	2713.79	551	911.00	545	1300.00	356
1894	江苏七彩凤凰母语发展基金会	48.80	303	289.89	2304	70.00	1876	20.26	2467
1895	江苏省扶贫基金会	48.80	303	2597.35	569	118.00	1625	108.00	1572
1896	江苏省文化发展基金会	48.80	303	8626.03	216	600.00	726	288.50	982
1897	江苏省扬州中学教育发展基金会	48.80	303	1064.28	1130	869.60	561	370.31	860
1898	江苏现代农民创业基金会	48.80	303	420.50	1981	80.00	1825	27.50	2353
1899	江苏信息职业技术学院教育发展基金会	48.80	303	777.43	1386	289.25	1111	60.58	1932
1900	江西省体育发展基金会	48.80	303	605.28	1599	844.50	573	662.57	587
1901	江阴市陆丰村关爱帮扶基金会	48.80	303	569.52	1654	—	—	45.96	2093
1902	江阴伟成师生教育基金会	48.80	303	1120.00	1087	8.41	2399	88.65	1695
1903	江阴长龄助学扶贫基金会	48.80	303	341.85	2180	—	—	136.57	1421
1904	金肯职业技术学院教育发展基金会	48.80	303	12.62	3064	—	—	9.02	2714
1905	锦树爱心慈善基金会	48.80	303	201.95	2692	—	—	17.25	2557
1906	靖江市慈善基金会	48.80	303	1888.56	744	935.04	534	776.28	523
1907	莱芜市见义勇为基金会	48.80	303	617.26	1577	71.67	1863	2.06	2826
1908	冷水江市教育基金会	48.80	303	502.29	1782	44.47	2047	36.06	2239
1909	连云港市慈善基金会	48.80	303	1145.77	1067	927.63	538	856.51	482
1910	连云港市海州区见义勇为基金会	48.80	303	648.70	1529	50.00	2004	2.44	2822

续表

序号	基金会名称	FTI 2015 (分)	FTI 2015 全国排名	2013 年底 净资产 (万元)	2013 年底 净资产 排名	2013 年度 捐赠收入 (万元)	2013 年度 捐赠收入 排名	2013 年度 公益事业 支出(万元)	2013 年度 公益事业 支出排名
1911	连云港市新浦区见义勇为基金会	48.80	303	500.99	1791	—	—	0.45	2865
1912	涟水县教育发展基金会	48.80	303	1247.34	999	1201.40	439	512.10	691
1913	涟源市教育基金会	48.80	303	973.37	1218	—	—	46.35	2087
1914	凉山州教育基金会	48.80	303	1110.64	1097	903.50	546	214.97	1149
1915	辽宁省公安民警英烈救助基金会	48.80	303	5417.14	308	1800.12	326	3465.96	123
1916	辽宁省辽宁大学教育基金会	48.80	303	327.95	2201	132.29	1579	63.30	1911
1917	辽宁省辽宁师范大学教育基金会	48.80	303	340.63	2182	23.15	2210	30.22	2321
1918	辽宁省闽商公益基金会	48.80	303	855.77	1316	391.78	945	94.56	1654
1919	辽宁省沈阳化工大学教育基金会	48.80	303	421.93	1978	39.10	2086	33.36	2278
1920	辽宁省沈阳理工大学教育基金会	48.80	303	489.73	1814	218.50	1258	15.38	2615
1921	聊城大学教育发展基金会	48.80	303	221.34	2527	10.51	2356	20.10	2472
1922	龙川县教育发展基金会	48.80	303	650.34	1524	430.00	877	464.00	739
1923	隆回县教育基金会	48.80	303	835.17	1330	463.22	839	107.75	1574
1924	鲁山县人民教育基金会	48.80	303	597.91	1611	248.29	1185	71.79	1835
1925	梅州市希望教育基金会	48.80	303	1291.90	972	153.10	1518	55.89	1978
1926	绵阳市教育基金会	48.80	303	688.69	1478	5.99	2424	20.49	2464
1927	莫力达瓦达斡尔族自治旗斡尔族教育基金会	48.80	303	300.09	2280	0.35	2532	4.00	2791
1928	南安市石井创新社会管理公益基金会	48.80	303	184.70	2917	3.00	2476	21.80	2444
1929	南安市英都教育基金会	48.80	303	204.02	2651	—	—	22.33	2433
1930	南充市教育基金会	48.80	303	569.71	1653	121.71	1604	202.27	1184
1931	南京儿童医院医学发展医疗救助基金会	48.80	303	408.36	2024	102.83	1706	32.29	2294

续表

序号	基金会名称	FTI 2015（分）	FTI 2015 全国排名	2013 年底净资产（万元）	2013 年底净资产排名	2013 年度捐赠收入（万元）	2013 年度捐赠收入排名	2013 年度公益事业支出（万元）	2013 年度公益事业支出排名
1932	南京理工大学泰州科技学院教育发展基金会	48.80	303	3046.19	496	1352.16	397	600.00	630
1933	南京市法律援助基金会	48.80	303	—	—	—	—	12.00	2669
1934	南京市建邺区见义勇为基金会	48.80	303	597.20	1612	—	—	16.59	2580
1935	南京市玄武区见义勇为基金会	48.80	303	553.72	1683	30.00	2153	5.61	2769
1936	南通公安大病特困救助基金会	48.80	303	4817.21	354	1988.57	300	113.60	1539
1937	南通市爱心帮困基金会	48.80	303	1414.82	915	20.12	2230	273.20	1003
1938	南通市崇川区慈善基金会	48.80	303	1530.55	859	371.11	975	132.43	1442
1939	南通市港闸区慈善基金会	48.80	303	536.83	1707	56.46	1953	59.28	1946
1940	内江市中区教育基金会	48.80	303	662.87	1504	94.98	1766	186.52	1228
1941	内蒙古爱心养老基金会	48.80	303	178.39	2930	2.10	2491	20.00	2485
1942	内蒙古包头市爱心慈善基金会	48.80	303	426.46	1970	44.21	2049	89.00	1691
1943	内蒙古霍林郭勒市吾义救助基金会	48.80	303	180.09	2926	5.00	2443	8.44	2723
1944	内蒙古来喜公益基金会	48.80	303	831.37	1335	6.16	2418	81.12	1749
1945	内蒙古隆扬特殊教育基金会	48.80	303	204.83	2644	50.00	2018	74.00	1811
1946	内蒙古乌拉特后旗盛安爱心济困基金会	48.80	303	203.66	2655	8.65	2397	17.00	2570
1947	内蒙古自治区马业发展基金会	48.80	303	1190.55	1033	143.00	1541	296.37	974
1948	内蒙古自治区人民教育基金会	48.80	303	929.18	1256	372.65	972	383.07	840
1949	内蒙古自治区文艺创作基金会	48.80	303	242.28	2435	8.28	2400	39.63	2195
1950	宁夏公安民警英烈基金会	48.80	303	871.23	1303	61.00	1926	39.08	2203
1951	宁夏回族自治区扶贫基金会	48.80	303	132.67	2985	11.35	2348	243.73	1078
1952	宁夏回族自治区兴俊爱心慈善基金会	48.80	303	197.46	2855	2068.38	288	2199.84	212

续表

序号	基金会名称	FTI 2015（分）	FTI 2015全国排名	2013 年底净资产（万元）	2013 年底净资产排名	2013 年度捐赠收入（万元）	2013 年度捐赠收入排名	2013 年度公益事业支出（万元）	2013 年度公益事业支出排名
1953	宁夏上陵社区敬老养老基金会	48.80	303	514.55	1753	1073.32	488	750.37	539
1954	宁夏银川大学教育发展基金会	48.80	303	805.17	1357	211.39	1280	1268.20	361
1955	宁乡县双凫铺镇中心学校教育基金会	48.80	303	212.41	2580	52.44	1985	62.62	1915
1956	沛县见义勇为基金会	48.80	303	1344.09	948	383.55	956	10.59	2687
1957	屏南县育才教育发展基金会	48.80	303	209.90	2599	103.48	1701	51.98	2017
1958	普宁市南山爱心基金会	48.80	303	1195.28	1030	303.30	1075	77.41	1777
1959	普宁市新坛慈善基金会	48.80	303	4313.05	382	—	—	156.09	1342
1960	齐齐哈尔大学教育发展基金会	48.80	303	290.24	2303	115.75	1635	97.19	1632
1961	启东市孙锦昌助学奖学教育基金会	48.80	303	1048.19	1144	28.15	2177	89.97	1685
1962	钦州市政协绿华资源利用基金会	48.80	303	814.53	1350	470.18	831	216.21	1143
1963	青岛市见义勇为基金会	48.80	303	888.27	1289	11.00	2350	15.85	2610
1964	青海冬虫夏草与人类健康研究发展基金会	48.80	303	455.67	1888	109.70	1675	96.90	1639
1965	青海省西宁市国开教育公益基金会	48.80	303	168.62	2942	100.00	1745	40.40	2179
1966	青海省雪域仁济慈善基金会	48.80	303	219.11	2541	149.89	1524	172.97	1284
1967	青海省玉树州困难职工帮扶基金会	48.80	303	9.79	3067	240.14	1208	22.47	2429
1968	青海苏曼竹巴慈善基金会	48.80	303	—	—	—	—	103.00	1594
1969	青海天佑德教育基金会	48.80	303	248.52	2416	67.22	1886	47.40	2072
1970	泉州光华教育发展基金会	48.80	303	303.97	2261	240.00	1210	210.00	1158
1971	泉州市宝树堂教育基金会	48.80	303	304.44	2258	180.30	1439	353.83	882
1972	仁寿县景圣景誉爱教育基金会	48.80	303	221.90	2522	29.00	2174	23.90	2408
1973		48.80	303	200.42	2747	375.76	968	398.76	814

续表

序号	基金会名称	FTI 2015（分）	FTI 2015 全国排名	2013 年底净资产（万元）	2013 年底净资产排名	2013 年度捐赠收入（万元）	2013 年度捐赠收入排名	2013 年度公益事业支出（万元）	2013 年度公益事业支出排名
1974	厦门第一中学教育基金会	48.80	303	2035.93	688	782.61	615	328.24	920
1975	厦门观音寺慈善基金会	48.80	303	210.27	2596	226.78	1239	245.99	1069
1976	厦门市革命传统教育发展基金会	48.80	303	231.36	2474	135.00	1575	31.22	2307
1977	山东工商学院教育发展基金会	48.80	303	201.18	2713	10.00	2379	10.00	2701
1978	山西省出生缺陷干预救助基金会	48.80	303	329.06	2198	30.00	2159	150.00	1367
1979	山西省大同市扶贫基金会	48.80	303	629.99	1560	10.00	2369	681.08	575
1980	山西省和顺县扶贫县善基金会	48.80	303	917.13	1266	408.00	911	180.26	1259
1981	山西省华宇慈善基金会	48.80	303	208.12	2614	16.10	2298	16.10	2595
1982	山西省教科文发展基金会	48.80	303	436.91	1942	36.00	2100	34.52	2259
1983	山西省晋城市创业就业基金会	48.80	303	928.40	1258	310.00	1064	290.50	977
1984	山西省龙城卫士伤残救助基金会	48.80	303	328.32	2199	1.00	2515	25.60	2378
1985	山西省社会救助基金会	48.80	303	409.41	2019	—	—	10.00	2704
1986	山西省西山慈善基金会	48.80	303	3485.57	456	232.39	1225	414.00	792
1987	山西省振兴京剧基金会	48.80	303	719.49	1435	8.00	2402	50.31	2033
1988	陕西省宝鸡市老龄事业发展基金会	48.80	303	425.17	1973	12.64	2336	38.35	2210
1989	汕头市困难职工福利基金会	48.80	303	575.47	1647	59.00	1942	103.15	1593
1990	汕尾市教育基金会	48.80	303	768.82	1397	399.14	933	527.20	684
1991	上海发展昆剧基金会	48.80	303	260.51	2370	—	—	22.27	2434
1992	上海海洋大学教育发展基金会	48.80	303	672.51	1494	360.15	993	99.00	1624
1993	上海医学创新发展基金会	48.80	303	199.83	2833	—	—	28.00	2347
1994	韶关市教育基金会	48.80	303	2496.60	588	937.00	532	566.38	652

续表

序号	基金会名称	FTI 2015（分）	FTI 2015 全国排名	2013 年底净资产（万元）	2013 年底净资产排名	2013 年度捐赠收入（万元）	2013 年度捐赠收入排名	2013 年度公益事业支出（万元）	2013 年度公益事业支出排名
1995	邵东县教育基金会	48.80	303	981.95	1205	60.57	1927	64.99	1901
1996	射阳县见义勇为基金会	48.80	303	528.09	1723	3.00	2471	4.47	2783
1997	莘县卓越教育基金会	48.80	303	205.67	2637	100.00	1742	15.63	2612
1998	深圳市环卫工职工基金会	48.80	303	213.13	2574	—	—	1.20	2846
1999	深圳市见义勇为基金会	48.80	303	6482.11	273	17.83	2279	277.94	998
2000	深圳市新沼爱心基金会	48.80	303	1409.27	921	474.81	828	194.32	1204
2001	深圳市拥军优属基金会	48.80	303	1028.25	1157	112.50	1652	1466.79	310
2002	深圳市职工解困济难基金会	48.80	303	1185.37	1039	—	—	335.02	906
2003	深圳市中博教育发展基金会	48.80	303	246.50	2419	63.29	1908	35.61	2243
2004	沈阳市公安民警英烈救助基金会	48.80	303	1984.72	716	1147.13	459	880.17	471
2005	石河子大学教育基金会	48.80	303	—	—	291.16	1107	102.12	1598
2006	四川德瑞教育发展基金会	48.80	303	839.21	1327	170.00	1465	158.87	1331
2007	四川省广安市教育基金会	48.80	303	554.96	1679	55.00	1964	45.00	2107
2008	四川省简阳市教育基金会	48.80	303	697.49	1466	160.08	1493	122.66	1494
2009	四川省内江市教育基金会	48.80	303	1562.82	845	737.58	640	1829.89	257
2010	四川省体育基金会	48.80	303	2087.71	674	555.09	767	729.41	548
2011	四川省盐亭县教育基金会	48.80	303	459.17	1877	34.14	2120	29.70	2333
2012	四会市见义勇为基金会	48.80	303	203.50	2659	10.00	2378	3.00	2811
2013	四会市教育基金会	48.80	303	463.24	1864	55.80	1959	41.80	2161
2014	苏州市残疾人福利基金会	48.80	303	718.06	1437	26.23	2185	29.78	2332
2015	苏州市姑苏区慈善基金会	48.80	303	1586.63	832	680.39	680	202.71	1181

续表

序号	基金会名称	FTI 2015（分）	FTI 2015 全国排名	2013 年底净资产（万元）	2013 年底净资产排名	2013 年度捐赠收入（万元）	2013 年度捐赠收入排名	2013 年度公益事业支出（万元）	2013 年度公益事业支出排名
2016	苏州市吴中区慈善基金会	48.80	303	3819.52	424	3948.69	157	1456.05	314
2017	睢宁县见义勇为基金会	48.80	303	552.21	1685	—	—	2.50	2820
2018	泰州市残疾人福利基金会	48.80	303	789.27	1376	251.06	1171	212.43	1154
2019	天津广播电视大学教育发展基金会	48.80	303	254.43	2390	30.12	2147	60.58	1931
2020	天津理工大学教育发展基金会	48.80	303	698.25	1465	12.92	2334	61.51	1923
2021	天津市第二中学教育发展基金会	48.80	303	661.89	1506	53.13	1977	31.33	2305
2022	天津市红十字基金会	48.80	303	1044.10	1147	1195.18	442	582.65	642
2023	天津市华夏未来文化艺术基金会	48.80	303	29320.75	48	2662.70	227	560.15	656
2024	天津市民营科技企业发展基金会	48.80	303	204.42	2648	18.00	2276	17.70	2546
2025	天津市宁鸿涛助学基金会	48.80	303	202.67	2672	4.74	2447	16.58	2581
2026	天津市孙洪森助学基金会	48.80	303	200.05	2794	14.30	2324	15.23	2617
2027	天津市体育发展基金会	48.80	303	13006.84	128	413.30	899	1546.75	298
2028	天津市振兴文化艺术基金会	48.80	303	2177.48	646	85.00	1803	735.00	545
2029	铁岭市公安民警救助基金会	48.80	303	636.10	1551	351.48	1003	249.60	1061
2030	同心县同德公益慈善基金会	48.80	303	226.33	2501	102.99	1704	70.56	1850
2031	威海市恒盛文化艺术发展基金会	48.80	303	220.03	2535	20.00	2250	20.00	2482
2032	威海市见义勇为基金会	48.80	303	761.56	1403	120.50	1608	25.47	2383
2033	芜湖市牵手扶困助学基金会	48.80	303	443.52	1927	107.30	1681	33.30	2279
2034	武汉市法律援助基金会	48.80	303	974.19	1215	211.70	1278	222.11	1131
2035	西藏自治区珠峰冰川环保基金会	48.80	303	91.90	3023	81.58	1814	12.99	2653
2036	西安利物浦大学教育发展基金会	48.80	303	9237.09	199	1985.31	301	620.63	615

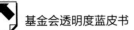

续表

序号	基金会名称	FTI 2015 （分）	FTI 2015 全国排名	2013 年底 净资产 （万元）	2013 年底 净资产 排名	2013 年度 捐赠收入 （万元）	2013 年度 捐赠收入 排名	2013 年度 公益事业 支出（万元）	2013 年度 公益事业 支出排名
2037	霞浦县振兴教育基金会	48.80	303	1329.40	955	800.00	603	150.77	1360
2038	襄城县成就未来助学基金会	48.80	303	1165.24	1052	160.80	1491	71.80	1834
2039	新疆青年创业就业基金会	48.80	303	489.64	1815	—	—	0.05	2879
2040	新疆生产建设兵团农二师华山中学教育基金会	48.80	303	708.04	1448	370.15	979	118.59	1512
2041	新疆维吾尔自治区迪丽娜尔文化艺术交流基金会	48.80	303	445.23	1923	200.00	1328	21.35	2449
2042	新疆维吾尔自治区心田社会公益基金会	48.80	303	285.12	2317	3.88	2462	28.20	2344
2043	兴安盟扶贫基金会	48.80	303	200.00	2800	26.85	2183	26.85	2361
2044	兴安盟人民教育基金会	48.80	303	453.25	1897	410.36	904	692.64	573
2045	兴化市见义勇为基金会	48.80	303	964.35	1225	6.10	2419	7.00	2750
2046	宿迁市宿豫区京东特困救助基金会	48.80	303	237.47	2457	220.00	1254	468.60	730
2047	徐州市见义勇为基金会	48.80	303	7592.78	238	—	—	159.14	1330
2048	徐州市云龙区见义勇为基金会	48.80	303	568.33	1663	140.00	1552	2.00	2828
2049	徐州幼儿师范高等专科学校教育发展基金会	48.80	303	400.76	2057	300.00	1092	32.00	2296
2050	烟台市见义勇为基金会	48.80	303	1329.93	953	140.05	1551	72.45	1824
2051	延安教科文发展基金会	48.80	303	553.19	1684	20.90	2224	6.70	2755
2052	延吉市人民教育基金会	48.80	303	419.07	1986	90.14	1786	96.22	1646
2053	盐城市盐都区见义勇为基金会	48.80	303	653.98	1518	125.00	1598	1.20	2845
2054	扬州市教育发展基金会	48.80	303	1803.88	770	1962.82	303	1615.30	285
2055	伊金霍洛旗人民教育基金会	48.80	303	14307.30	113	—	—	1251.91	365
2056	伊金霍洛旗圣地英才基金会	48.80	303	5200.92	322	4600.00	130	70.25	1853
2057	永州市残疾人福利基金会	48.80	303	454.18	1892	77.67	1838	45.15	2104

续表

序号	基金会名称	FTI 2015（分）	FTI 2015 全国排名	2013 年底净资产（万元）	2013 年底净资产排名	2013 年度捐赠收入（万元）	2013 年度捐赠收入排名	2013 年度公益事业支出（万元）	2013 年度公益事业支出排名
2058	永州市冷水滩区教师奖励基金会	48.80	303	533.95	1715	9.53	2384	108.75	1570
2059	余彭年慈善基金会	48.80	303	2076.31	675	1130.00	467	1307.26	350
2060	榆林市胡星元慈善基金会	48.80	303	6836.26	257	—	—	5092.76	86
2061	玉林市好人好报基金会	48.80	303	561.71	1672	109.85	1674	16.86	2576
2062	岳阳市教师奖励基金会	48.80	303	2278.28	629	94.09	1767	271.75	1008
2063	岳阳市岳阳楼区教师奖励基金会	48.80	303	1022.48	1163	95.30	1764	77.63	1775
2064	云南大理白族自治州扶贫基金会	48.80	303	494.29	1807	55.79	1960	66.31	1891
2065	云南东陆教育发展基金会	48.80	303	211.89	2585	15.00	2315	1.48	2841
2066	云南国际文化交流基金会	48.80	303	400.00	2066	40.00	2078	40.00	2187
2067	云南华商公益基金会	48.80	303	690.02	1472	506.62	796	604.72	626
2068	云南省公安民警英烈基金会	48.80	303	7572.38	240	578.71	745	400.16	811
2069	云南省生物多样性保护基金会	48.80	303	3896.68	419	370.00	980	133.46	1437
2070	湛江市见义勇为基金会	48.80	303	545.99	1693	2.20	2486	16.30	2586
2071	张家口市残疾人创业慈善基金会	48.80	303	200.03	2795	18.17	2272	18.03	2528
2072	长春工业大学人文信息学院陈坚奖学基金会	48.80	303	200.36	2751	10.00	2380	17.00	2568
2073	长春市公安民警优抚基金会	48.80	303	1486.77	881	103.03	1703	220.45	1135
2074	长春市见义勇为基金会	48.80	303	469.14	1850	87.66	1795	145.96	1385
2075	长沙市见义勇为基金会	48.80	303	2528.84	583	—	—	80.68	1756
2076	长沙市体育发展基金会	48.80	303	320.99	2220	120.00	1615	202.60	1182
2077	长沙市望城区教育基金会	48.80	303	1254.35	994	163.65	1483	111.02	1555
2078	长沙县教育基金会	48.80	303	1521.14	862	223.41	1245	404.61	803

续表

序号	基金会名称	FTI 2015（分）	FTI 2015 全国排名	2013 年底净资产（万元）	2013 年底净资产排名	2013 年度捐赠收入（万元）	2013 年度捐赠收入排名	2013 年度公益事业支出（万元）	2013 年度公益事业支出排名
2079	肇庆市端州区教育基金会	48.80	303	532.09	1718	8.88	2391	18.73	2510
2080	肇庆市教育基金会	48.80	303	1576.22	837	370.44	978	40.30	2181
2081	肇庆市职工解困基金会	48.80	303	593.30	1620	14.48	2323	58.04	1959
2082	中方县康龙助学基金会	48.80	303	1015.46	1171	—	—	19.89	2490
2083	中山市教育基金会	48.80	303	8680.20	214	751.71	631	2196.47	213
2084	重庆缙云山养生慈爱基金会	48.80	303	372.03	2126	30.00	2158	32.63	2288
2085	重庆市光明基金会	48.80	303	868.07	1304	33.00	2130	44.53	2116
2086	重庆市精神健康救助基金会	48.80	303	415.52	1998	71.60	1864	192.20	1210
2087	重庆市老年事业发展基金会	48.80	303	660.42	1510	1097.01	480	1176.47	391
2088	重庆市万州区教育基金会	48.80	303	1394.62	927	201.09	1315	232.65	1101
2089	珠海市凝警心医疗救助基金会	48.80	303	453.85	1895	35.61	2103	35.61	2244
2090	庄希泉基金会	48.80	303	281.47	2328	24.00	2205	45.00	2108
2091	资阳市雁江区教育基金会	48.80	303	2068.19	678	91.47	1779	102.29	1597
2092	紫金矿业慈善基金会	48.80	303	20048.92	75	2385.20	259	2864.52	148
2093	紫金山天文台小行星基金会	48.80	303	688.24	1480	16.07	2299	61.30	1925
2094	山东省儿童少年福利基金会	48.78	304	472.60	1840	97.24	1757	45.68	2095
2095	贵州省贵阳市生态文明基金会	48.68	305	4335.69	380	243.72	1197	152.09	1355
2096	北京尚善公益基金会	48.54	306	232.28	2473	160.00	1499	81.66	1743
2097	青海妇女儿童发展基金会	48.51	307	198.52	2849	—	—	494.38	708
2098	长沙市雨花区教育基金会	48.34	308	3454.98	458	595.45	732	465.95	732
2099	上海市浦东新区教育发展基金会	48.06	309	1164.44	1053	20.00	2237	77.86	1774

续表

序号	基金会名称	FTI 2015（分）	FTI 2015 全国排名	2013 年底净资产（万元）	2013 年底净资产排名	2013 年度捐赠收入（万元）	2013 年度捐赠收入排名	2013 年度公益事业支出（万元）	2013 年度公益事业支出排名
2100	北京歌华文化创意产业发展基金会	48.00	310	202.36	2681	257.26	1163	256.55	1046
2101	北京共美民族教育发展基金会	48.00	310	4177.28	391	4072.00	152	105.12	1588
2102	北京海鹰脊柱健康公益基金会	48.00	310	288.26	2309	46.70	2030	76.37	1792
2103	北京市教育基金会	48.00	310	4199.88	389	542.70	776	68.06	1874
2104	北京市梅兰芳艺术基金会	48.00	310	173.96	2934	—	—	22.80	2422
2105	常州大学教育发展基金会	48.00	310	7204.81	248	3274.59	181	80.05	1760
2106	阜宁县见义勇为基金会	48.00	310	577.79	1641	—	—	8.00	2733
2107	广东省繁荣粤剧基金会	48.00	310	10596.99	168	—	—	822.23	497
2108	广东省广州交响乐团艺术发展基金会	48.00	310	999.90	1192	—	—	81.00	1751
2109	广东省南粤广播电视发展基金会	48.00	310	610.15	1589	—	—	74.00	1813
2110	哈尔滨市百威英博城市发展基金会	48.00	310	3842.51	422	—	—	28.40	2341
2111	海安县见义勇为基金会	48.00	310	881.69	1295	—	—	9.60	2709
2112	黑龙江省烈士纪念事业基金会	48.00	310	452.79	1900	—	—	19.85	2491
2113	洪泽县见义勇为基金会	48.00	310	538.79	1702	53.31	1975	3.80	2794
2114	湖南科技学院教育基金会	48.00	310	535.46	1711	65.51	1894	53.60	2006
2115	湖南省何继善基金会	48.00	310	235.16	2463	—	—	21.30	2451
2116	湖南省见义勇为基金会	48.00	310	1383.68	930	—	—	85.69	1720
2117	湖南省长沙市芙蓉区人民教育基金会	48.00	310	523.28	1733	34.26	2118	17.54	2551
2118	淮海工学院教育发展基金会	48.00	310	2970.35	511	897.90	550	182.50	1250
2119	江苏国泰国际集团企业发展研究基金会	48.00	310	335.46	2190	—	—	39.00	2205
2120	江苏教育学院教育发展基金会	48.00	310	607.29	1595	846.40	568	1298.77	357

续表

序号	基金会名称	FTI 2015（分）	FTI 2015 全国排名	2013 年底净资产（万元）	2013 年底净资产排名	2013 年度捐赠收入（万元）	2013 年度捐赠收入排名	2013 年度公益事业支出（万元）	2013 年度公益事业支出排名
2121	金陵科技学院教育发展基金会	48.00	310	1258.28	992	2078.00	286	2412.99	189
2122	九江市兆龙教育基金会	48.00	310	180.89	2924	—	—	16.95	2573
2123	句容市见义勇为基金会	48.00	310	1122.09	1086	—	—	43.93	2129
2124	连云港师范高等专科学校教育发展基金会	48.00	310	1651.77	810	551.90	768	113.88	1536
2125	连云港职业技术学院教育发展基金会	48.00	310	734.45	1422	154.00	1516	52.10	2016
2126	南京晓庄学院教育发展基金会	48.00	310	6258.13	279	1419.00	381	258.72	1039
2127	南通职业大学教育发展基金会	48.00	310	404.97	2037	305.80	1073	485.00	717
2128	内蒙古汇能慈善基金会	48.00	310	509.64	1763	—	—	45.00	2110
2129	宁夏固原市家谊爱心慈善助学济困基金会	48.00	310	174.86	2931	10.78	2354	33.87	2271
2130	宁夏科技创业基金会	48.00	310	2068.78	677	—	—	46.32	2088
2131	邳州市见义勇为基金会	48.00	310	518.28	1743	—	—	3.80	2796
2132	平罗县林光特教育基金会	48.00	310	202.63	2673	—	—	16.26	2588
2133	如东县见义勇为基金会	48.00	310	1016.28	1168	0.02	2549	2.41	2823
2134	厦门双十中学教育基金会	48.00	310	1517.65	864	287.80	1115	321.27	926
2135	山东省鲁卫预防性病艾滋病基金会	48.00	310	200.24	2762	65.00	1899	12.30	2663
2136	山东外事翻译职业学院教育基金会	48.00	310	228.11	2490	—	—	15.00	2633
2137	汕头市见义勇为基金会	48.00	310	424.56	1974	—	—	34.29	2267
2138	上海华东政法大学教育发展基金会	48.00	310	780.91	1382	338.88	1022	106.30	1581
2139	沈阳市见义勇为基金会	48.00	310	264.68	2360	—	—	48.80	2055
2140	四川省内江市东兴区教育基金会	48.00	310	867.36	1305	302.64	1077	455.59	746
2141	苏州农业职业技术学院教育发展基金会	48.00	310	2291.95	624	345.50	1012	207.50	1164

续表

序号	基金会名称	FTI 2015（分）	FTI 2015全国排名	2013年底净资产（万元）	2013年底净资产排名	2013年度捐赠收入（万元）	2013年度捐赠收入排名	2013年度公益事业支出（万元）	2013年度公益事业支出排名
2142	天津市佛教慈功德基金会	48.00	310	560.34	1676	144.02	1539	129.00	1457
2143	天津市翔宇教育基金会	48.00	310	648.40	1532	375.16	970	39.80	2193
2144	天津市张君秋艺术基金会	48.00	310	221.96	2521	—	—	25.99	2374
2145	天津市振兴京剧基金会	48.00	310	1090.16	1109	—	—	34.49	2263
2146	新疆维吾尔自治区陈逢干大学生助学基金会	48.00	310	31.69	3052	—	—	164.40	1313
2147	宿迁市扶贫基金会	48.00	310	136.55	2979	—	—	7.00	2751
2148	宿迁学院教育发展基金会	48.00	310	583.19	1632	85.06	1802	1361.00	338
2149	徐州市铜山区见义勇为基金会	48.00	310	—	—	—	—	1.50	2840
2150	云南省禁毒与防治艾滋病基金会	48.00	310	285.53	2315	—	—	1.00	2854
2151	重庆市社会救助基金会	48.00	310	1496.95	877	—	—	941.99	455
2152	重庆市彭水王应田教育基金会	48.00	310	546.42	1692	—	—	30.60	2316
2153	准格尔旗教育发展基金会	48.00	310	2404.17	603	—	—	152.82	1353
2154	广东省华南师大附中教育基金会	47.99	311	1809.17	769	621.34	712	286.92	988
2155	重庆市儿童医疗救助基金会	47.89	312	3809.34	427	890.44	551	551.29	664
2156	北京华彬文化基金会	47.87	313	5443.45	306	2900.00	214	1177.65	389
2157	华中师范大学教育发展基金会	47.86	314	8369.19	222	7365.24	73	3551.61	118
2158	辽宁省大连理工大学教育发展基金会	47.82	315	2859.45	529	2484.55	247	1765.82	267
2159	龙游县人民教育基金会	47.77	316	804.45	1358	141.53	1544	151.58	1356
2160	富阳市人民教育基金会	47.75	317	8861.05	207	1267.44	416	992.72	435
2161	上海国泰君安社会公益基金会	47.64	318	1515.98	866	1236.72	429	130.85	1447
2162	长沙市慈善基金会	47.56	319	—	—	1197.61	440	1968.35	243

249

续表

序号	基金会名称	FTI 2015（分）	FTI 2015 全国排名	2013 年底 净资产（万元）	2013 年底 净资产 排名	2013 年度 捐赠收入（万元）	2013 年度 捐赠收入 排名	2013 年度 公益事业 支出（万元）	2013 年度 公益事业 支出排名
2163	安徽黄山公益基金会	47.20	320	153.40	2961	—	—	20.00	2475
2164	安徽省金汇发展教育基金会	47.20	320	2767.17	544	—	—	90.20	1682
2165	白山市公安民警优抚基金会	47.20	320	351.20	2163	—	—	32.73	2285
2166	包头市奶产业风险基金会	47.20	320	178.73	2928	77.70	1837	70.00	1860
2167	北京观复文化基金会	47.20	320	674.25	1492	—	—	60.00	1935
2168	北京绿谷教育基金会	47.20	320	56.32	3045	—	—	0.15	2874
2169	北京市陆学艺社会学发展基金会	47.20	320	230.45	2479	9.00	2390	21.38	2448
2170	北京市志成教育基金会	47.20	320	506.83	1769	—	—	89.99	1684
2171	北京四存教育基金会	47.20	320	449.15	1912	204.10	1299	91.50	1672
2172	北京吴祖泽科技发展基金会	47.20	320	432.60	1956	561.25	762	600.00	631
2173	北京艺美公益基金会	47.20	320	263.80	2362	100.00	1737	34.35	2265
2174	北京原点文化经济创新基金会	47.20	320	238.24	2454	150.00	1523	122.79	1492
2175	北京中央戏剧学院教育发展基金会	47.20	320	236.31	2459	102.44	1709	96.36	1642
2176	滨海沿海工业园慈善基金会	47.20	320	593.53	1618	5.00	2437	58.40	1955
2177	常州轻工职业技术学院教育发展基金会	47.20	320	1328.47	956	164.50	1481	108.76	1569
2178	滁州市见义勇为基金会	47.20	320	450.66	1908	65.20	1896	12.81	2655
2179	东丰县见义勇为基金会	47.20	320	182.71	2918	—	—	15.11	2622
2180	福建自然门教育发展基金会	47.20	320	226.61	2499	300.00	1098	22.50	2426
2181	富源县雄达教育基金会	47.20	320	189.40	2902	—	—	106.60	1578
2182	赣榆县见义勇为基金会	47.20	320	4482.37	371	—	—	4.10	2789
2183	高要市教育基金会	47.20	320	903.31	1275	—	—	72.82	1820

续表

序号	基金名称	FTI 2015（分）	FTI 2015 全国排名	2013 年底净资产（万元）	2013 年底净资产排名	2013 年度捐赠收入（万元）	2013 年度捐赠收入排名	2013 年度公益事业支出（万元）	2013 年度公益事业支出排名
2184	广东省博物馆事业发展基金会	47.20	320	2294.41	623	65.00	1897	2.21	2825
2185	广东省德云文化慈善基金会	47.20	320	-67.35	3083	110.00	1673	373.30	857
2186	广东省见义勇为基金会	47.20	320	12235.93	139	—	—	432.03	775
2187	广东省老区建设基金会	47.20	320	2323.94	618	—	—	190.91	1216
2188	广东省青少年科学基金会	47.20	320	70.55	3033	—	—	11.06	2677
2189	广东省文物保护基金会	47.20	320	247.78	2418	—	—	78.91	1768
2190	广东省远大慈善基金会	47.20	320	136.85	2978	—	—	50.00	2041
2191	广宁县教育基金会	47.20	320	434.32	1949	119.66	1622	466.60	731
2192	广州市体育基金会	47.20	320	1993.59	713	41.00	—	—	2175
2193	贵州省毕节市见义勇为基金会	47.20	320	441.89	1932	33.03	2127	32.90	2283
2194	贵州省黔南州见义勇为基金会	47.20	320	417.44	1990	—	—	0.02	2880
2195	贵州省铜仁市见义勇为基金会	47.20	320	469.42	1849	—	—	0.90	2856
2196	哈尔滨市道里区慈善基金会	47.20	320	22734.64	64	—	—	150.44	1362
2197	哈尔滨市香坊区教育发展基金会	47.20	320	123.91	2992	75.04	1849	270.71	1011
2198	河南省银龄基金会	47.20	320	166.90	2946	—	—	15.06	2624
2199	河南省原动力公益基金会	47.20	320	203.62	2656	—	—	22.17	2435
2200	鹤岗市检察人员救助基金会	47.20	320	278.08	2333	50.00	2010	23.71	2410
2201	黑龙江省见义勇为奖励基金会	47.20	320	407.30	2026	12.00	2343	75.78	1797
2202	湖北省洪湖丰森助学基金会	47.20	320	204.95	2643	7.00	2413	16.00	2608
2203	湖南省桂阳县教育基金会	47.20	320	1947.72	726	197.78	1396	259.08	1037
2204	湖南省华容县教师奖励基金会	47.20	320	1309.11	965	820.13	590	823.31	496

续表

序号	基金会名称	FTI 2015（分）	FTI 2015全国排名	2013 年底净资产（万元）	2013 年底净资产排名	2013 年度捐赠收入（万元）	2013 年度捐赠收入排名	2013 年度公益事业支出（万元）	2013 年度公益事业支出排名
2205	湖南省浏阳市教育基金会	47.20	320	2387.22	607	59.55	1938	236.64	1096
2206	湖南省邵阳建国慈善基金会	47.20	320	455.51	1890	—	—	43.20	2137
2207	湖南省张家界永定区教育基金会	47.20	320	711.25	1444	89.87	1792	114.85	1528
2208	湖南育才关心青少年基金会	47.20	320	205.70	2636	—	—	21.20	2454
2209	淮安市关心下一代基金会	47.20	320	917.19	1265	—	—	171.20	1290
2210	江门市新会区教育基金会	47.20	320	945.37	1241	—	—	20.43	2465
2211	江苏博爱助困基金会	47.20	320	—	—	—	—	—	—
2212	江苏天地教育基金会	47.20	320	126.07	2990	90.00	1791	20.00	2479
2213	江苏言恭达文化基金会	47.20	320	269.55	2347	—	—	36.46	2233
2214	江西省"五个一工程"基金会	47.20	320	298.08	2287	—	—	5.52	2771
2215	姜堰市教育发展基金会	47.20	320	713.03	1442	5964.20	90	5658.86	79
2216	揭阳市见义勇为基金会	47.20	320	710.16	1446	—	—	3.80	2795
2217	澧县教师奖励基金会	47.20	320	728.24	1426	224.61	1243	143.61	1396
2218	辽宁省体育基金会	47.20	320	2823.23	534	—	—	707.65	563
2219	辽阳辽化教育奖励基金会	47.20	320	406.27	2030	—	—	15.54	2613
2220	沪县玉蟾教育基金会	47.20	320	535.95	1710	699.17	672	721.47	553
2221	马鞍山市见义勇为基金会	47.20	320	460.21	1873	—	—	5.50	2772
2222	茂名市见义勇为基金会	47.20	320	449.89	1910	—	—	11.05	2678
2223	梅州市见义勇为基金会	47.20	320	803.73	1360	30.00	2152	28.00	2346
2224	南京大吉慈善基金会	47.20	320	271.52	2342	—	—	25.00	2390
2225	南京工业大学教育发展基金会	47.20	320	8822.39	211	3049.60	202	7102.60	61

续表

序号	基金会名称	FTI 2015（分）	FTI 2015 全国排名	2013 年底净资产（万元）	2013 年底净资产排名	2013 年度捐赠收入（万元）	2013 年度捐赠收入排名	2013 年度公益事业支出（万元）	2013 年度公益事业支出排名
2226	南京师范大学泰州学院教育发展基金会	47.20	320	3271.57	471	2146.50	279	1282.43	359
2227	南京市溧水县见义勇为基金会	47.20	320	441.85	1933	—	—	6.87	2753
2228	南京市浦口区扶贫基金会	47.20	320	1320.31	961	—	—	228.57	1110
2229	南京市中小学生科技活动基金会	47.20	320	—	—	—	—	86.43	1714
2230	南通市港闸区见义勇为基金会	47.20	320	—	—	—	—	16.96	2572
2231	南通市通州区见义勇为基金会	47.20	320	1012.94	1177	—	—	8.42	2724
2232	内蒙古社会治安见义勇为基金会	47.20	320	466.87	1857	—	—	37.20	2226
2233	宁夏回族自治区法源交通事故基金会	47.20	320	—	—	—	—	8.00	2737
2234	宁夏伊品爱心基金会	47.20	320	13.98	3062	31.30	2137	182.60	1249
2235	清远市见义勇为基金会	47.20	320	3159.20	484	302.00	1081	96.38	1641
2236	饶平县教育基金会	47.20'	320	456.27	1885	—	—	2097.82	225
2237	如皋市见义勇为基金会	47.20	320	1055.51	1136	409.95	908	10.97	2681
2238	山西省代县雁门济困助学基金会	47.20	320	1230.52	1007	—	—	141.90	1402
2239	山西省关心下一代事业发展基金会	47.20	320	546.50	1691	—	—	19.60	2497
2240	山西省汇丰兴业集团公益基金会	47.20	320	102.63	3010	—	—	84.40	1726
2241	陕西省楠竹教育基金会	47.20	320	790.81	1372	—	—	52.50	2014
2242	汕头市潮阳区教育基金会	47.20	320	998.45	1194	—	—	25.57	2379
2243	上海钟笑炉集邮基金会	47.20	320	167.83	2944	25.56	2191	8.14	2729
2244	深圳市人口基金会	47.20	320	1147.90	1065	408.33	910	81.83	1741
2245	四川省资中教育基金会	47.20	320	1360.45	942	1582.31	353	1362.96	337
2246	苏州工艺美术职业技术学院教育发展基金会	47.20	320	2585.07	570	393.66	941	201.89	1187

续表

序号	基金会名称	FTI 2015（分）	FTI 2015 全国排名	2013 年底净资产（万元）	2013 年底净资产排名	2013 年度捐赠收入（万元）	2013 年度捐赠收入排名	2013 年度公益事业支出（万元）	2013 年度公益事业支出排名
2247	泰兴市见义勇为基金会	47.20	320	577.77	1642	—	—	7.17	2746
2248	泰州职业技术学院教育发展基金会	47.20	320	2640.76	561	1033.70	500	521.20	689
2249	天津市旅港同乡教育基金会	47.20	320	284.68	2318	—	—	8.95	2717
2250	天津市社会救助基金会	47.20	320	1397.96	924	—	—	5.90	2765
2251	天津市王克昌奖学基金会	47.20	320	824.53	1340	—	—	39.07	2204
2252	天津市自然科学团体活动基金会	47.20	320	197.89	2854	—	—	13.50	2646
2253	通化市公安民警优抚基金会	47.20	320	180.38	2925	—	—	19.00	2509
2254	无锡市文化遗产保护基金会	47.20	320	2615.36	566	89.00	1793	158.50	1332
2255	新化县教育基金会	47.20	320	1360.67	941	56.00	1955	127.89	1467
2256	新疆维吾尔自治区乌鲁木齐老年基金会	47.20	320	216.07	2561	—	—	0.47	2864
2257	新疆维吾尔自治区乌鲁木齐市职工送温暖工程基金会	47.20	320	1461.35	894	—	—	49.84	2044
2258	伊金霍洛旗王良爱心基金会	47.20	320	154.48	2960	—	—	45.50	2098
2259	云南聂耳音乐基金会	47.20	320	503.35	1779	—	—	17.43	2552
2260	云南孝感尊教育基金会	47.20	320	166.63	2947	—	—	13.21	2648
2261	长沙市公安民警互助基金会	47.20	320	2271.07	630	265.00	1151	183.10	1247
2262	镇江市京口区见义勇为基金会	47.20	320	1123.48	1084	—	—	25.76	2376
2263	正德职业技术学院教育基金会	47.20	320	1016.22	1169	29.20	2172	157.89	1335
2264	中国职工发展基金会	47.20	320	5241.06	321	30.00	2149	30.00	2328
2265	重庆市星星灾害救助基金会	47.20	320	218.14	2546	—	—	16.46	2585
2266	淄博市淄川区杨爱兼爱心救助基金会	47.20	320	216.93	2552	—	—	20.25	2468
2267	北京凯恩克劳斯经济研究基金会	47.15	321	1204.30	1023	100.00	1727	272.42	1007

续表

序号	基金会名称	FTI 2015（分）	FTI 2015 全国排名	2013 年底 净资产（万元）	2013 年底 净资产 排名	2013 年度 捐赠收入（万元）	2013 年度 捐赠收入 排名	2013 年度 公益事业 支出（万元）	2013 年度 公益事业 支出排名
2268	重庆市武隆县扶贫基金会	47.03	322	467.95	1855	568.27	757	282.62	990
2269	北京中央音乐学院教育基金会	47.02	323	1412.09	919	1168.00	448	97.54	1628
2270	中国人权发展基金会	46.97	324	2282.93	627	3542.82	173	5761.71	77
2271	宁夏回族自治区维宗博爱基金会	46.92	325	13.51	3063	63.15	1909	185.77	1233
2272	成都市成华区爱心教育基金会	46.85	326	1082.26	1114	453.41	853	300.48	966
2273	北京九三王选关怀基金会	46.79	327	363.48	2138	302.43	1078	187.73	1222
2274	上海市爱心帮教基金会	46.79	327	3266.31	472	178.84	1445	169.15	1299
2275	四川省宜宾市教育基金会	46.79	327	5609.75	299	5003.93	119	9197.49	46
2276	南京市江宁区教育发展基金会	46.77	328	1350.36	946	813.60	592	309.61	950
2277	上海市九段沙湿地自然保护基金会	46.76	329	541.68	1698	1.50	2503	14.35	2637
2278	上海商学院教育发展基金会	46.74	330	322.82	2216	157.11	1510	35.00	2256
2279	中国人寿慈善基金会	46.73	331	13281.82	124	4205.15	147	3052.94	135
2280	上海科技发展基金会	46.72	332	3167.89	483	63.60	1905	2540.91	173
2281	辽宁省公益基金会	46.70	333	306.01	2253	241.44	1204	209.70	1159
2282	长沙市教育基金会	46.66	334	2205.11	641	379.00	965	425.66	780
2283	北京戏曲艺术教育基金会	46.60	335	637.16	1548	21.35	2217	111.05	1554
2284	大连市洁华艺术人才基金会	46.41	336	221.05	2529	—	—	25.50	2382
2285	北京电影学院教育基金会	46.40	337	634.01	1555	500.00	806	39.75	2194
2286	大庆市公安民警教助基金会	46.40	337	829.59	1336	—	—	204.53	1176
2287	广东省东风风广阳光大爱基金会	46.40	337	123.69	2993	1186.08	445	1217.61	372
2288	广东省方圆公益基金会	46.40	337	856.13	1315	652.03	696	485.97	715

255

续表

序号	基金会名称	FTI 2015 (分)	FTI 2015 全国排名	2013 年底 净资产 (万元)	2013 年底 净资产 排名	2013 年度 捐赠收入 (万元)	2013 年度 捐赠收入 排名	2013 年度 公益事业 支出(万元)	2013 年度 公益事业 支出排名
2289	吉林省残疾人福利基金会	46.40	337	413.56	2007	632.11	705	722.96	552
2290	牡丹江市公安民警救助基金会	46.40	337	1783.08	774	20.00	2235	186.80	1227
2291	欧美同学基金会	46.40	337	210.09	2597	—	—	—	—
2292	齐齐哈尔市见义勇为奖励基金会	46.40	337	302.63	2265	160.00	1498	1.00	2852
2293	山东墨子基金会	46.40	337	206.40	2627	100.00	1741	99.47	1622
2294	苏州汇凯爱心基金会	46.40	337	144.81	2971	4.00	2459	12.10	2665
2295	长春市青少年发展基金会	46.40	337	227.83	2491	35.27	2106	18.34	2522
2296	北京市书院中国文化发展基金会	46.30	338	203.42	2661	160.00	1500	148.10	1377
2297	哈尔滨市见义勇为奖励基金会	46.25	339	—	—	—	—	26.75	2363
2298	四川飞行教育基金会	46.25	339	428.96	1965	8.84	2392	39.44	2198
2299	广东省天柱慈善基金会	46.19	340	218.13	2547	264.60	1152	238.85	1089
2300	安徽省儿童少年基金会	46.11	341	593.35	1619	324.61	1042	289.39	981
2301	连云港正大天晴爱心基金会	45.96	342	790.49	1374	306.10	1071	76.12	1794
2302	四川成都蓝光助学基金会	45.94	343	303.22	2263	236.14	1221	337.68	901
2303	惠来县教育基金会	45.83	344	484.39	1823	91.15	1781	92.34	1664
2304	江苏梦之蓝公益基金会	45.74	345	—	—	670.03	689	272.43	1006
2305	湖北省武汉中学教育发展基金会	45.61	346	223.84	2512	19.80	2261	433.55	770
2306	北京民生中国书法公益基金会	45.60	347	10021.55	185	—	—	—	—
2307	北京青少年科学基金会	45.60	347	515.46	1750	5.00	2433	143.13	1398
2308	北京市刘光鼎地球物理科学基金会	45.60	347	211.00	2593	—	—	42.87	2145
2309	广东省广州大学附属中学教育发展基金会	45.60	347	681.71	1485	770.20	622	246.13	1068

续表

序号	基金会名称	FTI 2015（分）	FTI 2015 全国排名	2013 年底净资产（万元）	2013 年底净资产 排名	2013 年度捐赠收入（万元）	2013 年度捐赠收入 排名	2013 年度公益事业支出（万元）	2013 年度公益事业支出排名
2310	湖南省职工扶贫基金会	45.60	347	1047.22	1145	—	—	68.70	1868
2311	湖南省湘阴县教师奖励基金会	45.41	348	891.02	1285	56.65	1951	69.86	1862
2312	衡阳县教育基金会	45.32	349	617.95	1576	42.27	2056	41.29	2174
2313	南京市残疾人福利基金会	45.31	350	506.79	1770	177.74	1448	257.78	1043
2314	北京市公安民警抚助基金会	45.22	351	5192.12	323	1640.50	344	1309.51	348
2315	河南省宋庆龄基金会	45.21	352	222790.68	4	20085.81	24	82928.12	3
2316	从化市教育基金会	45.20	353	740.57	1421	268.48	1143	167.74	1307
2317	金华市见义勇为基金会	45.20	353	933.57	1251	8.50	2398	111.40	1551
2318	天津市滨海社会救助基金会	45.19	354	256.97	2381	56.00	1956	67.32	1879
2319	河北省佛教慈善基金会	45.16	355	778.91	1384	392.74	943	317.04	935
2320	安徽省青年创业就业基金会	45.03	356	806.29	1354	193.60	1408	633.01	607
2321	安徽省见义勇为基金会	45.02	357	1154.89	1058	101.00	1718	71.25	1842
2322	辽宁省残疾人福利基金会	44.95	358	666.45	1497	129.98	1589	308.71	953
2323	海门市见义勇为基金会	44.93	359	1829.72	761	10.00	2364	19.10	2504
2324	青岛市青少年发展基金会	44.93	359	662.63	1505	737.57	641	749.99	540
2325	启东市见义勇为基金会	44.92	360	1264.66	987	96.60	1760	50.32	2032
2326	北京 SMC 教育基金会	44.87	361	5077.96	333	600.00	727	383.91	838
2327	天诺慈善基金	44.86	362	936.84	1244	—	—	895.06	469
2328	广东省福德慈善基金会	44.80	363	241.35	2440	100.00	1739	100.00	1617
2329	宁夏回族自治区见义勇为基金会	44.80	363	479.39	1831	—	—	3.07	2807
2330	秦皇岛市志愿服务基金会	44.80	363	474.97	1834	149.37	1526	161.83	1323

续表

序号	基金会名称	FTI 2015（分）	FTI 2015 全国排名	2013 年底 净资产（万元）	2013 年底 净资产 排名	2013 年度 捐赠收入（万元）	2013 年度 捐赠收入 排名	2013 年度 公益事业 支出（万元）	2013 年度 公益事业 支出排名
2331	青岛市残疾儿童医疗康复基金会	44.80	363	540.05	1700	80.63	1821	54.52	1995
2332	山西省宿富助学奖学基金会	44.80	363	64.24	3039	—	—	81.78	1742
2333	山西省晋驹科教基金会	44.80	363	939.69	1242	—	—	80.00	1763
2334	潍坊市人口关爱基金会	44.80	363	566.44	1665	136.97	1566	172.38	1286
2335	新沂市见义勇为基金会	44.80	363	—	—	—	—	0.50	2863
2336	北京老合文艺基金会	44.67	364	331.44	2194	21.44	2215	33.25	2280
2337	南京医科大学教育发展基金会	44.62	365	5551.77	302	2353.99	262	1848.86	253
2338	广东省华南理工大学广州学院教育发展基金会	44.58	366	202.03	2688	338.00	1023	166.30	1309
2339	广东省华南农业大学教育发展基金会	44.55	367	2891.03	524	2478.06	248	562.80	654
2340	山东省胜利石油工程技术创新基金会	44.54	368	342.71	2177	—	—	27.95	2348
2341	高邮市慈善基金会	44.52	369	1865.12	749	1023.80	506	919.91	460
2342	苏州市儿童少年基金会	44.52	369	645.75	1538	79.51	1827	109.10	1566
2343	雅安市教育基金会	44.51	370	4013.80	406	5452.49	104	2503.15	176
2344	广州市时代地产公益基金会	44.43	371	1024.52	1161	3267.33	183	2395.38	191
2345	汕尾市扶贫基金会	44.41	372	1826.15	765	4785.11	127	3981.11	107
2346	深圳市百年行知慈善基金会	44.40	373	192.32	2885	200.00	1383	—	—
2347	洛阳市河洛文物保护基金会	44.38	374	201.60	2699	20.00	2255	16.07	2598
2348	江苏邦德爱心基金会	44.37	375	241.37	2439	53.30	1976	116.70	1520
2349	安徽省阳光爱心慈善基金会	44.33	376	197.19	2858	5.83	2425	14.79	2636
2350	广州市番禺区向贤社会福利基金会	44.30	377	1145.54	1068	—	—	51.52	2022
2351	江苏南航金城教育发展基金会	44.15	378	11495.53	147	10.00	2363	410.49	799

续表

序号	基金会名称	FTI 2015（分）	FTI 2015 全国排名	2013 年底净资产（万元）	2013 年底净资产排名	2013 年度捐赠收入（万元）	2013 年度捐赠收入排名	2013 年度公益事业支出（万元）	2013 年度公益事业支出排名
2352	乐至县教育基金会	44.13	379	731.02	1424	93.40	1774	119.86	1507
2353	哈尔滨市道里区残疾人福利基金会	44.12	380	445.46	1922	70.00	1874	137.00	1419
2354	广东省广州美术学院教育发展基金会	44.11	381	1378.70	933	1123.46	470	231.69	1102
2355	北京河南进京务工创业人员志愿服务基金会	44.10	382	486.31	1819	—	—	60.87	1929
2356	福建农林大学教育发展基金会	44.06	383	1686.09	801	1069.43	489	140.08	1407
2357	山东理工大学教育发展基金会	44.00	384	432.93	1955	204.54	1298	135.00	1430
2358	中国宋庆龄基金会	44.00	384	29900.26	45	—	—	—	—
2359	舟山市定海区人民教育基金会	44.00	384	1138.95	1071	502.31	801	395.14	819
2360	江苏沙钢公益基金会	43.96	385	1405.02	922	189.14	1419	121.52	1497
2361	上海国际经济交流基金会	43.85	386	1264.61	988	—	—	58.59	1954
2362	上海吴孟超医学科技基金会	43.82	387	1910.16	738	506.79	795	1811.08	261
2363	北京市中华世纪坛艺术基金会	43.75	388	400.63	2060	59.51	1939	72.64	1822
2364	广西壮族自治区扶贫基金会	43.73	389	3618.75	446	270.69	1136	343.15	896
2365	上海市防癌抗癌事业发展基金会	43.68	390	853.75	1318	17.10	2288	47.45	2071
2366	北京华亚艺术基金会	43.61	391	212.90	2575	175.00	1454	157.09	1339
2367	北京市阳光保险爱心基金会	43.60	392	447.95	1915	613.70	719	252.68	1056
2368	哈尔滨师范大学教育发展基金会	43.54	393	1053.67	1138	166.91	1474	78.77	1769
2369	临沂市见义勇为基金会	43.53	394	1535.28	856	130.00	1587	311.24	945
2370	广东省禁毒基金会	43.46	395	7731.40	236	90.07	1787	93.52	1657
2371	成都贺麟教育基金会	43.35	396	220.43	2533	221.26	1250	164.14	1314
2372	南宁市教育基金会	43.35	396	2023.54	695	1483.66	368	1072.37	409

续表

序号	基金会名称	FTI 2015 (分)	FTI 2015 全国排名	2013年底净资产 (万元)	2013年底净资产排名	2013年度捐赠收入 (万元)	2013年度捐赠收入排名	2013年度公益事业支出 (万元)	2013年度公益事业支出排名
2373	南京新城市慈善基金会	43.22	397	188.60	2904	363.00	989	176.50	1269
2374	北京华严慈善基金	43.20	398	226.86	2497	56.46	1954	75.34	1805
2375	北京节能与电力技术开发基金会	43.20	398	831.64	1334	—	—	27.23	2357
2376	东南大学教育基金会	43.20	398	45784.54	28	3268.54	182	3724.53	115
2377	江苏光彩事业基金会	43.11	399	313.58	2230	596.50	731	520.67	690
2378	北京对外经济贸易大学教育基金会	43.05	400	5902.03	290	2857.03	217	1273.91	360
2379	广东省卓越慈善基金会	43.02	401	383.85	2107	—	—	54.20	2000
2380	晋江市青阳教育发展基金会	42.95	402	4599.37	362	2230.35	272	2059.29	232
2381	北京塔黎教育基金会	42.85	403	200.67	2732	33.35	2124	33.44	2276
2382	陕西省西部发展基金会	42.80	404	511.30	1759	65.64	1893	45.56	2097
2383	广东省正义阳光救助基金会	42.79	405	193.83	2876	15.01	2307	22.16	2436
2384	山西省健康促进基金会	42.48	406	1215.25	1016	700.00	668	4.12	2788
2385	河北慈氏基金会	42.46	407	170.49	2940	27.22	2182	66.52	1889
2386	湖北省扶贫基金会	42.46	407	10393.05	176	3821.63	161	4048.44	104
2387	河南省爱心助老基金会	42.40	408	429.97	1962	438.97	868	369.61	862
2388	黑龙江省齐齐哈尔市残疾人福利基金会	42.40	408	511.51	1758	168.08	1473	55.45	1985
2389	黑龙江省直机关职工爱心救助基金会	42.40	408	129.22	2987	—	—	313.75	942
2390	山东省胜利油田地学开拓基金会	42.40	408	946.06	1239	100.20	1722	83.74	1733
2391	新疆大学教育基金会	42.40	408	321.40	2219	30.00	2160	60.00	1937
2392	盐城市李风祥助学扶困基金会	42.40	408	200.89	2724	104.67	1692	113.52	1541
2393	云南省视界留学基金会	42.40	408	118.51	2999	—	—	170.00	1297

续表

序号	基金会名称	FTI 2015（分）	FTI 2015 全国排名	2013 年底 净资产（万元）	2013 年底 净资产 排名	2013 年度 捐赠收入（万元）	2013 年度 捐赠收入 排名	2013 年度 公益事业 支出（万元）	2013 年度 公益事业 支出排名
2394	佛山市建设文化事业基金会	42.37	409	352.43	2161	—	—	48.44	2060
2395	贵州省贵阳市见义勇为基金会	42.34	410	495.58	1805	0.83	2519	135.74	1426
2396	江西省德兴市教育基金会	42.22	411	316.10	2226	—	—	30.22	2322
2397	北京中国政法大学教育基金会	42.11	412	7218.83	247	4083.95	151	1922.04	245
2398	宁夏宝塔慈智慈善基金会	42.11	412	3.53	3069	320.00	1049	476.78	726
2399	广州市老龄事业发展基金会	42.10	413	1521.56	861	113.02	1650	56.22	1974
2400	淮安市见义勇为基金会	42.09	414	10581.30	169	2065.95	289	89.32	1690
2401	武汉市青少年发展基金会	42.09	414	1833.97	759	940.21	531	760.33	533
2402	南通市崇川区见义勇为基金会	42.07	415	930.37	1255	273.33	1131	13.97	2642
2403	广州市番禺区见义勇为研究基金会	42.04	416	3691.18	438	—	—	73.87	1814
2404	北京卓越企业家成长研究基金会	42.02	417	207.56	2619	174.25	1456	172.90	1285
2405	宁夏回族自治区残疾人福利基金会	42.01	418	1913.82	737	776.95	619	563.20	653
2406	青岛市教育发展基金会	41.97	419	8052.97	229	3435.58	176	1400.64	327
2407	湖北省教育基金会	41.85	420	11297.96	150	1784.39	329	957.92	445
2408	黄冈市见义勇为基金会	41.84	421	411.28	2014	—	—	30.72	2313
2409	湖北省红十字基金会	41.80	422	1012.99	1176	41.55	2064	33.36	2277
2410	宁夏青年创业就业基金会	41.75	423	362.56	2140	—	—	38.45	2209
2411	仪征万博慈善基金会	41.74	424	—	—	704.00	663	48.90	2054
2412	四川省汶川地震灾区重建基金会	41.67	425	967.23	1222	1892.66	311	1558.09	293
2413	广东省王素贤教育基金会	41.60	426	208.01	2616	—	—	19.23	2500
2414	湖南省文艺创作扶助基金会	41.60	426	949.80	1238	100.00	1730	81.36	1746

续表

序号	基金名称	FTI 2015（分）	FTI 2015全国排名	2013 年底净资产（万元）	2013 年底净资产排名	2013 年度捐赠收入（万元）	2013 年度捐赠收入排名	2013 年度公益事业支出（万元）	2013 年度公益事业支出排名
2415	宁波市戏曲艺术发展基金会	41.60	426	262.51	2366	—	—	—	—
2416	睢宁县慈善基金会	41.60	426	2166.02	649	835.80	582	128.53	1462
2417	台州市黄岩区教育发展基金会	41.60	426	402.86	2050	—	—	—	—
2418	西藏青少年发展基金会	41.60	426	1067.70	1128	801.85	600	862.46	478
2419	仙居县人民教育基金会	41.60	426	889.70	1288	—	—	1037.20	421
2420	永嘉县人民教育基金会	41.60	426	582.46	1633	617.19	717	551.92	663
2421	浙江省国际茶人之家基金会	41.60	426	255.02	2388	3.00	2475	17.86	2542
2422	北京中国美术馆事业发展基金会	41.56	427	442.36	1929	200.00	1329	21.28	2452
2423	大庆市老年福利基金会	41.55	428	1002.02	1186	38.00	2091	101.41	1601
2424	福建华侨大学教育基金会	41.29	429	17358.25	96	5399.55	105	2174.90	217
2425	辽宁省见义勇为基金会	41.28	430	366.25	2136	—	—	231.56	1103
2426	昆山市党员关爱暨帮扶困难群众基金会	41.20	431	10855.37	159	749.39	633	1207.60	375
2427	三门县人民教育基金会	41.20	431	24.20	3055	—	—	—	—
2428	大连市见义勇为基金会	41.14	432	2248.10	635	—	—	138.00	1415
2429	北京财贸学院校友促进教育基金会	40.83	433	242.34	2434	0.48	2528	42.48	2150
2430	江苏协力爱暮基金会	40.80	434	251.65	2400	—	—	23.00	2418
2431	宁波市残疾人福利基金会	40.80	434	568.98	1657	0.22	2539	15.00	2632
2432	乌鲁木齐市见义勇为基金会	40.80	434	1396.75	925	269.07	1141	76.48	1790
2433	湘潭市教育发展基金会	40.80	434	2035.87	689	706.68	660	704.39	566
2434	北京绿色未来环境基金会	40.69	435	2219.64	638	—	—	180.30	1258
2435	新疆红石慈善基金会	40.63	436	465.84	1859	196.51	1399	134.43	1432

续表

序号	基金会名称	FTI 2015（分）	FTI 2015 全国排名	2013 年底净资产（万元）	2013 年底净资产排名	2013 年度捐赠收入（万元）	2013 年度捐赠收入排名	2013 年度公益事业支出（万元）	2013 年度公益事业支出排名
2436	湖北省仙桃见义勇为基金会	40.56	437	776.91	1387	398.97	934	26.64	2364
2437	北京绿能煤炭经济研究基金会	40.46	438	916.07	1267	—	—	85.80	1719
2438	海门市慈善基金会	40.46	438	4208.28	388	1303.10	408	1226.22	370
2439	泰安市社会治安见义勇为奖励基金会	40.42	439	677.96	1487	19.00	2266	97.43	1630
2440	福州见义勇为基金会	40.40	440	1305.33	968	15.61	2306	440.33	762
2441	涟水县见义勇为基金会	40.36	441	539.68	1701	6.00	2422	11.74	2672
2442	广东省消防救助基金会	40.19	442	3028.09	500	1195.88	441	227.39	1113
2443	锦州市公安民警救助基金会	40.07	443	1111.98	1094	138.19	1559	124.51	1485
2444	广东省老年基金会	40.05	444	378.91	2114	35.15	2107	43.40	2135
2445	河南省老区建设基金会	40.02	445	1962.11	722	—	—	53.80	2005
2446	北京市国际高尔夫发展基金会	40.00	446	201.69	2696	63.79	1904	65.17	1899
2447	哈尔滨市香坊区残疾人福利基金会	40.00	446	523.15	1734	2.99	2477	9.43	2711
2448	辽宁省大连交通大学教育发展基金会	40.00	446	635.81	1553	61.43	1925	108.76	1568
2449	温州医科大学教育发展基金会	40.00	446	344.11	2175	143.80	1540	—	—
2450	新疆巴音郭楞蒙古自治州送温暖工程基金会	40.00	446	894.02	1282	—	—	465.94	733
2451	河南省宋河老子国学教育基金会	39.98	447	2564.65	574	563.23	758	386.67	834
2452	深圳市社会福利基金会	39.98	447	3059.96	495	437.25	872	364.88	869
2453	重庆师范大学教育发展基金会	39.84	448	787.41	1377	116.20	1630	37.90	2213
2454	江苏华仁扶贫发展基金会	39.81	449	2192.87	644	11600.00	41	413.75	793
2455	上海工商界爱国建设特种基金会	39.76	450	19805.62	78	—	—	573.67	649
2456	湖北感湖中学青龙教育发展基金会	39.67	451	240.09	2445	24.15	2203	31.24	2306

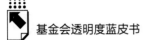

续表

序号	基金会名称	FTI 2015（分）	FTI 2015 全国排名	2013 年底净资产（万元）	2013 年底净资产排名	2013 年度捐赠收入（万元）	2013 年度捐赠收入排名	2013 年度公益事业支出（万元）	2013 年度公益事业支出排名
2457	辽宁省大连海事大学教育发展基金会	39.65	452	1035.69	1152	513.96	789	170.01	1296
2458	深圳市慈助慈善基金会	39.60	453	182.00	2920	—	—	—	—
2459	北京春苗儿童救助基金会	39.20	454	700.38	1463	1260.36	421	1010.78	428
2460	宁波市海曙区人民教育基金会	38.80	455	3011.24	503	2.00	2493	6.00	2764
2461	河北省卓达养老基金会	38.46	456	348.78	2167	—	—	56.29	1973
2462	北京市希思科临床肿瘤学研究基金会	38.40	457	1147.51	1066	1461.15	373	671.33	583
2463	广西医学教育与科学研究发展基金会	38.38	458	451.99	1903	30.00	2156	13.23	2647
2464	厦门市红十字基金会	38.38	458	6275.28	278	1893.55	310	1983.23	241
2465	张学良教育基金会	38.34	459	3632.40	444	5911.29	94	5699.52	78
2466	广东省卓如医疗慈善教助基金会	38.29	460	389.62	2099	3688.50	164	3577.59	117
2467	新疆维吾尔自治区残疾人福利基金会	38.20	461	344.30	2174	256.70	1164	74.20	1810
2468	河南省浙鑫助残救孤基金会	37.72	462	200.37	2749	45.86	2036	41.55	2166
2469	安徽省潜山县野寨中学教育发展基金会	37.69	463	697.18	1467	748.77	635	476.40	727
2470	云南省普洱市教育基金会	37.68	464	452.62	1901	62.10	1915	173.40	1282
2471	江苏海协教育基金会	37.65	465	244.65	2430	—	—	117.72	1517
2472	常州市见义勇为基金会	37.60	466	25396.07	56	6177.19	86	368.15	863
2473	杭州市金成高尔夫体育发展基金会	37.60	466	203.35	2662	—	—	—	—
2474	河南省金教育发展基金会	37.60	466	1537.79	854	—	—	—	—
2475	靖江市见义勇为基金会	37.60	466	797.48	1363	—	—	5.85	2767
2476	辽宁现代公益扶助基金会	37.60	466	201.03	2721	—	—	—	—
2477	辽宁省妇女儿童基金会	37.44	467	1093.07	1107	214.44	1270	114.38	1535

续表

序号	基金会名称	FTI 2015 (分)	FTI 2015 全国排名	2013 年底净资产 (万元)	2013 年底净资产排名	2013 年度捐赠收入 (万元)	2013 年度捐赠收入排名	2013 年度公益事业支出(万元)	2013 年度公益事业支出排名
2478	湖南惠民农村留守儿童学前教育基金会	37.33	468	837.66	1329	464.20	838	380.93	849
2479	无锡职业技术学院教育发展基金会	37.31	469	136.88	2977	702.98	664	807.12	505
2480	银川市人民群众见义勇为基金会	37.28	470	458.15	1881	—	—	7.50	2743
2481	湖南省步步高福光慈善普基金会	36.94	471	648.48	1530	168.69	1471	88.25	1697
2482	广东省惠民慈善基金会	36.80	472	211.65	2586	10.00	2376	—	—
2483	山西省扶贫基金会	36.80	472	3548.50	450	2.30	2485	156.07	1343
2484	广东省绿景慈善基金会	36.79	473	201.17	2715	6.21	2417	6.21	2762
2485	江苏中大公益慈善基金会	36.73	474	5060.64	336	—	—	262.92	1027
2486	新奥公益慈善基金会	36.73	474	244.46	2431	1898.31	309	2598.61	165
2487	北京扶助贫困儿童就医健康基金会	36.66	475	855.75	1317	458.62	846	385.79	836
2488	合肥工业大学教育基金会	36.64	476	4857.11	353	3168.30	194	2590.94	168
2489	广西李宁宁基金会	36.63	477	506.84	1768	399.67	932	242.21	1083
2490	常熟理工学院教育发展基金会	36.56	478	2690.59	554	2076.98	287	2567.12	170
2491	广西启明扶助基金会	36.49	479	510.58	1761	—	—	48.90	2053
2492	滨州市见义勇为基金会	36.48	480	1221.16	1011	135.45	1572	61.57	1921
2493	湖北文理学院教育发展基金会	36.20	481	1000.91	1190	527.00	782	1858.80	252
2494	厦门市翔安区教育基金会	36.17	482	2746.06	546	1150.68	457	1028.72	423
2495	都江堰市教育发展基金会	36.12	483	1414.44	916	231.14	1228	191.76	1212
2496	张家港市慈善基金会	36.07	484	3782.29	431	913.24	543	1521.22	302
2497	长沙市关心下一代基金会	36.05	485	632.30	1558	—	—	26.51	2365
2498	泉州九中柳文玥助学奖学奖教基金会	36.04	486	238.53	2453	3.95	2461	18.10	2526

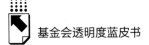
续表

序号	基金会名称	FTI 2015（分）	FTI 2015 全国排名	2013 年底 净资产 （万元）	2013 年底 净资产 排名	2013 年度 捐赠收入 （万元）	2013 年度 捐赠收入 排名	2013 年度 公益事业 支出（万元）	2013 年度 公益事业 支出排名
2499	湖南省长郡未来基金会	36.01	487	646.57	1536	477.00	827	97.09	1635
2500	辽宁省国防教育基金会	36.00	488	387.46	2101	—	—	—	—
2501	厦门市集美社公业教育基金会	35.70	489	461.94	1870	160.00	1497	149.84	1372
2502	南京林业大学教育发展基金会	35.68	490	20230.50	72	3224.46	188	396.80	816
2503	黑龙江大学教育发展基金会	35.67	491	398.14	2087	77.77	1836	382.55	844
2504	北京市精益职业教育基金会	35.60	492	346.51	2169	0.50	2526	110.00	1562
2505	中关村教育基金会	35.60	492	195.37	2869	300.00	1096	300.00	967
2506	北京文化艺术基金会	35.53	493	561.83	1670	505.00	799	712.98	558
2507	青岛市残疾人福利基金会	35.15	494	1029.12	1156	379.53	964	263.43	1026
2508	揭阳市志英助学基金会	34.99	495	245.44	2427	50.00	2013	88.70	1694
2509	北京工业大学教育基金会	34.85	496	711.43	1443	164.72	1479	99.29	1623
2510	福建尚德教育基金会	34.80	497	5580.90	301	536.40	780	498.11	703
2511	广东省陈德良慈善基金会	34.70	498	2002.24	707	41.45	2066	46.15	2091
2512	连云港市新浦区慈善基金会	34.63	499	520.68	1740	140.70	1547	90.99	1676
2513	天津市网球发展基金会	34.51	500	1383.91	929	129.67	1590	306.00	957
2514	广东省广济慈善基金会	34.40	501	182.59	2919	—	—	68.87	1867
2515	南京市见义勇为基金会	34.40	501	4079.91	398	—	—	77.39	1778
2516	晋江市英林中学教育基金会	34.39	502	503.91	1777	195.00	1403	118.01	1515
2517	太仓市慈善基金会	34.39	502	2457.57	594	1427.69	378	423.29	783
2518	辽宁省周延慈善基金会	34.31	503	191.17	2892	85.00	1805	84.20	1728
2519	寿宁县教育发展基金会	34.27	504	1885.26	745	330.50	1031	196.50	1202

续表

序号	基金会名称	FTI 2015（分）	FTI 2015 全国排名	2013 年底净资产（万元）	2013 年底净资产排名	2013 年度捐赠收入（万元）	2013 年度捐赠收入排名	2013 年度公益事业支出（万元）	2013 年度公益事业支出排名
2520	昆山市慈善基金会	34.20	505	9151.17	202	6154.40	87	2006.54	239
2521	黑龙江省体育发展基金会	34.00	506	—	—	160.07	1494	22.39	2432
2522	湖南省袁隆平农业科技奖励基金会	33.60	507	1992.71	714	—	—	10.81	2685
2523	江苏省华夏三农事业发展基金会	33.60	507	265.42	2358	81.50	1815	105.74	1584
2524	顺丰公益基金会	33.60	507	14.68	3061	—	—	—	—
2525	福建集美大学教育发展基金会	33.44	508	11560.74	146	1655.56	340	875.63	473
2526	河南省老龄产业发展基金会	33.20	509	290.99	2301	—	—	—	—
2527	吉林省惠慈健康发展基金会	33.20	509	—	—	250.11	1173	136.20	1423
2528	广东省棕榈园林公益基金会	32.82	510	206.21	2630	155.56	1513	279.28	994
2529	响水县见义勇为基金会	32.80	511	—	—	25.73	2188	1.30	2844
2530	舟山市农业技术推广基金会	32.80	511	1531.84	858	—	—	157.22	1337
2531	牡丹江市老年福利基金会	32.60	512	487.45	1818	4.00	2456	72.11	1829
2532	苏州市慈善基金会	32.55	513	4180.69	390	3306.96	179	2186.33	214
2533	北京康盟慈善基金会	32.40	514	358.73	2147	2553.85	239	2067.83	231
2534	深圳市徐森慈善基金会	32.40	514	251.31	2403	124.27	1600	—	—
2535	淮安昱昊创业基金会	31.98	515	256.90	2382	—	—	41.45	2168
2536	淮安市慈善基金会	31.91	516	6805.42	260	733.44	644	925.92	458
2537	汕头市潮海区教育基金会	31.65	517	756.74	1405	162.80	1486	179.30	1261
2538	宁夏医学科研教育基金会	31.63	518	602.53	1605	271.16	1135	151.07	1357
2539	山东科技大学教育发展基金会	31.46	519	1139.64	1070	178.23	1446	260.62	1034
2540	北京中央民族大学教育基金会	31.37	520	2965.47	513	409.27	909	1206.05	376

续表

序号	基金会名称	FTI 2015（分）	FTI 2015 全国排名	2013 年底 净资产（万元）	2013 年底 净资产 排名	2013 年度 捐赠收入（万元）	2013 年度 捐赠收入 排名	2013 年度 公益事业 支出（万元）	2013 年度 公益事业 支出排名
2541	苏州高新区慈善基金会	30.92	521	1075.26	1118	465.83	836	304.72	961
2542	牡丹江师范学院教育发展基金会	30.85	522	295.12	2292	54.91	1968	39.09	2202
2543	大丰市慈善基金会	30.41	523	689.08	1475	401.94	923	390.98	827
2544	湖南省浏阳市田家炳中学教育基金会	30.15	524	473.64	1836	69.46	1880	110.86	1558
2545	广东省体育基金会	30.01	525	5899.06	291	500.00	804	1077.01	408
2546	温州市优秀历史文化保护发展基金会	30.00	526	872.04	1302	—	—	143.50	1397
2547	南京交通职业技术学院教育发展基金会	29.87	527	1493.68	879	412.47	901	1369.65	333
2548	保定军校基金会	29.83	528	1549.52	852	5.69	2427	225.72	1119
2549	常宁市教育基金会	29.47	529	702.60	1457	66.12	1890	88.83	1693
2550	青海省福瑞慈善基金会	29.20	530	561.11	1674	504.38	800	309.12	952
2551	上海富国环保公益基金会	29.20	530	202.80	2670	30.00	2164	22.15	2437
2552	河南省豫金文化基金会	28.89	531	200.53	2737	—	—	15.06	2623
2553	南京市江宁区见义勇为基金会	28.82	532	819.55	1344	20.00	2240	16.07	2596
2554	广东省顺商公益基金会	28.80	533	320.41	2221	63.30	1906	—	—
2555	上海慈源爱心基金会	28.00	534	201.52	2703	16.00	2301	16.00	2606
2556	鸡西市残疾人福利基金会	27.80	535	142.40	2974	75.90	1843	75.68	1799
2557	厦门残疾人福利基金会	27.69	536	1013.18	1175	590.57	738	480.99	720
2558	苏州市法律援助基金会	27.59	537	2071.14	676	80.00	1824	140.13	1406
2559	安阳市教育基金会	27.50	538	580.34	1636	52.52	1984	57.65	1963
2560	吴江盛虹爱心基金会	27.31	539	239.07	2448	—	—	89.00	1692
2561	湖南省公安民警基金会	27.16	540	13349.34	123	2169.30	277	1448.72	317

续表

序号	基金会名称	FTI 2015 (分)	FTI 2015 全国排名	2013 年底 净资产 (万元)	2013 年底 净资产 排名	2013 年度 捐赠收入 (万元)	2013 年度 捐赠收入 排名	2013 年度 公益事业 支出 (万元)	2013 年度 公益事业 支出排名
2562	江西省绿化基金会	26.40	541	1200.59	1027	—	—	0.51	2862
2563	上海沪利历史建筑和都市改造基金会	26.40	541	95.05	3022	—	—	3.55	2802
2564	上海刘浩清公益基金会	26.40	541	186.01	2913	—	—	—	—
2565	盐城工学院教育发展基金会	26.20	542	1124.31	1082	2123.50	281	1407.74	324
2566	大丰市见义勇为基金会	25.60	543	747.98	1410	—	—	24.57	2394
2567	甘肃省扶贫基金会	25.60	543	—	—	—	—	—	—
2568	河南省王超诚慈善基金会	25.60	543	207.67	2618	—	—	—	—
2569	湖南平安小精灵一路无忧公益基金会	25.60	543	200.85	2728	—	—	—	—
2570	昆山祥和帮困基金会	25.60	543	1057.59	1135	227.57	1235	182.95	1248
2571	台州市社会组织发展基金会	25.60	543	—	—	—	—	—	—
2572	张家港市永联为民基金会	25.60	543	924.44	1261	1668.31	339	1584.10	292
2573	重庆市妇女儿童基金会	25.60	543	—	—	—	—	—	—
2574	深圳市心源慈善基金会	25.20	544	290.84	2302	—	—	—	—
2575	深圳市越海慈善基金会	25.20	544	—	—	—	—	—	—
2576	宝应县见义勇为基金会	24.80	545	593.76	1617	—	—	4.99	2779
2577	滨海县见义勇为基金会	24.80	545	615.27	1579	—	—	—	—
2578	常州市戚墅堰区见义勇为基金会	24.80	545	—	—	1.50	2504	10.57	2688
2579	常州市新北区见义勇为基金会	24.80	545	4680.26	359	—	—	362.14	874
2580	常州市钟楼区见义勇为基金会	24.80	545	3132.24	487	—	—	51.12	2024
2581	鄂尔多斯市人民教育基金会	24.80	545	1425.59	912	10.00	2367	—	—
2582	福建卫生职业技术学院教育基金会	24.80	545	201.07	2719	—	—	—	—

续表

序号	基金会名称	FTI 2015（分）	FTI 2015全国排名	2013 年底净资产（万元）	2013 年底净资产排名	2013 年度捐赠收入（万元）	2013 年度捐赠收入排名	2013 年度公益事业支出（万元）	2013 年度公益事业支出排名
2583	高邮市见义勇为基金会	24.80	545	470.32	1845	2.10	2490	8.20	2725
2584	广东省金东海公益基金会	24.80	545	84.11	3026	—	—	136.50	1422
2585	广东省优秀科技专著出版基金会	24.80	545	927.69	1259	137.00	1565	—	—
2586	广西革命老区建设基金会	24.80	545	534.29	1714	137.00	1565	—	—
2587	广州市南沙区教育基金会	24.80	545	3528.73	451	686.47	676	998.68	433
2588	合肥市关爱环卫工人基金会	24.80	545	252.43	2393	46.42	2032	1.90	2833
2589	黑龙江省中华文化发展基金会	24.80	545	409.63	2018	—	—	—	—
2590	湖北省见义勇为基金会	24.80	545	5418.76	307	20.00	2258	251.50	1059
2591	江苏省见义勇为基金会	24.80	545	—	—	50.00	2003	724.64	549
2592	江苏喻继高艺术基金会	24.80	545	683.45	1483	3.00	2469	5.80	2768
2593	辽宁省青年创业基金会	24.80	545	1019.42	1166	387.96	952	24.72	2392
2594	南京化工职业技术学院教育发展基金会	24.80	545	1025.66	1160	387.96	952	650.00	594
2595	南京市金陵中学教育发展基金会	24.80	545	1552.08	850	395.50	938	204.85	1175
2596	南京市雨花台区见义勇为基金会	24.80	545	—	—	—	—	16.25	2590
2597	南通纺织职业技术学院教育发展基金会	24.80	545	911.71	1270	163.80	1482	159.58	1328
2598	南通市广播电视大学教育发展基金会	24.80	545	707.11	1449	108.00	1676	75.49	1801
2599	山西省岚县民贫党教育基金会	24.80	545	1180.45	1044	100.00	1729	128.64	1460
2600	上海市杨浦区教育奖励基金会	24.80	545	442.42	1928	—	—	30.11	2324
2601	深圳市老龄事业发展基金会	24.80	545	665.82	1498	—	—	—	—
2602	苏州公安大病特困救助基金会	24.80	545	1037.99	1150	61.83	1921	59.30	1945
2603	苏州市见义勇为基金会	24.80	545	3759.44	432	30.00	2150	184.94	1236

续表

序号	基金会名称	FTI 2015（分）	FTI 2015 全国排名	2013 年底净资产（万元）	2013 年底净资产排名	2013 年度捐赠收入（万元）	2013 年度捐赠收入排名	2013 年度公益事业支出（万元）	2013 年度公益事业支出排名
2604	苏州市吴江区见义勇为基金会	24.80	545	2791.46	539	42.40	2054	116.20	1522
2605	一达助学(伊春)基金会	24.80	545	65.08	3038	—	—	9.20	2713
2606	营口市公安民警救助基金会	24.80	545	1284.91	980	880.00	558	—	—
2607	江苏科技大学教育发展基金会	24.54	546	3681.92	439	3212.98	191	3208.98	131
2608	常州市新北区西夏墅慈善基金会	24.00	547	261.31	2367	148.76	1529	111.14	1552
2609	大连市公安民警救助基金会	24.00	547	794.89	1367	859.83	564	448.53	751
2610	东台市见义勇为基金会	24.00	547	609.34	1590	—	—	4.18	2786
2611	福建工程学院教育发展基金会	24.00	547	433.55	1953	104.00	1698	—	—
2612	福建省漳州中扬梅香慈善基金会	24.00	547	243.06	2433	—	—	65.28	1898
2613	广东省星河湾艺术基金会	24.00	547	201.53	2702	—	—	—	—
2614	贵州省禁毒基金会	24.00	547	1315.78	962	302.41	1080	229.02	1108
2615	贵州省送温暖基金会	24.00	547	3400.26	462	5.00	2434	—	—
2616	哈尔滨市公安民警救助基金会	24.00	547	3081.85	492	800.00	602	49.20	2051
2617	黑龙江工程学院教育发展基金会	24.00	547	335.21	2191	—	—	—	—
2618	湖南岳阳长炼石化科技创新基金会	24.00	547	450.84	1907	—	—	—	—
2619	江苏韩塔信扶持响水孤儿贫困学生教育基金会	24.00	547	609.15	1591	5.00	2436	59.25	1947
2620	江苏建筑职业技术学院教育发展基金会	24.00	547	1615.79	821	0.50	2525	309.56	951
2621	江苏联创爱心基金会	24.00	547	101.18	3014	—	—	—	—
2622	江苏龙砂扶贫困基金会	24.00	547	465.05	1861	54.10	1972	—	—
2623	江苏农牧科技职业学院教育发展基金会	24.00	547	639.93	1545	177.52	1449	157.85	1336
2624	江西省抚州市临川区教育基金会	24.00	547	563.91	1667	157.30	1508	—	—

续表

序号	基金会名称	FTI 2015（分）	FTI 2015 全国排名	2013 年底净资产（万元）	2013 年底净资产排名	2013 年度捐赠收入（万元）	2013 年度捐赠收入排名	2013 年度公益事业支出（万元）	2013 年度公益事业支出排名
2625	昆山市见义勇为基金会	24.00	547	999.35	1193	349.60	1010	215.07	1148
2626	溧阳市见义勇为基金会	24.00	547	2718.62	550	—	—	25.67	2377
2627	连云港市兴港助保基金会	24.00	547	227.26	2495	—	—	—	—
2628	聊城市见义勇为基金会	24.00	547	2383.95	608	576.34	746	24.90	2391
2629	南京鼓楼医院医学发展医疗救助基金会	24.00	547	3502.77	454	791.57	608	261.55	1031
2630	南京市高淳区见义勇为基金会	24.00	547	773.42	1390	35.00	2111	6.95	2752
2631	南京市六合区见义勇为基金会	24.00	547	819.55	1345	20.00	2241	16.07	2597
2632	南京市浦口区见义勇为基金会	24.00	547	922.26	1263	160.00	1496	2.99	2813
2633	南京市栖霞区见义勇为基金会	24.00	547	—	—	—	—	6.40	2759
2634	宁夏银川市残疾人福利基金会	24.00	547	436.36	1944	13.84	2328	—	—
2635	四川省巴蜀文艺发展基金会	24.00	547	661.62	1507	-100.00	2551	—	—
2636	四川省大熊猫保护基金会	24.00	547	1361.49	938	222.30	1247	9.86	2707
2637	泗洪县见义勇为基金会	24.00	547	969.54	1221	—	—	47.71	2068
2638	苏州工业园区见义勇为基金会	24.00	547	961.28	1227	265.50	1150	1306.94	351
2639	苏州市相城区慈善基金会	24.00	547	4220.99	387	1234.47	431	442.99	761
2640	太仓市党员关爱暨帮扶困难群众基金会	24.00	547	5273.45	320	180.34	1438	54.99	1991
2641	太仓市见义勇为基金会	24.00	547	911.60	1271	—	—	258.85	1038
2642	泰州市见义勇为基金会	24.00	547	15516.67	105	3223.95	189	—	—
2643	天津市国家安全基金会	24.00	547	1282.01	981	20.00	2236	—	—
2644	天津市青少年科学基金会	24.00	547	200.65	2734	180.00	1442	—	—
2645	通辽市扶贫基金会	24.00	547	503.23	1780	0.08	2544	—	—

续表

序号	基金会名称	FTI 2015（分）	FTI 2015 全国排名	2013 年底 净资产（万元）	2013 年底 净资产 排名	2013 年度 捐赠收入（万元）	2013 年度 捐赠收入 排名	2013 年度 公益事业 支出（万元）	2013 年度 公益事业 支出排名
2646	盱眙县见义勇为基金会	24.00	547	875.48	1299	99.05	1751	—	—
2647	徐州市泉山区见义勇为基金会	24.00	547	—	—	—	—	—	—
2648	盐城市扶贫基金会	24.00	547	208.07	2615	2.80	2479	1.00	2853
2649	扬州市江都区见义勇为基金会	24.00	547	279.03	2331	38.33	2089	56.02	1976
2650	仪征市见义勇为基金会	24.00	547	650.95	1522	216.00	1263	7.24	2744
2651	张家港保税区慈善基金会	24.00	547	628.90	1561	—	—	17.57	2548
2652	张家港市见义勇为基金会	24.00	547	1210.43	1021	50.00	2000	117.82	1516
2653	镇江市丹徒区见义勇为基金会	24.00	547	1185.66	1038	6.50	2415	31.66	2303
2654	中国器官移植发展基金会	24.00	547	—	—	—	—	—	—
2655	广州市广禾园慈善基金会	23.60	548	—	—	—	—	—	—
2656	宁海王春文慈善基金会	23.60	548	—	—	—	—	—	—
2657	常熟市见义勇为基金会	23.33	549	970.57	1219	—	—	78.93	1767
2658	蚌埠市人民群众见义勇为奖励基金会	23.20	550	311.02	2237	—	—	0.12	2877
2659	北京市海淀教育基金会	23.20	550	1973.02	719	4.20	2453	—	—
2660	常州市天宁区见义勇为基金会	23.20	550	1723.63	792	—	—	16.93	2574
2661	哈尔滨文物保护基金会	23.20	550	-15.99	3079	—	—	—	—
2662	湖北汽车工业学院教育发展基金会	23.20	550	256.09	2384	113.59	1648	7.90	2739
2663	湖南光召科学技术基金	23.20	550	1431.79	907	—	—	68.40	1870
2664	淮阴工学院教育发展基金会	23.20	550	2014.08	699	1132.85	466	128.06	1464
2665	南京森林警察学院教育发展基金会	23.20	550	6597.55	269	—	—	174.91	1275
2666	南京铁道职业技术学院教育发展基金会	23.20	550	393.37	2097	—	—	—	—

续表

序号	基金会名称	FTI 2015 （分）	FTI 2015 全国排名	2013年底 净资产 （万元）	2013年底 净资产 排名	2013年度 捐赠收入 （万元）	2013年度 捐赠收入 排名	2013年度 公益事业 支出（万元）	2013年度 公益事业 支出排名
2667	南通开发区慈善基金会	23.20	550	501.26	1790	—	—	—	—
2668	新疆农业大学教育发展基金会	23.20	550	200.00	2820	—	—	—	—
2669	新疆夕阳爱心基金会	23.20	550	191.44	2890	—	—	—	—
2670	宿迁市公安大病特困救助基金会	23.20	550	1162.89	1054	—	—	106.86	1577
2671	扬州市见义勇为基金会	23.20	550	10640.92	165	2905.30	213	247.23	1067
2672	镇江市见义勇为基金会	23.20	550	9325.51	197	1139.50	463	205.53	1172
2673	白城市公安民警优抚基金会	22.40	551	—	—	—	—	—	—
2674	常熟市残疾人福利基金会	22.40	551	405.86	2032	—	—	6.24	2761
2675	佛山市顺德区职工解困基金会	22.40	551	1389.29	928	—	—	46.98	2080
2676	广州市新塘群众文化基金会	22.40	551	139.56	2976	—	—	—	—
2677	黑龙江省教师奖励基金会	22.40	551	702.39	1458	—	—	10.84	2684
2678	湖北省弘愿慈善基金会	22.40	551	168.40	2943	—	—	42.90	2144
2679	湖北省吴汉东法学教育基金会	22.40	551	200.86	2726	—	—	—	—
2680	湖北省新纪元公益基金会	22.40	551	118.31	3000	—	—	—	—
2681	江苏海事职业技术学院教育发展基金会	22.40	551	300.50	2274	—	—	—	—
2682	江苏盐阜扶贫济困基金会	22.40	551	—	—	—	—	—	—
2683	姜堰市见义勇为基金会	22.40	551	500.03	1796	—	—	—	—
2684	金湖县见义勇为基金会	22.40	551	657.94	1512	145.60	1535	23.30	2415
2685	昆明市社会治安基金会	22.40	551	902.57	1276	—	—	10.30	2693
2686	辽宁省老年基金会	22.40	551	628.19	1563	—	—	1.68	2837
2687	辽阳市公安民警督教助基金会	22.40	551	402.26	2052	—	—	—	—

续表

序号	基金会名称	FTI 2015（分）	FTI 2015 全国排名	2013 年底 净资产（万元）	2013 年底 净资产 排名	2013 年度 捐赠收入（万元）	2013 年度 捐赠收入 排名	2013 年度 公益事业 支出（万元）	2013 年度 公益事业 支出排名
2688	南京市鼓楼区见义勇为基金会	22.40	551	—	—	—	—	12.47	2659
2689	南京市秦淮区见义勇为基金会	22.40	551	506.21	1773	30.00	2155	17.29	2556
2690	南通经济技术开发区见义勇为基金会	22.40	551	689.03	1476	13.25	2331	56.96	1968
2691	内蒙古科学文化发展基金会	22.40	551	282.28	2325	—	—	—	—
2692	内蒙古民族民间文化遗产保护基金会	22.40	551	209.01	2605	—	—	—	—
2693	内蒙古天佑公益慈善基金会	22.40	551	179.89	2927	—	—	—	—
2694	宁夏回族自治区敬义慈善基金会	22.40	551	200.00	2801	200.00	1351	—	—
2695	宁夏隆德县神宁民间文化艺术保护基金会	22.40	551	48.18	3047	—	—	—	—
2696	宁夏文学艺术基金会	22.40	551	236.72	2458	—	—	19.03	2507
2697	青海省见义勇为基金会	22.40	551	876.58	1297	—	—	8.60	2722
2698	青海省治理荒漠化基金会	22.40	551	371.23	2128	—	—	—	—
2699	山西省阳泉市矿区特困帮扶基金会	22.40	551	751.79	1407	—	—	123.67	1489
2700	陕西名嘉文化艺术发展基金会	22.40	551	186.58	2910	—	—	—	—
2701	深圳市北大创新发展基金会	22.40	551	1150.37	1064	—	—	95.80	1650
2702	深圳市春天文学基金会	22.40	551	204.55	2647	—	—	—	—
2703	泗阳县见义勇为基金会	22.40	551	528.80	1722	—	—	—	—
2704	天津市妈祖慈善基金会	22.40	551	161.75	2954	—	—	—	—
2705	通辽市科尔沁民歌基金会	22.40	551	25.34	3054	—	—	—	—
2706	西藏珠穆朗玛文学基金会	22.40	551	356.93	2151	—	—	—	—
2707	新疆维吾尔自治区畜牧业发展基金会	22.40	551	382.12	2109	—	—	—	—
2708	新疆维吾尔自治区教育基金会	22.40	551	1105.64	1100	—	—	—	—

续表

序号	基金名称	FTI 2015（分）	FTI 2015 全国排名	2013 年底净资产（万元）	2013 年底净资产排名	2013 年度捐赠收入（万元）	2013 年度捐赠收入排名	2013 年度公益事业支出（万元）	2013 年度公益事业支出排名
2709	新疆维吾尔自治区新勇教育基金会	22.40	551	2355.38	613	—	—	—	—
2710	宿迁市见义勇为基金会	22.40	551	935.24	1248	—	—	72.54	1823
2711	扬中市见义勇为基金会	22.40	551	114.07	3005	—	—	90.17	1683
2712	伊金霍洛旗少数民族发展基金会	22.40	551	407.20	2027	—	—	—	—
2713	伊金霍洛旗特殊人群救助发展基金会	22.40	551	402.20	2053	6.50	2416	6.50	2758
2714	云霄县下坂扶贫助学基金会	22.40	551	—	—	—	—	—	—
2715	镇江市润州区见义勇为基金会	22.40	551	873.40	1301	1.50	2502	36.41	2235
2716	镇江市新区见义勇为基金会	22.40	551	—	—	—	—	15.22	2618
2717	儋州市传爱教育基金会	21.60	552	—	—	—	—	—	—
2718	菏泽市见义勇为基金会	21.60	552	1597.06	827	—	—	12.00	2667
2719	吉林省社会发展基金会	21.60	552	147.75	2969	—	—	—	—
2720	广东省暨南大学教育发展基金会	21.20	553	—	—	—	—	—	—
2721	广东省粤安公共卫生安全事业发展基金会	20.00	554	200.49	2739	5.00	2442	4.12	2787
2722	衢州市闽商社会组织发展基金会	20.00	554	—	—	—	—	—	—
2723	浙江省妇女儿童基金会	19.60	555	—	—	—	—	—	—
2724	甘肃省老少边困地区教育发展基金会	18.80	556	—	—	—	—	—	—
2725	海南省青少年希望基金会	18.80	556	—	—	—	—	—	—
2726	陕西省爱心护理基金会	18.80	556	—	—	—	—	—	—
2727	陕西省联谊贫困救助基金会	18.80	556	—	—	—	—	—	—
2728	北京和平发展基金会	18.40	557	400.11	2065	—	—	—	—
2729	福安市实验小学荣教基金会	18.40	557	—	—	—	—	—	—

续表

序号	基金会名称	FTI 2015（分）	FTI 2015 全国排名	2013 年底 净资产（万元）	2013 年底 净资产 排名	2013 年度 捐赠收入（万元）	2013 年度 捐赠收入 排名	2013 年度 公益事业 支出（万元）	2013 年度 公益事业 支出排名
2730	海口市见义勇为奖励基金会	18.40	557	—	—	—	—	—	—
2731	甘肃省残疾人福利基金会	18.00	558	—	—	—	—	—	—
2732	西藏高山文化发展基金会	18.00	558	—	—	—	—	—	—
2733	榆林学院教育发展基金会	18.00	558	—	—	—	—	—	—
2734	重庆大学教育基金会	18.00	558	—	—	—	—	—	—
2735	淳安县丁香教育基金会	17.60	559	—	—	—	—	—	—
2736	泰顺县育才教育基金会	17.60	559	—	—	—	—	—	—
2737	浙江省亚德客慈善基金会	17.60	559	—	—	—	—	—	—
2738	海南省宗教慈善基金会	16.80	560	—	—	—	—	—	—
2739	河南省炎黄姓氏历史文化基金会	16.80	560	203.69	2654	—	—	—	—
2740	吉林省教化市文化发展基金会	16.80	560	—	—	—	—	—	—
2741	陕西省技能扶贫助学基金会	16.80	560	—	—	—	—	—	—
2742	陕西众泰慈善基金会	16.80	560	—	—	—	—	—	—
2743	杭州市送温暖工程基金会	16.40	561	—	—	—	—	—	—
2744	建德市老龄事业发展基金会	16.40	561	—	—	—	—	—	—
2745	陕西文学发展基金会	16.40	561	—	—	—	—	—	—
2746	温州忠成教育基金会	16.40	561	—	—	—	—	—	—
2747	浙江树人大学暨王宽诚教育基金会	16.40	561	—	—	—	—	—	—
2748	甘肃妇女儿童基金会	16.00	562	—	—	—	—	—	—
2749	海南省医疗救助基金会	16.00	562	—	—	—	—	—	—
2750	山东省黄河三角洲新能源基金会	16.00	562	—	—	—	—	—	—

续表

序号	基金会名称	FTI 2015（分）	FTI 2015 全国排名	2013 年底净资产（万元）	2013 年底净资产排名	2013 年度捐赠收入（万元）	2013 年度捐赠收入排名	2013 年度公益事业支出（万元）	2013 年度公益事业支出排名
2751	西藏民族文化保护与发展基金会	16.00	562	—	—	—	—	—	—
2752	陕西省联众慈善救助基金会	15.60	563	—	—	—	—	—	—
2753	深圳市龙岗区教育发展基金会	15.60	563	—	—	—	—	—	—
2754	滨州市黄河文化基金会	15.20	564	—	—	—	—	—	—
2755	福建省百姓慈善基金会	15.20	564	—	—	—	—	—	—
2756	海南省关心下一代基金会	15.20	564	—	—	—	—	—	—
2757	临海市人民教育基金会	15.20	564	—	—	—	—	—	—
2758	山东省红十字博爱基金会	15.20	564	—	—	—	—	—	—
2759	台州市椒江区人民教育基金会	15.20	564	—	—	—	—	—	—
2760	温州市瓯海社会组织发展基金会	15.20	564	—	—	—	—	—	—
2761	玉环县人民教育基金会	15.20	564	—	—	—	—	—	—
2762	甘肃黄河之子保护黄河基金会	14.80	565	—	—	—	—	—	—
2763	陕西省青少年发展基金会	14.80	565	—	—	—	—	—	—
2764	延安市残疾人福利基金会	14.80	565	123.95	—	—	—	—	—
2765	儋州市思源高级中学省正教育基金会	14.40	566	—	2991	—	—	—	—
2766	福建新华都慈善基金会	14.00	567	—	—	—	—	—	—
2767	甘肃省兰州市城关区文化产业发展基金会	14.00	567	—	—	—	—	—	—
2768	海南省琼剧基金会	14.00	567	—	—	—	—	—	—
2769	杭州市萧山区人民教育基金会	14.00	567	—	—	—	—	—	—
2770	江西农业大学教育基金会	14.00	567	—	—	—	—	—	—
2771	深圳市汉唐慈善基金会	14.00	567	—	—	—	—	—	—

续表

序号	基金会名称	FTI 2015（分）	FTI 2015 全国排名	2013 年底净资产（万元）	2013 年底净资产排名	2013 年度捐赠收入（万元）	2013 年度捐赠收入排名	2013 年度公益事业支出（万元）	2013 年度公益事业支出排名
2772	温州第二中学教育发展基金会	14.00	567	—	—	—	—	—	—
2773	新疆社会救助基金会	14.00	567	—	—	—	—	—	—
2774	浙江省经济和社会发展研究基金会	14.00	567	—	—	—	—	—	—
2775	浙江省仁爱慈善基金会	14.00	567	—	—	—	—	—	—
2776	重庆市医疗救助基金会	14.00	567	—	—	—	—	—	—
2777	安徽太和保兴助学基金会	13.60	568	—	—	—	—	—	—
2778	甘肃省青少年发展基金会	13.60	568	—	—	—	—	—	—
2779	连云港市海州区慈善基金会	13.60	568	—	—	—	—	—	—
2780	海南改革发展研究基金会	13.20	569	—	—	—	—	—	—
2781	甘肃兴华青少年助学基金会	12.80	570	—	—	—	—	—	—
2782	甘肃省治理荒漠化基金会	12.40	571	—	—	—	—	—	—
2783	海南三亚南山功德基金会	12.40	571	—	—	—	—	—	—
2784	江西省末庆龄基金会	12.40	571	—	—	—	—	—	—
2785	西藏自治区生态建设与环境保护基金会	12.40	571	—	—	—	—	—	—
2786	广东省鹏峰慈善基金会	12.00	572	—	—	—	—	—	—
2787	吉林市见义勇为基金会	12.00	572	—	—	—	—	—	—
2788	上海有爱公益基金会	12.00	572	—	—	—	—	—	—
2789	广州国泰社会发展基金会	11.60	573	—	—	—	—	—	—
2790	北京云居寺慈善基金会	11.20	574	—	—	—	—	—	—
2791	广东省侨界仁爱基金会	11.20	574	—	—	—	—	—	—
2792	湖南湖大秋实教育基金会	11.20	574	—	—	—	—	—	—

279

续表

序号	基金会名称	FTI 2015（分）	FTI 2015 全国排名	2013 年底净资产（万元）	2013 年底净资产排名	2013 年度捐赠收入（万元）	2013 年度捐赠收入排名	2013 年度公益事业支出（万元）	2013 年度公益事业支出排名
2793	陕西法门寺慈善基金会	11.20	574	—	—	—	—	—	—
2794	陕西中实弘扬法治教育基金会	11.20	574	—	—	—	—	—	—
2795	上海新世纪社会发展基金会	11.20	574	—	—	—	—	—	—
2796	陕西中洲知青帮助基金会	10.80	575	—	—	—	—	—	—
2797	甘肃省玛曲县"教热"教育扶贫基金会	10.40	576	—	—	—	—	—	—
2798	广东省发展中医药事业基金会	10.40	576	—	—	—	—	—	—
2799	海南省慈航公益基金会	10.40	576	—	—	—	—	—	—
2800	苏州市金阊区慈善基金会	10.40	576	—	—	—	—	—	—
2801	甘肃安泊尔慈善基金会	10.00	577	—	—	—	—	—	—
2802	海南省未庆龄基金会	10.00	577	—	—	—	—	—	—
2803	海南世界和平碑林基金会	10.00	577	—	—	—	—	—	—
2804	江苏省教育基金会	10.00	577	—	—	—	—	—	—
2805	海南南海发展和平基金会	9.60	578	—	—	—	—	—	—
2806	江苏龙河扶贫帮困慈善基金会	9.60	578	—	—	—	—	—	—
2807	山西省佛教文化基金会	9.60	578	—	—	—	—	—	—
2808	沭阳县见义勇为基金会	9.60	578	—	—	—	—	—	—
2809	苏州市沧浪区慈善基金会	9.60	578	—	—	—	—	—	—
2810	新疆维吾尔自治区蓝盾基金会	9.60	578	—	—	—	—	—	—
2811	延边州公安民警优抚基金会	9.60	578	—	—	—	—	—	—
2812	宜兴县见义勇为基金会	9.60	578	—	—	—	—	—	—
2813	云南农业大学育勇奖学基金会	9.60	578	—	—	—	—	—	—

续表

序号	基金会名称	FTI 2015（分）	FTI 2015全国排名	2013年底净资产（万元）	2013年底净资产排名	2013年度捐赠收入（万元）	2013年度捐赠收入排名	2013年度公益事业支出（万元）	2013年度公益事业支出排名
2814	吉林省慧慈健康发展基金会	9.20	579	—	—	—	—	—	—
2815	景德镇陶瓷学院教育基金会	8.80	580	—	—	—	—	—	—
2816	禹州市钧瓷发展基金会	8.00	581	—	—	—	—	—	—
2817	湖北省荆圃英才奖励基金会	7.20	582	—	—	—	—	—	—
2818	辽宁省职工慈善基金会	7.20	582	—	—	—	—	—	—
2819	青海省困难职工帮扶基金会	7.20	582	—	—	—	—	—	—
2820	荣成市大鱼岛福利基金会	7.20	582	—	—	—	—	—	—
2821	陕西省鸿云文化创业基金会	7.20	582	—	—	—	—	—	—
2822	云南海佳中老教育老集基金会	7.20	582	—	—	—	—	—	—
2823	安徽省建中教育发展基金会	6.40	583	—	—	—	—	—	—
2824	福建省诺今奇大学生创业基金会	6.40	583	—	—	—	—	—	—
2825	福建省周宁县国银慈善基金会	6.40	583	—	—	—	—	—	—
2826	广东省凯业慈善基金会	6.40	583	—	—	—	—	—	—
2827	海门欣乐教育基金会	6.40	583	—	—	—	—	—	—
2828	海南华侨中学教育发展基金会	6.40	583	—	—	—	—	—	—
2829	海南金光助学与环保基金会	6.40	583	—	—	—	—	—	—
2830	河北省少年儿童基金会	6.40	583	—	—	—	—	—	—
2831	河南省惠济公益基金会	6.40	583	—	—	—	—	—	—
2832	葫芦岛市见义勇为基金会	6.40	583	—	—	—	—	—	—
2833	湖南省张炳生慈善基金会	6.40	583	—	—	—	—	—	—
2834	淮安市康租房爱心基金会	6.40	583	—	—	—	—	—	—

续表

序号	基金名称	FTI 2015（分）	FTI 2015全国排名	2013年底净资产（万元）	2013年底净资产排名	2013年度捐赠收入（万元）	2013年度捐赠收入排名	2013年度公益事业支出（万元）	2013年度公益事业支出排名
2835	吉林省富奥汽车技术与管理创新基金会	6.40	583	—	—	—	—	—	—
2836	江苏金牛助学帮困基金会	6.40	583	—	—	—	—	—	—
2837	江苏长新爱心救助基金会	6.40	583	—	—	—	—	—	—
2838	江西国光教育基金会	6.40	583	—	—	—	—	—	—
2839	江西省光彩扶贫基金会	6.40	583	—	—	—	—	—	—
2840	江西省横峰县英才教育基金会	6.40	583	—	—	—	—	—	—
2841	刘彪慈善基金会	6.40	583	—	—	—	—	—	—
2842	内蒙古巴林左旗东阿阿胶扶贫基金会	6.40	583	—	—	—	—	—	—
2843	内蒙古鄂尔多斯商会助学基金会	6.40	583	—	—	—	—	—	—
2844	宁夏路伏国山区高中生助学基金会	6.40	583	—	—	—	—	—	—
2845	陕西峰丽文化慈善基金会	6.40	583	—	—	—	—	—	—
2846	石狮市蔡经阳慈善基金会	6.40	583	—	—	—	—	—	—
2847	援疆干部济困助学基金会	6.40	583	—	—	—	—	—	—
2848	安徽省赵朴初公益基金会	5.60	584	—	—	—	—	—	—
2849	鞍山市公安民警英烈救助基金会	5.60	584	—	—	—	—	—	—
2850	成都市武侯区教育基金会	5.60	584	—	—	—	—	—	—
2851	大理白族自治州见义勇为基金会	5.60	584	—	—	—	—	—	—
2852	丰县见义勇为基金会	5.60	584	—	—	—	—	—	—
2853	广东省达清慈善基金会	5.60	584	—	—	—	—	—	—
2854	广东省隆江慈善基金会	5.60	584	—	—	—	—	—	—
2855	广东省高医药科技基金会	5.60	584	—	—	—	—	—	—

续表

序号	基金会名称	FTI 2015（分）	FTI 2015 全国排名	2013 年底 净资产（万元）	2013 年底 净资产 排名	2013 年度 捐赠收入（万元）	2013 年度 捐赠收入 排名	2013 年度 公益事业 支出（万元）	2013 年度 公益事业 支出排名
2856	广东省中庆文体慈善基金会	5.60	584	—	—	—	—	—	—
2857	海南大学教育基金会	5.60	584	—	—	—	—	—	—
2858	吉林大学第一医院医学发展和医学援助基金会	5.60	584	—	—	—	—	—	—
2859	江西青年创业就业基金会	5.60	584	—	—	—	—	—	—
2860	辽源市公安局道路交通事故生活救助基金会	5.60	584	—	—	—	—	—	—
2861	梅州市五华县横陂中学育才基金会	5.60	584	—	—	—	—	—	—
2862	南安市官桥镇林荣南教育基金会	5.60	584	—	—	—	—	—	—
2863	内蒙古富亚高校扶困助学教育发展基金会	5.60	584	—	—	—	—	—	—
2864	内蒙古民族文化发展基金会	5.60	584	—	—	—	—	—	—
2865	宁德市教育发展基金会	5.60	584	—	—	—	—	—	—
2866	磐安县同大庆体育发展基金会	5.60	584	—	—	—	—	—	—
2867	青岛市老龄事业发展基金会	5.60	584	—	—	—	—	—	—
2868	山东省鲁能彩虹援助基金会	5.60	584	—	—	—	—	—	—
2869	陕西省爱君慈善基金会	5.60	584	—	—	—	—	—	—
2870	陕西九九老龄事业基金会	5.60	584	—	—	—	—	—	—
2871	陕西省公安民警英烈基金会	5.60	584	—	—	—	—	—	—
2872	陕西省教育基金会	5.60	584	—	—	—	—	—	—
2873	陕西省阳光慈善基金会	5.60	584	—	—	—	—	—	—
2874	陕西鱼化龙创业基金会	5.60	584	—	—	—	—	—	—
2875	四川省发展职工体育基金会	5.60	584	—	—	—	—	—	—
2876	锡林郭勒盟青少年交流发展基金会	5.60	584	—	—	—	—	—	—

续表

序号	基金会名称	FTI 2015（分）	FTI 2015 全国排名	2013 年底 净资产（万元）	2013 年底 净资产 排名	2013 年度 捐赠收入（万元）	2013 年度 捐赠收入 排名	2013 年度 公益事业 支出（万元）	2013 年度 公益事业 支出排名
2877	兴化市慈善基金会	5.60	584	—	—	—	—	—	—
2878	一汽自主创新沈曾华奖励基金会	5.60	584	—	—	—	—	—	—
2879	中山市职工解困基金会	5.60	584	—	—	—	—	—	—
2880	安徽省善济公益基金会	4.80	585	—	—	—	—	—	—
2881	澄迈县教育科技发展基金会	4.80	585	—	—	—	—	—	—
2882	澄迈县微笑工程腭裂患者救助基金会	4.80	585	—	—	—	—	—	—
2883	定安县教育发展基金会	4.80	585	—	—	—	—	—	—
2884	甘南藏族教育基金会	4.80	585	—	—	—	—	—	—
2885	甘肃恒源未来四方书画教育发展基金会	4.80	585	—	—	—	—	—	—
2886	甘肃省见义勇为基金会	4.80	585	—	—	—	—	—	—
2887	海南省见义勇为基金会	4.80	585	—	—	—	—	—	—
2888	河南省炎黄二帝公益基金会	4.80	585	—	—	—	—	—	—
2889	江西省江铃科技奖励基金会	4.80	585	—	—	—	—	—	—
2890	宁夏陈逢干大学生助学基金会	4.80	585	—	—	—	—	—	—
2891	山西省高中生助学基金会	4.80	585	—	—	—	—	—	—
2892	安徽省蚌埠市宏业儿童救助基金会	4.00	586	—	—	—	—	—	—
2893	安徽省振兴京剧艺术基金会	4.00	586	—	—	—	—	—	—
2894	安徽实践家文教慈善基金会	4.00	586	—	—	—	—	—	—
2895	包头教育基金会	4.00	586	—	—	—	—	—	—
2896	包头市社会治安见义勇为基金会	4.00	586	—	—	—	—	—	—
2897	北京人文社会科学发展基金会	4.00	586	—	—	—	—	—	—

续表

序号	基金会名称	FTI 2015（分）	FTI 2015 全国排名	2013年底净资产（万元）	2013年底净资产排名	2013年度捐赠收入（万元）	2013年度捐赠收入排名	2013年度公益事业支出（万元）	2013年度公益事业支出排名
2898	滨州市孙子文化基金会	4.00	586	—	—	—	—	—	—
2899	常州市新北区春江慈善基金会	4.00	586	—	—	—	—	—	—
2900	东辽县见义勇为基金会	4.00	586	—	—	—	—	—	—
2901	鄂尔多斯市蒙佳慈善基金会	4.00	586	—	—	—	—	—	—
2902	佛山市禅城区见义勇为基金会	4.00	586	—	—	—	—	—	—
2903	佛山市教育基金会	4.00	586	—	—	—	—	—	—
2904	福建省厦门湾红树林湿地自然保护基金会	4.00	586	—	—	—	—	—	—
2905	甘肃省教师奖励基金会	4.00	586	—	—	—	—	—	—
2906	甘肃省绿化基金会	4.00	586	—	—	—	—	—	—
2907	赣州市青少年科技创新基金会	4.00	586	—	—	—	—	—	—
2908	巩义市人民教育基金会	4.00	586	—	—	—	—	—	—
2909	广东省促进高新技术产业发展奖励基金会	4.00	586	—	—	—	—	—	—
2910	广东省国家安全基金会	4.00	586	—	—	—	—	—	—
2911	广州市交通建设管理基金会	4.00	586	—	—	—	—	—	—
2912	哈尔滨市南岗区仁皇健康工程基金会	4.00	586	—	—	—	—	—	—
2913	海南爱心基金会	4.00	586	—	—	—	—	—	—
2914	海南省海南中学教育发展基金会	4.00	586	—	—	—	—	—	—
2915	海南省教育基金会	4.00	586	—	—	—	—	—	—
2916	河南农业大学教育发展基金会	4.00	586	—	—	—	—	—	—
2917	河南省白象慈善基金会	4.00	586	—	—	—	—	—	—
2918	河南省陈氏太极拳发展基金会	4.00	586	—	—	—	—	—	—

续表

序号	基金会名称	FTI 2015（分）	FTI 2015 全国排名	2013 年底 净资产（万元）	2013 年底 净资产 排名	2013 年度 捐赠收入（万元）	2013 年度 捐赠收入 排名	2013 年度 公益事业 支出（万元）	2013 年度 公益事业 支出排名
2919	河南省连花慈善基金会	4.00	586	—	—	—	—	—	—
2920	黑河市见义勇为奖励基金会	4.00	586	—	—	—	—	—	—
2921	呼市青少年科技教育奖励基金会	4.00	586	—	—	—	—	—	—
2922	湖南省老区发展基金会	4.00	586	—	—	—	—	—	—
2923	江苏真昌和关爱儿童基金会	4.00	586	—	—	—	—	—	—
2924	江苏郑和航海文化基金会	4.00	586	—	—	—	—	—	—
2925	江西鑫喜慈善基金会	4.00	586	—	—	—	—	—	—
2926	晋江市英林村平安英林·清洁家园基金会	4.00	586	—	—	—	—	—	—
2927	涟水兆财帮困助学基金会	4.00	586	—	—	—	—	—	—
2928	南京人口管理干部学院教育发展基金会	4.00	586	—	—	—	—	—	—
2929	南京市下关区见义勇为基金会	4.00	586	—	—	—	—	—	—
2930	内蒙古草原英雄小姐妹爱国教育基金会	4.00	586	—	—	—	—	—	—
2931	内蒙古库布其慈善基金会	4.00	586	—	—	—	—	—	—
2932	内蒙古锡林郭勒盟草原 110 奖励基金会	4.00	586	—	—	—	—	—	—
2933	内蒙古小肥羊公益基金会	4.00	586	—	—	—	—	—	—
2934	内蒙古治理荒漠化基金会	4.00	586	—	—	—	—	—	—
2935	宁夏西部公益基金会	4.00	586	—	—	—	—	—	—
2936	宁夏中小学幼儿教师奖励基金会	4.00	586	—	—	—	—	—	—
2937	潘序伦会计事业基金会	4.00	586	—	—	—	—	—	—
2938	盘锦市公安民警英烈救助基金会	4.00	586	—	—	—	—	—	—
2939	青岛求实职业技术学院教育基金会	4.00	586	—	—	—	—	—	—

续表

序号	基金会名称	FTI 2015（分）	FTI 2015 全国排名	2013 年底净资产（万元）	2013 年底净资产排名	2013 年度捐赠收入（万元）	2013 年度捐赠收入排名	2013 年度公益事业支出（万元）	2013 年度公益事业支出排名
2940	青海佛教慈善基金会	4.00	586	—	—	—	—	—	—
2941	如东县教育发展基金会	4.00	586	—	—	—	—	—	—
2942	陕西福智慈善基金会	4.00	586	—	—	—	—	—	—
2943	陕西省府谷县教育基金会	4.00	586	—	—	—	—	—	—
2944	陕西省民生社会福利基金会	4.00	586	—	—	—	—	—	—
2945	韶关市帮扶困难职工基金会	4.00	586	—	—	—	—	—	—
2946	射阳县慈善基金会	4.00	586	—	—	—	—	—	—
2947	四川行健慈善基金会	4.00	586	—	—	—	—	—	—
2948	四川英子爱心基金会	4.00	586	—	—	—	—	—	—
2949	苏州园区技术学院爱心助学基金会	4.00	586	—	—	—	—	—	—
2950	铜山区慈善基金会	4.00	586	—	—	—	—	—	—
2951	芜湖麻省产业技术发展基金会	4.00	586	—	—	—	—	—	—
2952	新疆维吾尔自治区克拉玛依 12.8 专项基金会	4.00	586	—	—	—	—	—	—
2953	新疆维吾尔自治区社会治安综合治理见义勇为奖励基金会	4.00	586	—	—	—	—	—	—
2954	新疆维吾尔自治区送温暖工程基金会	4.00	586	—	—	—	—	—	—
2955	兴化新华爱心基金会	4.00	586	—	—	—	—	—	—
2956	云南鸿献助学扶贫基金会	4.00	586	—	—	—	—	—	—
2957	肇庆市见义勇为基金会	4.00	586	—	—	—	—	—	—
2958	蚌埠国睿健康扶贫基金会	3.20	587	—	—	—	—	—	—
2959	广东省人人环保慈善基金会	3.20	587	—	—	—	—	—	—
2960	广东省新文化建设基金会	3.20	587	—	—	—	—	—	—

续表

序号	基金会名称	FTI 2015（分）	FTI 2015 全国排名	2013 年底净资产（万元）	2013 年底净资产排名	2013 年度捐赠收入（万元）	2013 年度捐赠收入排名	2013 年度公益事业支出（万元）	2013 年度公益事业支出排名
2961	河南省老年福利基金会	3.20	587	—	—	—	—	—	—
2962	济源梧桐教育助学基金会	3.20	587	—	—	—	—	—	—
2963	辽宁省光彩事业基金会	3.20	587	—	—	—	—	—	—
2964	启东正谐爱心助学基金会	3.20	587	—	—	—	—	—	—
2965	西藏自治区社会治安见义勇为奖励基金会	3.20	587	—	—	—	—	—	—
2966	信阳市农民工援助基金会	3.20	587	—	—	—	—	—	—
2967	北京于魁智京剧艺术发展基金会	2.40	588	—	—	—	—	—	—
2968	成都市社会组织发展基金会	2.40	588	—	—	—	—	—	—
2969	儋州市浩然教育基金会	2.40	588	—	—	—	—	—	—
2970	儋州市那大镇捐资助教基金会	2.40	588	—	—	—	—	—	—
2971	福建莆田市真情社会福利基金会	2.40	588	—	—	—	—	—	—
2972	甘肃青年创业就业基金会	2.40	588	—	—	—	—	—	—
2973	甘肃省改革发展研究基金会	2.40	588	—	—	—	—	—	—
2974	甘肃省公安民警英烈基金会	2.40	588	—	—	—	—	—	—
2975	甘肃省老年基金会	2.40	588	—	—	—	—	—	—
2976	广东省民福慈善基金会	2.40	588	—	—	—	—	—	—
2977	广东省长锦慈善基金会	2.40	588	—	—	—	—	—	—
2978	广州市石溪劳动保护基金会	2.40	588	—	—	—	—	—	—
2979	海南经济发展与环境保护基金会	2.40	588	—	—	—	—	—	—
2980	海南省弘信助学基金会	2.40	588	—	—	—	—	—	—
2981	海南省青年创业就业基金会	2.40	588	—	—	—	—	—	—

续表

序号	基金会名称	FTI 2015（分）	FTI 2015 全国排名	2013 年底净资产（万元）	2013 年底净资产排名	2013 年度捐赠收入（万元）	2013 年度捐赠收入排名	2013 年度公益事业支出（万元）	2013 年度公益事业支出排名
2982	河北省孟村回族自治县民族教育星星基金会	2.40	588	—	—	—	—	—	—
2983	黑龙江省仁爱残疾人福利基金会	2.40	588	—	—	—	—	—	—
2984	黑龙江省社会科学发展基金会	2.40	588	—	—	—	—	—	—
2985	江苏省华茂老年福利基金会	2.40	588	—	—	—	—	—	—
2986	江苏省青年创业就业基金会	2.40	588	—	—	—	—	—	—
2987	江苏新亚电子环保基金会	2.40	588	—	—	—	—	—	—
2988	三亚宪清养老基金会	2.40	588	—	—	—	—	—	—
2989	陕西蔡路帮困助学基金会	2.40	588	—	—	—	—	—	—
2990	陕西省青年创业就业基金会	2.40	588	—	—	—	—	—	—
2991	陕西省神州汉文化保护发展基金会	2.40	588	—	—	—	—	—	—
2992	陕西省西安华侨慈善基金会	2.40	588	—	—	—	—	—	—
2993	文昌市帮扶农民基金会	2.40	588	—	—	—	—	—	—
2994	白银市社会救助基金会	1.60	589	—	—	—	—	—	—
2995	白银市双联成谋农村帮扶基金会	1.60	589	—	—	—	—	—	—
2996	北京市国家公务员培训基金会	1.60	589	—	—	—	—	—	—
2997	北京市中医药发展基金会	1.60	589	—	—	—	—	—	—
2998	潮安县教育基金	1.60	589	—	—	—	—	—	—
2999	澄迈县文化发展基金会	1.60	589	—	—	—	—	—	—
3000	福建省爱心公益基金会	1.60	589	—	—	—	—	—	—
3001	甘肃社会科学术活动基金会	1.60	589	—	—	—	—	—	—
3002	甘肃省世恩慈善基金会	1.60	589	—	—	—	—	—	—

续表

序号	基金会名称	FTI 2015 (分)	FTI 2015 全国排名	2013 年底 净资产 (万元)	2013 年底 净资产 排名	2013 年度 捐赠收入 (万元)	2013 年度 捐赠收入 排名	2013 年度 公益事业 支出(万元)	2013 年度 公益事业 支出排名
3003	甘肃省消防抚恤救�助基金会	1.60	589	—	—	—	—	—	—
3004	广东省儿童艺术教育基金会	1.60	589	—	—	—	—	—	—
3005	广东省龙光慈善基金会	1.60	589	—	—	—	—	—	—
3006	广东省石桥头慈善基金会	1.60	589	—	—	—	—	—	—
3007	广东省真爱慈善基金会	1.60	589	—	—	—	—	—	—
3008	广东省之友公益基金会	1.60	589	—	—	—	—	—	—
3009	广州丽新慈善基金会	1.60	589	—	—	—	—	—	—
3010	广州市华新慈善基金会	1.60	589	—	—	—	—	—	—
3011	海南省青少年社科教育基金会	1.60	589	—	—	—	—	—	—
3012	海南省情系农垦教育基金会	1.60	589	—	—	—	—	—	—
3013	辽宁省光大文化艺术基金会	1.60	589	—	—	—	—	—	—
3014	内蒙古蒙元文化基金会	1.60	589	—	—	—	—	—	—
3015	宁夏科技发展基金会	1.60	589	—	—	—	—	—	—
3016	牛满江基金会	1.60	589	—	—	—	—	—	—
3017	青海省持修慈善基金会	1.60	589	—	—	—	—	—	—
3018	山西省柳宗元文化发展基金会	1.60	589	—	—	—	—	—	—
3019	山西省祁隽藻文化基金会	1.60	589	—	—	—	—	—	—
3020	西藏文化基金会	1.60	589	—	—	—	—	—	—
3021	安徽省徐悲鸿教育基金会	0.80	590	—	—	—	—	—	—
3022	北京满学研究基金会	0.80	590	—	—	—	—	—	—
3023	北京市怀柔教育基金会	0.80	590	—	—	—	—	—	—
3024	甘肃省兰州市城关区教育发展基金会	0.80	590	—	—	—	—	—	—

续表

序号	基金会名称	FTI 2015（分）	FTI 2015 全国排名	2013 年底净资产（万元）	2013 年底净资产排名	2013 年度捐赠收入（万元）	2013 年度捐赠收入排名	2013 年度公益事业支出（万元）	2013 年度公益事业支出排名
3025	甘肃省天水市伏羲助学赡老基金会	0.80	590	—	—	—	—	—	—
3026	甘肃盛彤牲畜牧兽医科学基金会	0.80	590	—	—	—	—	—	—
3027	贵州安泰公益扶助基金会	0.80	590	—	—	—	—	—	—
3028	湖南省 21 世纪人才培养基金会	0.80	590	—	—	—	—	—	—
3029	江西抚州鸿德慈善基金会	0.80	590	—	—	—	—	—	—
3030	京台文化交流基金会	0.80	590	—	—	—	—	—	—
3031	兰州市见义勇为奖励基金会	0.80	590	—	—	—	—	—	—
3032	陕西存义公益基金会	0.80	590	—	—	—	—	—	—
3033	陕西省汉中市老龄事业发展基金会	0.80	590	—	—	—	—	—	—
3034	陕西省西安城墙保护基金会	0.80	590	—	—	—	—	—	—
3035	陕西省现代科技创业基金会	0.80	590	—	—	—	—	—	—
3036	陕西新华少年儿童公益基金会	0.80	590	—	—	—	—	—	—
3037	陕西榆林妇女儿童基金会	0.80	590	—	—	—	—	—	—
3038	石嘴山银行"爱心"基金会	0.80	590	—	—	—	—	—	—
3039	泰州市单声教育奖学基金会	0.80	590	—	—	—	—	—	—
3040	西藏自治区残疾人福利基金会	0.80	590	—	—	—	—	—	—
3041	宜兴市江苏省宜兴中学教育奖励基金会	0.80	590	—	—	—	—	—	—
3042	英德市连江口镇教育基金会	0.80	590	—	—	—	—	—	—
3043	澄迈县禁毒基金会	0.00	591	—	—	—	—	—	—
3044	兰州市中小学幼儿教师奖励基金会	0.00	591	—	—	—	—	—	—
3045	青海阿尼玛卿雪域慈善基金会	0.00	591	—	—	—	—	—	—
3046	青海省嘛干慈爱基金会	0.00	591	—	—	—	—	—	—

法 律 声 明

　　“皮书系列”（含蓝皮书、绿皮书、黄皮书）之品牌由社会科学文献出版社最早使用并持续至今，现已被中国图书市场所熟知。“皮书系列”的LOGO（　）与“经济蓝皮书”“社会蓝皮书”均已在中华人民共和国国家工商行政管理总局商标局登记注册。“皮书系列”图书的注册商标专用权及封面设计、版式设计的著作权均为社会科学文献出版社所有。未经社会科学文献出版社书面授权许可，任何使用与“皮书系列”图书注册商标、封面设计、版式设计相同或者近似的文字、图形或其组合的行为均系侵权行为。

　　经作者授权，本书的专有出版权及信息网络传播权为社会科学文献出版社享有。未经社会科学文献出版社书面授权许可，任何就本书内容的复制、发行或以数字形式进行网络传播的行为均系侵权行为。

　　社会科学文献出版社将通过法律途径追究上述侵权行为的法律责任，维护自身合法权益。

　　欢迎社会各界人士对侵犯社会科学文献出版社上述权利的侵权行为进行举报。电话：010 – 59367121，电子邮箱：fawubu@ ssap. cn。

社会科学文献出版社

权威报告·热点资讯·特色资源

皮书数据库
ANNUAL REPORT(YEARBOOK)
DATABASE

当代中国与世界发展高端智库平台

皮书俱乐部会员服务指南

1. 谁能成为皮书俱乐部成员?
● 皮书作者自动成为俱乐部会员
● 购买了皮书产品（纸质书/电子书）的个人用户

2. 会员可以享受的增值服务
● 免费获赠皮书数据库100元充值卡
● 加入皮书俱乐部，免费获赠该纸质图书的电子书
● 免费定期获赠皮书电子期刊
● 优先参与各类皮书学术活动
● 优先享受皮书产品的最新优惠

3. 如何享受增值服务?
（1）免费获赠100元皮书数据库体验卡
第1步 刮开附赠充值的涂层（右下）；
第2步 登录皮书数据库网站（www.pishu.com.cn），注册账号；
第3步 登录并进入"会员中心"—"在线充值"—"充值卡充值"，充值成功后即可使用。

（2）加入皮书俱乐部，凭数据库体验卡获赠该书的电子书
第1步 登录社会科学文献出版社官网（www.ssap.com.cn），注册账号；
第2步 登录并进入"会员中心"—"皮书俱乐部"，提交加入皮书俱乐部申请；
第3步 审核通过后，再次进入皮书俱乐部，填写页面所需图书、体验卡信息即可自动兑换相应电子书。

4. 声明
解释权归社会科学文献出版社所有

皮书俱乐部会员可享受社会科学文献出版社其他相关
免费增值服务，有任何疑问，均可与我们联系。

图书销售热线：010-59367070/7028
图书服务QQ：800045692
图书服务邮箱：duzhe@ssap.cn

数据库服务热线：400-008-6695
数据库服务QQ：2475522410
数据库服务邮箱：database@ssap.cn

欢迎登录社会科学文献出版社官网
（www.ssap.com.cn）
和中国皮书网（www.pishu.cn）
了解更多信息

社会科学文献出版社 皮书系列
SOCIAL SCIENCES ACADEMIC PRESS (CHINA)

卡号：388224781839
密码：

S子库介绍
ub-Database Introduction

中国经济发展数据库

涵盖宏观经济、农业经济、工业经济、产业经济、财政金融、交通旅游、商业贸易、劳动经济、企业经济、房地产经济、城市经济、区域经济等领域，为用户实时了解经济运行态势、把握经济发展规律、洞察经济形势、做出经济决策提供参考和依据。

中国社会发展数据库

全面整合国内外有关中国社会发展的统计数据、深度分析报告、专家解读和热点资讯构建而成的专业学术数据库。涉及宗教、社会、人口、政治、外交、法律、文化、教育、体育、文学艺术、医药卫生、资源环境等多个领域。

中国行业发展数据库

以中国国民经济行业分类为依据，跟踪分析国民经济各行业市场运行状况和政策导向，提供行业发展最前沿的资讯，为用户投资、从业及各种经济决策提供理论基础和实践指导。内容涵盖农业，能源与矿产业，交通运输业，制造业，金融业，房地产业，租赁和商务服务业，科学研究环境和公共设施管理，居民服务业，教育，卫生和社会保障，文化、体育和娱乐业等 100 余个行业。

中国区域发展数据库

以特定区域内的经济、社会、文化、法治、资源环境等领域的现状与发展情况进行分析和预测。涵盖中部、西部、东北、西北等地区，长三角、珠三角、黄三角、京津冀、环渤海、合肥经济圈、长株潭城市群、关中一天水经济区、海峡经济区等区域经济体和城市圈，北京、上海、浙江、河南、陕西等 34 个省份及中国台湾地区。

中国文化传媒数据库

包括文化事业、文化产业、宗教、群众文化、图书馆事业、博物馆事业、档案事业、语言文字、文学、历史地理、新闻传播、广播电视、出版事业、艺术、电影、娱乐等多个子库。

世界经济与国际政治数据库

以皮书系列中涉及世界经济与国际政治的研究成果为基础，全面整合国内外有关世界经济与国际政治的统计数据、深度分析报告、专家解读和热点资讯构建而成的专业学术数据库。包括世界经济、世界政治、世界文化、国际社会、国际关系、国际组织、区域发展、国别发展等多个子库。